임방규의
빨치산 전적지 답사기

책을 내면서

　빨치산 투쟁은 내가 활동했던 지역 외에 충청도, 전라남북도, 경상남북도의 산악지대에서 치열하게 전개되었다. 조국의 자주통일을 위하여 미제를 축출하기 위해서 수많은 동지들이 목숨을 바쳤다.
　동지들의 불멸의 공적을 기록으로 남겨야 할 텐데……
　마음뿐이었다. 금전문제가 걸리고, 함께 일할 일꾼도 있어야 하고, 카메라 전문가도 있어야 하고, 차량도 있어야 하고…… 여러 어려움을 풀지 못하고 마음 한구석에 응어리로 쌓여 있었다.
　어느 날이었다. 정부영이 "선생님 무슨 일을 하고 싶습니까?" 하고 물었다.
　"나야 일 욕심이 많은 사람이라 여러 가진데 그 중에서도 빨치산 자료를 수집하는 일이 첫째구만."
　나의 강렬한 욕구와 감옥에서 나온 지 20년이 지났는데 아직도 착수하지 못한 안타까움이 말 속에 묻어 나온 듯싶다.
　정부영이 그 작업을 할 수 있도록 힘써 보겠다고 했다. 일주일쯤 지나서다. 정부영이 차량을 마련하여 운전을 자기가 하고, 김영진이라고 감옥에 갇혔다가 2년 집행유예를 받고 나와 아직 복직되지 않은 비디오 카메라를 제법 다루는 노동계 일꾼이 함께 하겠다고 했다. 그리고 지난날의 빨치산이 현지에 가서 설명하는 내용을 노트북에 옮길 김은정과 팀을 꾸려 놓았단다.
　얼마나 기뻤는지 모른다. 휘발유 값, 숙박비, 식대가 필요한데 그것도 곧 해결할 것이라고 했다. 마침 민중탕제원을 해체하면서 보증금을 분배한 700만 원이 내 수중에 있었다. 돈도 있겠다. 바로 착수하자는 나의 제의에 일꾼들이 동의해서 그 주 토요일에 충남으로 떠났다.

이 책은 14회의 빨치산 전적지 답사기록으로 되어 있고, 전에 써놓은 답사기록 5편을 함께 실었다. 대상이 다르고 부분적으로 참고할 내용이 있기 때문이다. 지난 날의 빨치산 24명이 자신들이 활동한 지역에 가서 증언했는데, 전체 빨치산 활동의 20분의 1에도 미치지 못하는 것 같아 아쉬웠다. 그럼에도 불구하고 정확하고 생생한 빨치산 자료를 모으고 글로 남겨서 한편으로 흐뭇했다.

정부영이 일을 성사시키는 데 결정적인 역할을 했다. 이 일에서 정부영을 빼버리면 어느 한 가지인들 해낼 수 있었을까. 김영진은 빨치산 동지들의 증언뿐만 아니라 모습과 표정, 음성까지 남겨 주어서 빨치산과 빨치산 활동을 세상에 알려 내는 데 기여한 것이다. 빨치산 동지들의 증언을 빠뜨리지 않고 노트북에 옮겨 놓은 글은 그 자체만으로 貴物이 아닐까. 세 분에게 고마운 정을 보낸다.

빨치산 자료 수집에 동원된 24명의 빨치산 출신 중에 벌써 10명이 세상을 떠났다. 명복을 빈다. 남은 동지들이나마 건강하시기를. 남북이 자유롭게 오가는 것만이라도 보고 가셔야지.

우리 민족은 바야흐로 화해와 단합, 평화와 번영의 시대로 진입하고 있다. 그 어떤 힘도 우리의 진격로를 바꾸어 놓을 수 없을 것이다. 통일된 조국, 조국의 찬란한 미래를 상상하면서 줄인다. 이 책의 출판을 맡아준 백산서당 김철미님과 힘써 준 여러분께 감사한다.

2019년 9월

* 글 쓸 당시의 연월일을 고치지 않고 그대로 출판함.

임방규의
빨치산 전적지 답사기

책을 내면서 3

충남 빨치산 전적지 답사   9

출 발 / 강경경찰서 습격. 300여 명의 동지들을 석방시키다 / 구자곡면 해방작전 / 민주부락 소룡리 인민들 / 미군 연대기를 노획한 완창리 매복작전 / 배틧재. 임진조국전쟁 당시에 황진 장군 휘하의 의병들이 왜적 수백 명을 사살한 곳 / 미군과 여러 날을 싸운 수락리 / 충남 빨치산 근거지 느틧골 / 충남 빨치산 초기 조직 구성과 약사 / 충남도당 위원장 박우연 동지가 최후를 마친 참새골 / 장윤규 동지는 53년 만에 만난 김창묵 동지를 끌어안고

전북 북부지역 전적지 답사   27

충남 대덕군 산내면 골령골 학살지 / 명지골 해방구 / 두 여성 빨치산 / 장윤규 동지의 약력 / 솔재 매복 투쟁과 계북면 해방 / 인민공화국기가 휘날리다 / 탁월한 군사간부 외팔이 참모장. 1차, 3차 기차 습격 장소에 가다 / 김동섭 동지의 약력 / 외팔이 참모장이 돌아가신 북당골

지리산 전적지 답사(남원)   49

'하황리 종이 공장' / '산내면 해방 투쟁' / '단심 폭포와 석실' / '김지회 부대가 최후를 맞이한 반선마을' / '회문산에 가다' / 1개 중대 전원이 전사한 여분산 전투' / '이성근 동지의 입산 동기와 빨치산 활동' / '송계채 동지의 입산 동기와 빨치산 활동' / '빨치산과 인민이 운동회를 가졌던 쌍치국민학교' / '전봉준 장군이

체포된 피로리' / '번개병단 사령관 장성구 동지' / '대승한 메데 매복작전' / '쌍치 돌고개전투' / '돌고개를 해방시키고 8만석을 수확하다' / '머슴 살은 46사단장 백암동지'

김제 임실 전적지 답사   77

첫 전투 / 김제 군당 아지트와 아주머니 / 처녀 여맹위원장 김덕순 / 냉굴(폐광 금굴) 군당위원장외 5명의 영예로운 최후 / 김제군당이 입산한 안덕리 / 상운암 입석리 / 1951년 봄과 여름을 보낸 해방구 참시내 구장리, 만병리 / 네 동지의 경력, 안신옥 동지 / 유영쇠 동지 / 변숙현 동지 / 애기동무 / 국수봉 전투 / 인민군 대좌 이희남 동지를 구출하다 / 섬진강 상류에 걸려 있던 나무다리 / 기습당한 학정리 / 군경이 양민을 학살한 금굴 / 잊을 수 없는 오봉리, 삼봉리

부안 선운사 정읍 전적지 답사   99

바닷가 통나무집 / 내소사 / 작은 항구 곰소 / 유형원 선생의 공적비 / 결혼 삼일 전에 호식당한 처녀 / 덕성봉 아래 매복작전 / 내변산의 절경 / 내변산 매복 작전 / 새만금과 격포해수욕장 / 줄포 해방작전 / 선운산 유격근거지 / 승리의 밤 문화 행사를 가졌던 금산골 / 무장한 소년빨치산 / 도당학교와 노령학원(군사간부학교) / 후방부가 기습당한 내장산 / 정읍경찰서 습격 / 행군하다가 트럭을 까고 총탄 수만 발을 노획하다 / 죽음 직전 동지와의 대화

고창 정읍 전적지 답사   123

전설의 병바우 / 부정마을 / 적의 기습으로 여러 동지들이 희생된 연계리 / 미군 탱크가 못 들어오게 큰 길을 세 군데나 파버렸다 / 해방구 / 용감한 김용태 동무 / 미군을 잡은 곳 / 갑오농민전쟁 때 창의선언문을 선포한 구암리 / 600여 명의 인민을 살해한 선동리 / 문수사 / 고창을 지나다 / 한재룡 동지의 체포 / 고창중학교 / 백색테러 / 학살당한 60여 명이 묻혀 있는 곳 / 미군 쓰리코터와 승용차를 깐 곳 / 직사포 두 문을 빼앗기다 / 1948년 대낮에 들을 가로지르던 구빨치산 / 9.28 직후 정읍군당이 입산한 새암바실 / 한재룡 동지의 인터뷰 / 김해섭 동지 인터뷰 / 노일환의 고향 / 한 쪽 귀를 잘린 처녀 / 부상당한 나를 동무들이 사지에서 구하다

전남 전적지 답사 (1)　　147

민박집 어머니 / 처녀 빨치산 이복순 / 소총으로 미군비행기를 떨어뜨리다 / 전남 도사령부가 있던 갈갱이 부락 / 최공식 동지 / 기세문 동지 / 피에 젖은 용천사 골짜기 / 소총과 석전으로 적을 매번 물리친 천연의 요새 / 학살지 1 / 학살지 2 / 학살지 3 해보면 산내리 입구

전남 전적지 답사 (2) (유치지구, 백운산)　　163

출 발 / 유치지구 / 500여 명이 살해당한 화학산 전투 / 의무과 트 / 오영애 동지의 이력 / 오영애 동지의 고향, 그리고 아버지와 어머니 / 전남 빨치산 사령관 김선우 동지와 백운산

전남 전적지 답사 (3)　　173

봉두산으로 떠나다 / 박정덕 동지의 약력 / 박정덕 동지의 고향 / 삼남매가 구 빨치산 남편 가묘에 술을 따르다 / 건모마을 학살지 / 봉두산 / 다리가 부러지고 석굴에서 들쥐와 함께 살았던 반내골 / 이상률 동지의 묘에 찾아가다 / 조개산 / 인민을 구하고 1개 중대 70여 명이 장렬하게 전사한 여분산 / 귀 로

경남 전적지 답사(1)　　187

경남 동지들을 만나다 / 이현상 동지가 돌아가신 빗점골 / 대성골의 참사 / 피아골 산장 김교영 동지 / 화개장터 / 악양 전투 / 청학동 삼성궁 뒤 무덤 / 중산리 견벽청야 / 달뜨기산을 바라보며 / 정순덕 동지가 살았던 귀틀집 / 손광일 부대장의 최후 / 대원사 골짜기 위의 식당 / 하문석 동지는 돌아가시고 말 못하는 아내만 사는 집 / 대원사와 골짜기의 매복전 / 여섯 살 난 현희가 엄마 따라서 입산한 평촌마을 / 덕교리 매복 작전 / 하문석 동지의 딸 / 희숙이 아버지(정철상) 전 부산시당위원장 묘에 성묘하다 / 간략한 총화

경남 전적지 답사(2)　　207

의령에서 부산일행을 만나다 / 화정면 유수 고개 / 의령 해방 / 생비량 전투 / 이

영회 동지가 최후를 마친 연산 마을 / 삼가 해방 작전 / 자골산 전투 / 해인사 / 가조 지서 해방 작전 / 용암리 매복 작전 / 한창우 동지 / 이창근 동지 / 허찬형 동지가 체포된 곳 / 황점 마을 / 신원면 양민 학살

경남 전적지 답사 (3)　　239

박판수 동지가 아이들을 가르친 서상초등학교 / 동지들이 활동하던 기백산 / 전북도당 위원장 방준표 동지가 전사한 망봉 / 6지대 문화부 지대장 김태종 동지가 적의 매복에 희생당한 곳 / 라제문 / 굶고 혹한에 덕유산을 넘다가 일곱 동무가 절명하셨다 / 아기까지 수백 명이 학살당한 금서면, 유림면, 신원면 / 경남도당 위원장 조병화 동지가 잡힌 조개골 / 문무를 겸비한 노영호 사령관이 희생당한 홍계리 / 충직한 일꾼은 흔적을 남기는 법이다

경남 동부지역 및 경북 전적지 답사　　253

부산에서 동지들을 만나다 / 경북 빨치산 근거지 가지산 / 경북도당위원장 박종근 동지 / 국방군이 운문사를 불지르다 / 포항비행장을 습격하여 미수송기 세대를 소각하다 / 형상강 철교 폭파 / 호계역을 습격, 쌓아 놓은 군수물자에 불을 당겼다 / 구연철 동지의 이력 / 부산시내 교란작전 / 1954년까지 빨치산이 있었던 금정산 / 요양원에 있는 혁명가의 아내 하태영 동지를 방문하다 / 미군기가 미군을 폭격한 배내골 / 4지구당 위원장 이영섭 동지가 돌아가신 곳 / 경남 동부지구사령부가 있었던 신불산 / 작　별

여분산 성수산에 다녀오다　　273

수많은 동지들이 희생당한 격전지 성수산 / 적의 기습으로 네 동지를 잃은 석굴 / 제1비상선 성수산 상봉 / 동지를 업고 사지를 빠져나오다 / 만 명이 넘는 인민들을 살리기 위해서 1개중대 60여 명이 최후까지 싸운 여분산 / 은별, 은솔, 혜슬. 어린 소녀들에게 돌고개전투 전모를 들려주다

가마골에 다녀오다　　285

고열로 사경을 헤맬 때 온 정성을 다한 김막동 동지 / 1951년 8.15경축행사와 백

암 동지 / 오랏줄에 묶인 강용기 동지 / 19세 때 전남 노령지구 사령관 김병억 동지 / 대밭 안에 군사간부학교(노령학원) / 인민의 사랑, 된장에 무친 들미나리 / 핏줄로 이어진 인민과 빨치산 돌고개와 메데, 여분산

정읍유격대 전적지 답사　　297

총탄 수만 발, 수류탄 한 가마, 소총 14정을 노획하다 / 정읍경찰서 습격 / 정읍군당이 처음 입산한 새암바실 골짜기 / 대 내의 첩자 / 카츄샤병단(왜가리병단)을 결성한 항가래실 / 거의 매일처럼 공방전이 치열했던 여시목 고개 / 세 동지가 국방군 1개중대를 까부순 신성리 앞산

회문산 성수산에 다녀오다　　307

쌍치 / 실패한 1,2차 돌고개작전 / 외팔이 참모장 이상룡 / 1차 기차습격과 승리의 밤 / 쌍치를 해방시키다 / 외팔이 참모장이 돌아가신 트를 찾다 / 2차 기차 습격

경남 동부지구에 다녀오다　　331

양산터미널에서 부산, 전남 동지들을 만나다 / 영축산 영마루에서 구연철 선생의 설명을 듣다 / 빨치산이 걸었던 밤길 / 김상순. 빨치산이 있던 어느 곳에서나 총 들고 싸운 10대의 소년소녀들 / 나무뿌리를 거머잡고 갈산에 오르다 / 자주의 소나무(주송) 통일의 소나무(일송) / 영일비행장 습격, 형상강 철교 폭파. 미군 비행기가 미군을 폭격 / 빨치산 트 자리가 아직 20여 곳에 남아 있다

제주도 빨치산 전적지 답사　　341

충남 빨치산 전적지

출 발

    2010년 9월 11일 차가 막혀서 예정시간보다 늦게 10시 20분에 서초구민회관 앞에서 우리는 출발했다. 김동섭 동지, 장윤규 동지, 송세영 동지와 나, 차를 몰고 온 정부영, 카메라를 멘 김영진 여섯 사람이 다정하게 이야기를 나누면서도 눈은 차창 밖으로만 향했다. 가을인데 왠놈의 비가 장마철처럼 날마다 오는 것인지 굵은 빗방울이 차창을 때리다가 가는 비로 바뀌었다. 수원을 지나고부터는 비에 가렸던 먼 산들이 제 모습을 드러냈다.
    "아! 비가 갰네."
    연일 비가 와서 계획을 변경할까 하다가 강행한 터라 여간 기쁘지 않

충남 빨치산 고 손경수 선생.

앉다.

논산에 사는 손경수 동지를 모시고 식당에 갔다. 구수한 청국장에 점심을 맛있게 먹었다. 식사하면서 나는 손 동지에게 두 젊은이를 소개했고, 송세영 동지는 손경수 동지를 소개했다.

"손경수 동지는 일제 때 지주였는데 삼촌들이 반일운동을 하셨고, 해방 후에 삼촌과 형님들이 전선에 나와서 싸우다가 돌아가셨어요. 토지도 소작인들에게 다 나눠주고요, 아버님이 한학자였습니다."

"감옥에 계실 때 순한문으로 부자간에 편지가 오갔고 서로가 쓴 한시를 평했다고 들었습니다."

나도 한마디 거들었다.

강경경찰서 습격. 300여 명의 동지들을 석방시키다

우리는 곧 강경으로 떠났다. 강경경찰서 앞에 차를 세웠다. 부슬비가 내리고 있어서 우산을 받쳐 들고 손경수 동지와 송세영 동지의 설명을 들었다.

"그러니까 1950년 11월 9일이네요. 백두산부대(곽해봉부대라고도 함)가 2개 조로 나뉘어, 주력이 강경경찰서를 기습했습니다. 경찰의 저항으로 담을 넘지 못하고 경찰서 옆에 동지들을 가두어 둔 창고를 점령하여

300여 명의 동지들을 석방했어요. 고문과 굶주림으로 걸음도 잘 못 걷데요. 부대를 따라와서 입산한 분들은 20여 명에 불과했습니다. 그리고 한 조는 강경역사를 소각하고 호남선을 폭파하여 철도교통을 마비시켰습니다. 그날 밤에 의약품과 신발 공작을 꽤 했답니다. 강경은 들 가운데 있잖아요. 사방팔방으로 도로가 나 있고요, 머뭇거릴 수 있는 곳이 못됩니다. 그날 이한용 동지가 총지휘를 했습니다. 쥐도 새도 모르게 급습을 했고 신속하게 빠졌습니다. 우리 희생은 없었답니다."

그날이 떠오르는 듯 손경수 동지의 말 속에 힘이 묻어나왔다. 차는 강경을 뒤로 하고 떠났다.

얼마를 달렸을까. 큰 산이 바로 눈앞에 보이는데, 송세영 동지가 차를 세웠다. 지난날의 구자곡면 소재지였다.

구자곡면 해방작전

"1950년 11월 7일이 소련혁명 기념일입니다. 백두산부대와 논산군 유격대와 호남부대가 합동으로 급습해서, 보루대와 지서를 단숨에 점령했습니다. 우리 희생은 없었답니다. 경찰 수십 명을 생포하고 유치장에 갇혀있던 동지들 10여 명을 구출하고는, 지서를 소각했습니다."

지서가 있던 옛터에 콩이 무성할 뿐 집은 없고 작은 부락으로 줄어들었단다. 송동지는 고향마을, 어려서 다녔던 소학교를 손으로 가리키며 설명을 했다. 김영진은 한마디라도 놓칠세라 카메라를 조준했고 또 주위를 카메라에 담았다. 차가 출발했다. 구자곡면 소룡리 앞에 멈췄다.

민주부락 소룡리 인민들

"이 마을은 동지들의 칭찬이 자자했던 민주부락이었습니다. 구자곡면 지서를 해방시킨 부대가 소룡리에 집결했는데 마을 어른들이 돼지와 닭을 잡고 환영했습니다. 부대들이 소룡리에서 하루를 쉬고 1950년 11월 9일 강경을 쳤네요. 70호 남짓한 마을에서 보도연맹으로 5명이 학살되고 9.28후퇴 후에 경찰에게 여러 명이 학살당했습니다. 의용군으로 나갔던 3,4명이 북으로 가고 30여 명이 입산했습니다. 두 집 중에 한 집이 우리 유가족입니다."

살아남은 분들은 뿔뿔이 헤어져서 지금은 없단다. 생채기를 건드린 듯 아픔을 안으로 새기며 떠났다. 차가 구불구불 감돌아 오르는데 김영진이 차를 세웠다. 비를 맞으며 빗속의 산들을 카메라에 담았다. 가는 길에 전북 완주군 화산면 범어리에 잠깐 들렀다.

"이곳은 충남 남부블록과 논산군당과 산하기관과 호남부대가 있었고 전북 익산군당과 익산유격대, 익산시당, 옥구군당이 1950년 후퇴 후부터 1951년 1월까지 있었던 곳입니다. 전북 572부대도 잠깐 와 있었구요."

송세영 동지의 설명이었다. 장윤규 동지가 입을 열었다.

"남진하던 인민군대와 중국 지원군을 마중하기 위해서 저 앞산에 우리가 한동안 와있었습니다. 산상에서 보면 강경평야가 한눈에 보입니다. 수많은 군중들이 남으로 내려가는데 끝이 없었어요. 그때 참 기쁨에 차 있었습니다."

우리는 떠났다. 완주군 운주면 완창리에 갔다.

미군 연대기를 노획한 완창리 매복작전

"완창리는 전주에서 대전으로 가는 길에서 논산으로 갈라지는 삼거리입니다. 1950년 10월 2일이네요. 완창리를 통과하던 미군연대 지휘부를 우리 매복부대가 기습해서 연대기가 꽂혀 있던 지프차를 비롯하여 여러 대의 차량과 무기를 노획했고 연대기를 빼앗았다고 합니다. 어찌된

미군 연대기를 노획한 완창리 매복작전을 설명하고 있는 고 송세영 선생.

일인지 연대 병력과 지휘부가 별도로 이동했던 것 같습니다. 미군 병력은 없었고 지휘부만 녹아났답니다. 연대기가 낡아서 너덜너덜한 것으로 보아 아주 오래된 연대가 아닌가 싶다는 말을 들었습니다. 노획한 연대기를 충남에서 가지고 다녔는데 어떻게 했는지는 모릅니다."

부대가 잠복했던 곳이 여긴가 저긴가 당시의 전투정황을 머릿속에 그려보며 역사적인 곳 완창리를 떠났다. 운주면 용계원에서 차를 세웠다. 송세영 동지가 설명을 했다.

"이곳은 1950년 12월 10일경부터 1951년 1월 17일까지 충남도당 도사령부와 도 기관들이 거점으로 사용했던 부락입니다. 일제시대에 한지를 생산한 고장이었고 산간부락이면서도 부촌이었습니다. 1951년 1월 14일 인민군과 중국지원군의 서울 입성을 환영하는 대대적인 기념행사가 충남도당 주최 하에 개최되었어요. 그날 수많은 사람들이 모였습니다. 그런데 그날 밤 참모부 일꾼들의 경각성이 부족했던 모양입니다. 고지에 부대배치를 늦게 했어요. 그 짬에 경찰의 기습을 받았습니다. 용케도 신속하게 반격했기 때문에 피해가 없었습니다. 도당위원장 박우연 동지는 있지도 않은 여러 부대를 호칭하면서 동서로 포위, 공격하라고 명령하였습니다. 이에 겁먹은 경찰들이 퇴각함으로써 희생 없이 무사했지만 외곽방어선인 운주면 영평부락에 있던 압록강부대가 같은 시간에 기습을 받아 약간의 피해를 입고 철수했습니다."

배틧재. 임진조국전쟁 당시에 황진 장군 휘하의 의병들이 왜적 수백 명을 사살한 곳

송세영 동지의 설명을 듣고 우리들은 차에 올랐다. 산골이라 굽이굽이 감돌아 배틧재 정상에 이르렀다. 임진조국전쟁 당시에 대승을 거둔 전승비가 있었다. 금산을 점령한 왜군 주력부대가 곡창지대인 호남을 장악하기 위해서 개미떼처럼 기어오르는 것을 황진 장군 지휘하의 의병들이 결사전을 전개하여 왜적 수백 명을 사살한 곳이다. 왜적의 피가 강물을 이루었다고 한다. 수많은 병력을 잃고 기가 꺾인 왜적은 결국 호남진격을 포기하고 말았다. 남해바다에서 이순신 장군 지휘하의 수군이 왜적을 막아냄으로써 곡창지대인 호남을 지켜냈다.

왜적이 전 국토를 유린했지만 군량미를 현지에서 조달하지 못했기 때문에 결국 임진조국전쟁에서 패하고 말았다. 조국을 침범한 외세를 물리치기 위해서 목숨을 걸고 싸운, 한 몸을 바친 우리의 자랑스러운 조상님들께 깊이 경의를 표했다. 조국을 목숨으로 지켜낸 선열들, 그 불 같은 애국의 얼을 면면히 이어가는 우리 민족은 일부 분자들이 외세와 결탁할지라도, 그 어떠한 경우에도 조국을 지켜낼 것이다.

비가 오는데 우리는 숙연한 마음으로 배틧재를 떠났다. 논산군 벌곡면 수락리에 도착했다. 여기서 몸이 불편한 손경수 동지는 집으로 돌아갔다. 기온이 뚝 떨어져서 한기가 들었다. 아직 때가 이르지만 칼국수 집으로 들어갔다. 송세영 동지가 입을 열었다.

미군과 여러 날을 싸운 수락리

"1950년 말에 충남도당이 빨치산 투쟁을 전개하기 위해서 이곳 수락리로 들어왔습니다. 마을 앞 아름드리 정자나무는 60년 전과 같네요. 충남부대가 유일하게 이곳에서 미군과 여러 날을 싸웠습니다. 빼앗긴 연대기를 되찾기 위해서인 것 같았어요. 잠자리 비행기로 정찰도 하고 기관총을 쏘아댔을 뿐 아니라 주변 고지에 올라오곤 했습니다. 그때마다 충남 빨치산은 미군과 접전을 했고 저들을 물리쳤습니다."

우리는 수제비 한 그릇을 비우고 수락리를 떠났다. 날이 어두어서야 금산군 남이면 건천리 느팃골 골짜기 안으로 들어갔다. 냇가 여기저기에 집들이 보였다. 차 안에서 송세영 동지가 설명하였다.

충남 빨치산 근거지 느팃골

"이 골짜기가 6키로 정도 되는데 충남도당이 1951년 1월 7일 용계원에서 기습을 당한 후 인근의 삼거리, 피맥이, 고당을 전전하다가 1951년 1월 말경에 이곳 느팃골로 들어왔습니다. 양쪽 고지에 도치카와 기관포 진지를 구축하고 한금산 부대의 호위 하에 도당, 도사령부, 참모부, 정치부, 정찰중대, 공병부대, 통신대, 도당학교, 후방병원, 한지공장, 출판부, 맨 끝으로 진안군 부기면으로 연결된 고지에는 청천강부대가 주둔하고 있었습니다. 그 옆에 600고지에는 전북의 호랑병단이 있었습니다. 1951년 8월 20일경에 경찰의 대공세로 일주일 정도 느팃골이 경찰의 수중에 있었습니다만 야지에 나가있던 백두산부대가 운주면 영평에 있던

빨치산 충남 근거지 느팃골에서 빨치산 전우들과 함께. (왼쪽부터 고 송세영, 김동섭, 장윤규, 임방규)

경찰지휘부를 들이치자 경찰병력이 다 빠져나갔습니다. 그 후 1951년 8월 말경에 충남도당이 대둔산으로 옮겼습니다. 충남 빨치산 근거지, 이 느팃골은 잊을 수 없는 고장입니다."

차가 어느 집 앞에 섰다. 방 하나를 6만 원에 빌려서 들어갔다. 모두 짐을 풀고 양치질을 하고 발을 씻고는 두루두루 앉아서 이야기를 나누었다. 정부영이 잡담하기에는 시간이 아까웠던 것인지 송세영 동지에게 충남빨치산 약사를 기억나는 대로 들려주시라고 했다. 모두가 조용했다.

충남 빨치산 초기 조직 구성과 약사

"1950년 9.28 직후에 충남도당 위원장 박우영 동지와 지도간부 20여 명이 빨치산 투쟁을 하기 위해서 호위무력과 함께 대둔산 아래 논산군 벌곡면 수락리로 이동했습니다. 나머지 당 행정기관 사회단체 일꾼들은 도당 부위원장 유영기 동지의 인솔 하에 북으로 후퇴했고요, 충남북부 지역의 대전시당, 대덕군당, 천안군당, 연기군당 일꾼들은 조직적으로 또는 개별적으로 북상했습니다. 논산군당은 일부 일꾼들이 개별적으로 북으로 갔지만, 군당 이하 전체기관이 그대로 빨치산 투쟁을 위해서 입산했습니다. (금강을 기준으로 했다) 충남 서부지역의 군들은 통신과 교통시설이 파괴된 조건하에서 후퇴사업을 제대로 조직하지 못하고 일부 일꾼들만 서해안 방어임무를 맡고 있던 인민군대와 함께 북상하고요, 대부분은 우왕좌왕하다가 군경에게 체포되어 사살되거나 비참하게 수장되었다고 합니다.

계룡산에 모였던 동지들도 미군과 군경의 포위공격으로 전멸했답니다. 계룡산이 홀산이지요. 유격전을 하기에는 불리한 곳입니다. 그래서 충남도 인민위원장 윤가현 동지를 파견했는데, 윤가현 동지마저 희생되고 말았습니다. 서산군에 있는 가야산은 크지도 않고 동쪽과 연결이 안 된 독립산 입니다. 후퇴를 못한 서산군당, 홍성군당, 여타 군당 일꾼들이 가야산에 모였는데, 수천 명에 이르렀다고 합니다. 당 일꾼들이 유격지도부를 구성하고 몇 개의 소부대를 편성하여 기습전, 매복전을 통해서 무력을 획득, 강화하고 유격전을 전개했답니다. 군경이 1950년 11월 경부터 가야산 인근의 산에 나무를, 부락민을 동원하여 다 베어버리고 그 나무를 가야산 주위에 싸놓고 불을 질렀답니다. 안에 있던 동지들이 여러 날을 불 속에서 불에 타죽고, 총 맞아 죽고, 손들고 나간 사람들도 모조리 사살했답니다.

가야산에서 수천 명이 처참하게 학살당했어요. 충남 빨치산 지도부 명단을 말씀드리면, 도당 위원장 박우현 동지(가명 남충열), 도당 부위원장 겸 충남빨치산 총사령관 박천평 동지, 부사령관 리희영 동지, 리한용 동지, 도 인민위원장 윤가현 동지, 2대 도 인민위원장 곽해봉 동지, 도당 선전부장 겸 노동신문 주필 세민 동지(가명), 도당학교 교장 후에 도 선전부장 하수선 동지, 도당 조직부장 권민 동지, 기요과장 라실(가명), 도 정치보위부장과 도 민청위원장은 모르고 도 여맹위원장 임정희 참모장, 황모 2대 참모장, 리욱 충남 무장부대는 호위부대(한둔산 부대), 백두산부대(곽해봉 부대), 압록강부대(윤가현 부대), 가야산부대, 붉은별 부대가 있었고 초기에 호남부대가 있다가 해체되었습니다.

각 부대인원은 후방부원까지 합해서 100-130명 정도였고 정찰중대가 40명, 통신중대가 30여 명, 공병부대가 10여 명 있었습니다. 당시 각 군당실정은 유일하게 논산군당만 당기구와 산하 외곽단체가 있었고 각 면당이 있었어요. 부여군당은 후퇴할 때 살아남은 중간간부들이 부여군당을 조직했으며 1951년 봄에 느팃골에 있던 도당과 선을 연결했습니다. 대덕군당이 7-8명, 공주군당이 5-6명, 청양군당이 5-6명이 있었고, 충남도당 산하의 전체 인원은 1,000여 명으로 추산이 됩니다.

다음은 충남유격대의 무장활동에 대해서 제한적입니다만, 아는 대로 말씀드리겠습니다. 충남유격대를 결성한 직후에 이미 언급한 완창리에서 미군 연대지휘부를 섬멸했습니다. 그것이 첫 전투였어요. 다음으로 1950년 10월 초에 야간 기습으로 연산 지서와 연산역 사무소를 완전히 소각하고 철로를 뜯어내어 호남선을 일시적으로 마비시켰습니다. 그리고 10월 2일 전투에서 크게 피해를 입은 미군이 탱크와 장갑차로 진지를 구축하고 주둔하면서 매일같이 잠자리 비행기를 날려 보내며 수락리까지 장거리 포사격을 해오다가 탱크와 장갑차를 앞세우고 수락리를 공격해서 충남도당은 대둔산으로 이동했습니다.

수락리에서 대둔산으로 가는 입구에 다리성이라는 나지막한 고지가 있는데 충남 빨치산 일개 중대가 방어망을 구축하고 있었습니다. 여기에 국방군이 미군의 포 엄호를 받으며 공격해 왔고 동무들은 치열한 전투 끝에 거의 다 전사했습니다. 빼앗긴 다리성을 탈환하기 위하여 백두산 부대 부대장 리곤하 동지가 돌격대를 지휘하여 기습했는데 부대장은 적의 수류탄에 전사하고 동무들은 다리성을 탈환했습니다. 그러나 저들은 다리성을 포위하고 포사격에 비행기로 폭탄을 떨어뜨리며 공격해 왔습니다. 동지들은 여러 날 동안 결사적으로 항전했는데 식량과 탈환이 떨어지고 돌과 바위를 굴려서 국방군의 진격을 막아내다가 전원이 전사했답니다. 다리성을 점령한 미군과 국방군은 대둔산을 집중적으로 공격했습니다. 백두산부대가 은밀하게 빠져나가서 미군거점을 급습했으나 실패하고 잠자리 비행기만 파괴했답니다.

대둔산에서 연일 밀고 밀리고 치열한 전투에서 쌍방 간에 수많은 희생자를 냈으며 충남 빨치산은 1950년 12월 10일경에 대둔산을 포기하고 피와 눈물과 원한을 남긴 채 완주군 운주면 용계원 부락으로 이동했습니다. 1951년 1월 10일경 압록강부대가 충북 옥천군당과 합동으로 경부선에 폭탄을 매설하고 명석을 물에 적셔서 철로에 깔아 놓고 30여 차량을 달고 가던 군용열차를 폭파시켰답니다. 경부선이 근 일주일 동안 마비되었대요. 차 내에 있던 탄약이 산발적으로 폭발해서 사람이 접근하지 못했답니다.

경부선 열차 기습작전을 성공적으로 수행하고 돌아온 압록강부대(윤가현 부대)가 눈이 쏟아지는 2월의 어느 날 백포를 두르고 대둔산에 쥐도 새도 모르게 들어가서 보초를 생포했답니다. 보초로부터 입수한 암호를 이용하여 총 한발 쏘지 않고 경찰 전원을 생포했으며 산에 있던 무기와 탄약 비품, 식량 등을 노획하고 대둔산을 탈환했습니다. 대둔산에는 논산군당과 여러 당부가 있었고 도당 조직부장 권민 동지가 대둔산 책임자로 파견되었습니다. 압록강부대와 붉은별부대가 대둔산에 주둔하고 있으면서 논산군 일대를 수시로 공격했습니다.

완주군 화산면에는 초기에 논산군당과 각 면기관이 있었고, 익산군당과 이리시당, 옥구군당이 있었습니다. 무력은 논산군 유격대인 호남부대와 익산군 유격대가 있었고 전북의 572연대도 잠깐 와 있었습니다. 전주 논산 대전 간 도로 주변에 수시로 매복하여 저들에게 타격을 주었으며 익산군 유대가 고산 근방까지 나가서 쌀을 가득 실은 트럭을 노획하여 화산면까지 끌고 온 적도 있었습니다.

그러다가 1951년 1월 하순경에 국방군 11사단, 이른바 화랑부대의 공격을 받고 동지들 여러 명이 전사했으며 화산면에서 철수했습니다. 충남도당이 용계원에서 느팃골로 이동한 지 얼마 후입니다. 국방군 11사단의 공격을 받았어요. 충남도당은 여러 곳으로 분산했습니다. 도당과 도 사령부는 운장산 밑에 진안군 주천면 대불리에서 하룻밤을 지내게 되었는데요, 1951년 음력 1월 15일로 기억됩니다. 새벽에 기습을 당했답니다. 그때 도 인민위원장 곽해봉 동지가 생포되고 많은 동무들이 전사했습니다. 참모부 일꾼들의 잘못에 기인한 희생이었습니다.

국방군보다 늦게 무장부대를 마을 뒷산에 올려 보냈는데요, 고지에서 국방군에게 당하고 마을에서 튀다가 총 맞아 죽고 잡혔습니다. 그 후에 참모부와 정치부 일꾼들이 전부 바뀌었습니다. 이욱 동지가 충남빨치산 총 참모장이 되었어요. 1951년 2월 말경에 전북북부지구 위원장 조병하 동지가 느팃골에 와서 충남도당 위원장 박우연 동지와 지역문제 등을 의제로 회의를 가졌어요. 봄이 되면서 압록강 부대는 계룡산 지구로 진출하여 매복 또는 기습전으로 저들에게 타격을 주었습니다. 백두산부대는 서대산으로 이동하며 금산과 충북 옥천 일대를 종횡으로 누비며 많은 전과를 올렸습니다.

1951년 5월 중순경에 경찰들이 대대적인 공세를 취해서 느팃골로 쳐들어왔습니다. 후방부와 병원에 큰 피해가 있었습니다만 우리 부대의 반격으로 경찰들은 달아났습니다. 1951년 6월경에 충남도당 위원장 박우연 동지는 몇몇 간부와 호위 인원을 대동하고 덕유산 송치골 6개 도당회의에 참가하셨습니다. 적들의 공격으로 이동하면서 회의를 하는 바람에 지리산 산내면까지 가서 회의를 마치고 1951년 9월 하순경에서야 남이면 거점으로 돌아오셨습니다. 1951년 7월 5일 우리 동무들은 가오리 변전소와 산내면 지서를 폭파했습니다. 1951년 8월 말경에 경찰 대부대가 공세를 취했습니다. 우리 부대들이 녹음기를 이용하여 지방 기동작전에 나가고 느팃골 거점에는 소수의 방어무력만 있다는 것을 알고 침입해 온 것이지요. 경찰은 막대한 인명 피해를 입고 느팃골에서 철수했습니다.

거점을 대둔산으로 옮겼어요. 1951년 음력 추석입니다. 서대산에서 6지대와 접선을 했고, 함께 충남으로 왔습니다. 완무 200여 명은 충남 빨치산이 활기를 찾는 기회가 되었습니다. 6개 도당위원장회의 결정에 의해서 사단편성이 이루어졌는데, 충남 빨치산은 남부군 68사단으로 사단장에 대덕군당 조직부장으로 있다가 후퇴 후에 남부군 교육참모로 내려온 마태식이고 충남의 68사단과 전북 북부의 45사단이 남부군 1관구가 되고 1관구 사령관에는 전북의 김명곤 동지, 1관구 정치위원에는 충남의 리영희 동지가 되었습니다.

도당위원장이 돌아오시기 직전에 충남빨치산은 대둔산에서 철수했습니다. 논산훈련소가 생기면서 적의 많은 무력이 대둔산을 포위하고 공격해왔습니다. 연일 치열하게 싸우다가 식량문제 때문에 대둔산을 포기했습니다. 그 후에 우리 연합무력으로 대둔산을 공격했으나 실패했답니다. 우리 부대는 화산면에 진출하여 제2훈련소 건설장을 습격했고, 전북 익산군 금마면까지 진출하여 미적산에 거점을 두고 매복작전 기습전으로 군용차량을 파괴했습니다. 금산과 진산에 진출하여 교란작전을 수행했구요, 6지대 68사단 45사단의 연합무력은 1951년 10월 중순경부터 화산면 지서 운주면 지서를 치고 도로를 마비시켰습니다.

6지대가 덕유산으로 이동하고 68사단과 45사단은 월동준비를 하다가 1951년 12월 말에 국방군의 대공세를 맞게 되며, 전 병력이 운장산에 집결하여 진안 대덕산을 거쳐서 임실 성수산에 갔어요. 성수산에서 전

충남 빨치산 고 송세영 선생.

투가 치열했습니다. 밀고 밀리고 여러 날 동안의 전투에서 적아 간에 희생이 많았습니다. 수많은 동지들이 전사했습니다. 이 전투에서 참모장 이욱 동지가 생포되었어요.

    살아남은 동지들이 성수산에서 빠져나와 장안산과 백운산 계곡으로 이동했는데 아침에 날이 샐 때입니다. 양 능선에 있던 국방군의 집중 사격으로 제대로 저항도 못한 채 거의가 총 맞아 죽고 생포되었습니다. 나도 거기서 잡혔습니다. 동무들이 목숨으로 지켜낸 충남도당은 1952년 봄에 덕유산으로 이동했고 1952년 여름에 94호 결정에 의해서 지구당으로 편성이 되었답니다. 충남북이 3지구당이 되고 지구당위원장에 박우연 동지, 부위원장에 여운철 동지, 조직부장에 청주시당 위원장이었던 신장식 동지가 되었답니다.

    3지구를 지역별로 1소지구, 2소지구, 3소지구로 나눴는데 1소지구는 지구당위원장 박우연 동지가 직접 지도하셨고, 2소지구당 위원장은 박정평 동지, 3소지구당 위원장은 충북의 송명헌 동지가 되었고, 2소지구당 위원장 박정평 동지는 1952년 초겨울 덕유산 60령재 부근의 비트에서 변절자가 끌고 온 경찰의 기습으로 전사하시고 3지구당 위원장 박우연 동지는 1954년 2월 28일 충북 청원군 가덕면 내암리 참새골 비트에서 전사하고, 그곳에서 탈출한 김종하 동지와 송영길 동지가 1955년 봄에 천안군에서 생포됨으로써 충남도당은 막을 내렸습니다."

세상을 떠난 수많은 동지들, 생사를 함께 했던 동지들이 떠오르는 듯 입을 닫은 송세영 동지의 주름진 얼굴에 아픔이 스쳐갔다.

밤이 깊었다. 우리들은 불을 끄고 잠들었다. 한참 자고 눈을 떴다. 시계바늘이 세 시를 가리키고 있었다. 여기가 느텃골, 충남 빨치산 각 기관들이 내 양편으로 곳곳에 박혀 있고 잠은 이미 달아나 버렸다. 가만히 방문을 열고 밖으로 나왔다. 숲속을 비추고 있는 전등불에 무수한 빗방울이 반짝이고 있었다. 어둠 속에서 동무들이 금방이라도 나올 것만 같았다. 당시에 나는 이곳에 온 적이 없지만 회문산 골짜기, 가마골 골짜기 동네가 여기인 듯, 여기저기에 트가 있고, 보초가 서 있고……. 아! 동지들. 방에 들어가서 누웠지만 잠은 안 오고 날이 밝아왔다.

우리는 일찍 떠났다. 김영진 사진기사가 차를 세우고 비가 오는데 느텃골 산들을 카메라에 담았다. 금산에 가서 아침을 먹고 700의총으로 갔다. 임진조국전쟁 당시에 금산을 점령한 왜적을 공격하다가 전원이 전사한 우리 할아버지들 700여 명의 영령을 모신 곳이다. 조헌 선생과 영규대사와 권율 장군이 기습할 날짜와 시간을 정했는데, 후에 권율 장군이 수많은 왜적이 금산에 집결했기 때문에 뒤로 미루자는 서찰을 인편으로 보냈다고 한다. 서찰을 못 받은 조헌, 영규 의병장들은 정한 시각에 금산을 들이치다가 격전 끝에 전원이 장렬하게 전사했다고 한다.

해설자의 설명을 듣고 찜찜한 마음을 씻을 수가 없었다. 왜 군장비가 좋은 관군은 빠지고 의병만 금산을 공격한 것인가. 물론 전황이 달라질 수 있고 판단이 바뀔 수가 있다. 그렇다면 소부대를 파견하거나 가까운 거리에 있었을 테니까 직접 가야지, 그도 아니면 결정대로 전투에 참가하여 희생이 적도록 전투를 지휘해야 옳지 않은가. 관군과 의병 사이에 공을 다투거나 당파싸움의 영향을 받지 않았는지 영 좋지 않았다. 외세의 침략으로 말미암아 조국이 위태로울 때 조국과 민족을 위하여 한 몸을 오롯이 바친 할아버지들의 묘 앞에서 경건하게 묵념을 올렸다.

"우리의 자랑스러운 선열들, 당신들의 그 얼은 민족의 붉은 심장으로 영원히 계승될 것입니다."

해설자에 의하면 당시에 희생된 700분 가운데 200분만 후손이 밝혀지고 500분은 후손을 찾을 수가 없다고 한다. 500분이야말로 노비거나 천대받고 살았던 하층민이 아닌가 여겨진다고 했다. 우리의 할아버지들, 박정희시대에 묘역을 새로 꾸몄다는데 터가 넓고 건물도 좋았다. 유물이 빈약했다. 친일파 박정희가 이 공사를 설계할 때 진심이 무엇이었을까 미루어 짐작이 간다.

우리를 실은 차는 약간 헤매다가 이현상 동지의 고향으로 갔다. 옛 집은 있는데 개축을 했고, 대문과 헛간의 흙벽만 남아 있었다. 문은 잠겨 있고 흙벽은 한 쪽이 헐렸을 뿐 아니라 지붕도 약간 기울어 있었다. 몇 년이 지나면 옛 흔적을 찾아볼 수 없을 것 같다. 이현상 동지가 이 집에서 태어났고 어린 시절에 뛰놀던 곳이다. 이현상 동지는 지주 집안에서 일제치하의 엄혹한 시기에 태어났다. 반일투쟁과정에서 감옥살이도 하고 일제 말, 1948년 이후에 지리산에서 빨치산 사령관으로 적과 싸우다 전사하셨다. 애국자의 집인데 원형을 보존했으면 좋지 않았을까 하는 아쉬움을 뒤로 하고 떠났다.

충남도당 위원장 박우연 동지가 최후를 마친 참새골

충남도당 위원장 박우연 동지가 최후를 마친 곳이 충북 청원군 가덕면 내암리 참새골이란다. 차는 포장도로를 달리다가 사잇길로 접어들었다. 비포장도로라 땅에 박힌 돌에 채여서 차가 사정없이 흔들렸다. 한참을 들어가는데 연일 내린 비로 냇물이 불어나서 건널목을 차는 물론 맨몸으로도 건널 수가 없었다. 송세영 동지는,

"저기 보이는 산기슭입니다. 비트에 계시다가 1954년 2월 28일에 사

고가 났답니다. 이른 아침에 지방 사람이 방금 있던 사람이 없어졌다고 경찰에 신고했고 제보를 받은 경찰이 이중삼중으로 포위하여 공격했는데 함께 있던 김종하, 송영길 동지는 탈출했고, 박우연 동지는 총을 맞고 그 자리에서 돌아가셨다는 말이 있고, 들것에 실려 가다가 소변을 본다고 바위 밑에서 순간에 머리로 바위를 박고 절명하셨다는 설이 있습니다."

현지에 못가고 멀리서 박우연 동지의 최후를 그려보며 동지의 명복을 빌었다. 서울로 돌아가는 길에 충북 음성군 청천면에 살고 있는 김창묵 동지를 찾아보기로 했다. 김창묵 동지와 통화가 되었다. 차창 밖에 사과나무가 많이 보였다. 사과가 주렁주렁 달려 있는 사과밭이 보기에 좋았다. 논에 벼가 누렇게 익었는데 태풍으로 쓰러진 곳이 군데군데 보였다. 과거에서 현실로 돌아온 벗들은 추수와 농민문제 등 화제를 바꿔가며 이야기를 나누었다.

장윤규 동지는 53년 만에 만난 김창묵 동지를 끌어안고

어느덧 청천면이란다. 김창묵 동지를 길에서 만난 우리는 끌어안고 좋아했다. 특히 53년 만에 만난 장윤규 동지는 양팔을 잡고,

"몇 년 만이야? 그래도 옛 모습이 조금은 남아 있어. 이가사에서 먹으면 토하고 다 죽어가던 창묵 동지가 기억에 남아 있어."

"그때 죽는 줄 알았어요. 양발이 마비되고 아랫배까지 굳어졌거든요. 쥐 두 마리를 잡아먹고 살아났습니다. 굳어가던 몸이 풀렸습니다."

김창묵 동지는 광주형무소 이가사에 있을 때 사형을 받고 함께 살았던 동지다. 200여 명의 사형받은 동지들이 거의 다 총살당하고 마지막에 7명이 무기로 확정되었는데 담양의 최인교 동지는 출소 후 고향에서 돌아가시고 완주의 김인수 동지, 평북 정주의 방명록 동지, 정읍 태인의 김

광주형무소 이가사에서 사형을 선고받은 빨치산 200여 명이 총살당하고, 살아남은 생존자 7명 중 3명의 동지가 오랜 만에 만남을 가지다. (임방규, 김창묵, 장윤규)

남규 동지는 생사를 모르고 있다. 아마도 돌아가신 것 같다. 살아남은 김창묵 동지, 장윤규 동지, 나 이렇게 세 동지가 만난 것이다. 손을 잡고 걸어가면서도 식당에 가서도 이야기가 끝이 없었다. 갈 길이 먼 우리는 아쉬운 작별을 하려는데 창묵 동지가 집에 가서 호박 두 덩이와, 곶감 여섯 줄을 가지고 나왔다.

    선물을 차에 싣고 떠났다. 장호원 김동섭 동지의 집에 들러서 차 한 잔씩 나누고 떠났다. 초가을 석양빛에 물든 경기평야를 뚫고 달렸다. 어두워서야 서울에 도착한 우리는 다음 일정을 잡고 헤어졌다. 충남 일대를 돌고 온 나는 정부영이 아니었으면 이 작업이 어떻게 가능한가, 이 일에 관심을 갖고 물심양면으로 협조해 준 여러분의 정과 노고에 거듭 고마워하며 집으로 갔다.

전북 북부지역 전적지

충남 대덕군 산내면 골령골 학살지

 2010년 10월 2일 9시에 용산역 철도웨딩홀 앞에서 김동섭 동지, 장윤규 동지, 송세영 동지와 나, 정부영, 김영진, 김은정 7명이 차에 탔다. 하늘이 잔뜩 흐려 있었다. 비가 오려나 누런 벼가 들을 덮고 있었다. 길가에 코스모스가 하늘거리고, 가을로 접어든 자연을 감상하다가 깜빡 졸은 것 같은데 벌써 차가 대전 시내를 달리고 있었다. 대덕군 산내면 골령골은 쉽게 찾았다. 그곳에 있던 어느 분하고 인사를 나누었다. 박성관 대전유족회 총무란다. 골령골을 방문한 대학생들에게 산내면 학살의 전모를 설명해주고 방금 학생들을 실은 차가 떠났다고 했다. 반가웠다.
 "가족 중에 어느 분이 이곳에서 학살당했습니까?" 하고 묻자,

충남 대덕군 산내면 골령골 양민학살지를 방문하여 유족으로부터 학살 현황을 직접 듣다.

"아버지가 살해당했습니다."

'아버지!' 아기 때 아버지를 잃고 60년을 얼마나 고생스럽게 살았을까. 골령골에서 학살당한 영혼을 위로하기 위한 작은 돌비석이 있는데 여러 군데를 쪼아 놓았다. 짐승만도 못한 놈들! 무고한 사람을 수천 명이나 학살하고 그것도 모자라서 비석까지 훼손하다니 분노가 치밀었다. 유족회 총무로부터 간략하게 설명을 들었다.

"1950년 7월 1일부터 10여 일간 대전형무소에 수감 중이던 정치범 주로 여순군인 봉기 및 제주 4.3사건 관련자 1,800여 명과 대전 일대의 보도연맹원 4,000-5,000여 명이 이곳에서 학살당했습니다. 이 집 옆에서 저 위쪽으로, 길 건너 산기슭으로, 이 일대 어느 곳이나 한 자쯤 파면 유골이 나옵니다. 발굴 작업을 하다가 재정문제로 중단했습니다. 파낸 유골은 충북대에 보관하고 있구요. 유족인 우리들이 유골이나마 한 곳에 안치하고 위령비를 세워야 하는데 가슴이 아플 뿐입니다. 이명박정부는 재정지원은 물론 관심조차 없어요. 그렇다고 유족회가 감당할 수 있는 일이 아니구요. 그 많은 유족들이 유족회 활동에 나오지 않습니다. 국가보안법이 있기 때문에 지금도 몹시 두려워하고 있어요. 대전유족회 회원은 80여 명인데 월례회의에 나오는 유족은 40여 명에 불과합니다."

답답했다. 우리는 상처투성이의 비석 앞에서 묵념을 올렸다. 동지들이 묻혀 있는 골령골 골짜기를 돌아보며 떠났다. 대전유족회 총무의 안내를 받아 가오리 변전소로 갔다. 변전소 시설물을 철거하고 있었다. 변전소를 다른 지역으로 옮기나보다. 송세영 동지가 설명을 했다.

"골령골 학살 1주년이 되는 1951년 7월 5일에 충남빨치산 공병부대가 백두산부대의 호위를 받으며 이곳에 와서 변전소를 폭파했답니다. 대전 일원을 암흑세계로 만들어 버렸대요. 같은 시각에 산내면 지서도 습격하여 파괴했답니다."

명지골 해방구

우리는 점심을 먹고 떠났다. 금산군 진산면과 완주군 운주면 경계에 위치하고 있는 이치재(배치재)를 넘어서 완주군 동상면 대아리 대아저수지에 갔다. 일제시대에 쌓았다는 제방 규모가 꽤나 컸다. 대아정에서 바라본 대아저수지는 물이 벙벙하고 산들이 싸안고 있어서 마치도 그릇에 담아놓은 물인 듯하다. 산 또한 특이한 모습이었다. 첩첩한 산인데 능선으로 연결되어 있지 않고 산마다 따로 자리잡고 있었다. 병력이 산을 타면 내려왔다가 다시 올라야 하기 때문에 그것도 가파른 산이라 이동이 지극히 어렵고 골짜기를 이용할 수밖에 없는 지형이다. 그런데 1950년 10월 중순에 국방군 백골부대가 멋도 모르고 동상면 뒷산에 올라왔다가 골짜기로 내려온 것을 매복하고 있던 빨치산 부대가 들이쳐서 박

이치재에 있는 임진왜란 당시 대승 전적비.

살을 냈고 그 후로는 경찰이 들어오지 못했다고 한다. 장윤규 동지가 설명을 하면서 저수지 오른쪽 산 너머에 완주군당이 있었고 가운데 보이는 산 너머가 동상면이라고 했다. 오리가 몇 마리 물 위에 떠 있고 주변의 아름다움에 잠깐 머물렀다가 떠났다.

둑 아래 다리 옆에서 전북도 농민회 서정길 회장을 만났다. 반가웠다. 완주가 고향이라서 아버지들이 싸운 지역을 함께 돌아보자고 제의했다. 이런 때가 아니면 언제 내 고향의 역사적인 지역을 돌면서 선생님들의 설명을 들어볼 수 있겠느냐고 좋아했다. 비가 왔다. 산천마을 앞에서 차가 멈췄다. 장윤규 동지의 설명을 들었다.

"입산 초기에 북부지구 후방부가 이곳에 있었습니다. 병원도 있었구요. 환자들을 치료했을 뿐 아니라 추곡 수매 사업을 통해서 확보한 식량을 저 골짜기 여기저기에 저장했습니다. 용현 부락에서 도정을 했답니다."

대하저수지에서 장윤규 선생이 완주군당 근거지와 전북 북부지도부 명지골 해방구 설명을 하다.

차는 명지목으로 가고 있었다. 비가 억수로 쏟아졌다. 전에 왔을 때는 낡은 집 서너 채가 있었는데 눈에 띄지 않아서 그만 지나치고 말았다.

"명지목은 1951년 가을까지 전북도당 북부지도부의 거점으로 해방구입니다. 북부 지도부 호위 임무를 내가 있던 번개병단이 맡았구요."

위쪽에 600고지가 있다. 가보니 저들이 세워 놓은 전승비에 군경 276명 전사, 빨치산 사살 2,287명, 생포 1,025명으로 기록되어 있었다. 대부분이 해방구 인민들을 사살하고 생포했겠지만 빨치산의 희생이 적지 않았을 격전지, 수많은 인민이 죽고 빨치산이 죽은 곳이다. 차는 골짜기로 나있는 포장도로를 따라서 빗속을 뚫고 달려 나갔다. 산들이 중턱 아래로만 보이고 비에 가려서 위쪽은 볼 수가 없었다. 재에서 서정길 회장과 작별하고 우리는 금산으로 넘어갔다.

두 여성 빨치산

차 안에서 은정이가,

"여성빨치산에 대해서 특히 기억에 남는 일화가 있으면 들려주세요." 라고 요청하자 장윤규 동지가 입을 열었다.

"광주여고인지, 전남여고에 다니던 송정옥, 지서옥 두 여학생이 의용군에 지원해서 우리 부대에 배속되었어요. 함께 입산했습니다. 두 여학생은 병원에 위생병으로 있었구요. 환자를 간호할 때나 일상생활에서 동지들의 본이 되었습니다. 따라서 동지들의 사랑을 많이 받았어요. 얼굴 못지않게 마음이 참 고왔습니다. 최후도 적의 포위망 속에서 두 여인은 서로를 안고 수류탄으로 자폭했답니다. 청춘도 목숨까지도 조국에 바친 동무들을 생각하면 눈물이 납니다. 내가 못할지도 모릅니다. 광주여고나 전남여고에 가서 학적부를 찾아보고 정옥이와 서옥이가 최후를 영예롭게 한 몸 조국에 바쳤노라고 형제들에게 알려주기 바랍니다. 특히 무장부대 내의 여성들은 남동무와 함께 보초서고 밥하고 학습하고 함께 총 들고 싸웠습니다."

장윤규 동지의 약력

말을 마친 장윤규 동지는 함께 싸웠던 동무들이 떠오르는 듯 차창 밖으로 눈을 돌렸다.

우리는 금산에 가서 저녁을 먹고 5키로 남짓한 거리에 있는 민박집에 찾아들었다. 짐을 풀고 김영진은 받침대에 카메라를 고정시키고 전기선을 꽂느라고 부산했다. 정부영이가,

"장 선생님은 북에서 김일성대학에 다니셨고 인민군으로 나오셨는데 당시에 학생들의 분위기는 어땠습니까? 그리고 어째서 후퇴 시에 북

으로 가지 않고 남에서 빨치산 투쟁을 하셨는지, 전북 북부지역 약사하고 조직 구성에 대해서도 듣고 싶습니다."라고 요청하자, 장윤규 동지는 입을 열었다.

"전쟁이 발발했다는 소식을 듣고 김일성대학 학생 전원이 지원서를 썼습니다. 그로부터 2,3일이 지났을까, 우리는 군관학교에 갔습니다. 20여 일 동안 새벽 4시에 일어나서 군사학과 정치학을 배우며 고된 훈련을 했습니다. 단기 군관학교를 졸업하고 나는 전선에 배치되었습니다. 전선에

장윤규 선생.

배치된 학생은 많지 않았습니다. 후에 들었습니다만 나머지 학생들은 천막 안에서 공부하구요, 서울대학 교수로 계셨던 이승기 박사가 비날론을 개발하셨고 일본에 있을 때 비날론 관련 논문을 쓰셨으며 전쟁 때 북으로 가셨습니다. 비날론뿐 아니라 과학계통에 탁월했던 이승기 박사는 원자력 계통 또한 주축이 되어 후배를 양성했다고 들었습니다. 물리학 계통의 도상록 선생은 서울대 교수로 계시다가 1948년에 월북하여 김일성대학 수학물리 학부장으로 수많은 후배를 양성했습니다. 임주제 선생은 김일성대학 공학부 학장이었습니다. 일제 때 경성제대 교수였으며 수학의 천재였습니다. 이공계통에 이와 같은 스승이 있었기에 기초과학이 튼튼하게 구축될 수 있었습니다. 이남의 대학생들은 미팅이다, 무어다 해서 공부를 열심히 안하는 것 같은데요. 내 아들도 대학에 다닐 때 공부를 별로 안합데다. 그 당시에 이북 학생들은 그렇지 않았습니다. 어려

운 조건 하에서도 참 열심히 공부했습니다. 대학생 80-90프로가 기숙사 생활을 했고 80프로가 국비생이었어요. 5점 만점에 전 과목 5점이면 장학금을 더 받고요, 최우등생은 학교 정문에 사진이 걸렸어요. 한 반에 20명 중 3,4명이 전 과목 5점을 받았습니다. 입학 초기에는 하루에 두 끼밖에 못 먹었습니다. 공부해야지, 노동해야지 무척 어려웠어요. 1948년에 들어서면서 하루 세끼 밥을 먹었습니다. 김일성 종합대학은 전국 농민들이 쌀을 모아서 1948년에 5층 건물로 신축했습니다.

 1951년 3월에 금산군 남이면 600고지에서 금산유격대 일부와 카츄사병단 일부 병력이 결합하여 호랑이병단을 결성하였습니다. 카츄사병단, 찌스트리병단, 호랑이병단은 완주군 진안군 금산군 무주군을 활동지역으로 투쟁하면서 운장산과 덕유산을 연결짓는 루트 확보가 주 임무였습니다. 각 시군 유격대는 개별 단위로 활동했구요. 문화선전부에서 신문 주간지를 발행했습니다. 동상면 일대의 닥나무로 한지를 생산하여 신문지로 사용하구요. 또 예술단을 운용했습니다. 부대 오락회와 기념일에 연극을 조직했습니다. 1951년 5.1절과 8.15에 명지목 논밭에 가설무대를 만들어 놓고 재미있는 연극을 했는데 동지들이 춤추던 모습만 떠오를 뿐 내용은 기억이 안 나네요. 공화국 중앙예술단 단원인 김호경 동무가 각본을 쓰고 때로는 출연하고 연출까지 했습니다. 그리고 후방부가 역할을 많이 했습니다. 초기 후방부장은 박길재 동지인데 해방구에서 추곡을 수매하여 식량을 확보하는 데 주력했구요. 부대 아지트를 건설하고 병원도 운영했습니다. 병원장은 평양의과대학 졸업생으로 김일성대학 1기생이고 당시 3학년생이었던 손석규 군의관과 2학년생 의사 3명과 간호병들이 환자 치료를 했습니다. 1951년 여름에 미군의 세균전으로 많은 열병환자들이 입원하고 있었습니다. 병기 수리를 하고 수류탄을 제조했는데 성능이 좋았습니다. 전북 북부에 무력은 완주군이 무장 20여 정, 익산군 무장이 50여 정, 장수무력이 250여 정, 572부대가 250여 정이 있었어요. 소규모 전투는 셀 수 없을 정도지만 외부에 알려질 만한 큰 전투는 없었습니다. 나는 고향이 함경북도 경성이고 김일성대학 공과대학 3학년 때 전선에 나왔으며 입산하여 호랑이병단 참모장으로 있을 때 경찰 기습을 받고 가슴에 총상을 입었습니다. 완치된 후 전북 북부사령부 작전참모로 있었으며, 사단 편성 후에 45사단 작전참모로 있다가 1951년 12월 공세 때 체포되었습니다.

　전에 부상당한 이야기를 좀 하지요. 1951년 늦은 봄에 적의 공세로 지칠 대로 지친 우리 부대는 대양리 골짜기에서 밥을 해먹고 자다가 기습을 당했습니다. 김수남 동지도 말했지만 대원들이 피로해도 고지에서 자야 했습니다. 그때 부상당한 나를 동지들이 업고 가다가 너무 급해서 바위틈에 숨겨 놓고 나뭇가지로 가려 놓고는 튀었습니다. 경찰 수색대 두 사람이 5미터 앞까지 왔어요. 그 중 한 사람과 눈이 마주쳤습니다.

　'아! 죽었구나!' 생각하고 있는데 그는 동료를 끌고 갔습니다. 그래서 살았답니다. 김창근 동지(일명 김정근. 생존해 있음)도 공세 때 쫓기다가 모포 한 장을 덥고 억새로 위를 덮어 놓았는데 수색대가 지나가면서 밖으로 드러난 발 위에 총 끝으로 풀을 덮어주고 갔답니다. 내가 본인한테 들었습니다. 그뿐 아니라 그들이 휘젓고 간 후에 거점에 가보면 탄알이 꽉 찬 탄띠를 나무에 걸어놓거나 눈에 잘 띄는 곳에 놓고 간 적이 드물게 있었습니다." 나도 한마디 거들었다.

　"6개 도당회의 후에 군사개편이 있었는데 충북은 68사단, 전북북부는 45사단으로 편성하고 45사단 사단장에 황학수(황의지, 적에게 투항), 참모장 길병래(자수하여 보아라부대 토벌대장으로 있었음), 내가 작전참모로 있었습니다. 45사단이 망가진 후에 남은 병력으로 복수연대를 조직했다고 들었습니다."

　밤이 깊었다. 자리를 잡고 잤다. 10월 3일 아침 7시에 일어나서 세수를 하고 민박집을 떠나 금산에 가서 아침을 먹고 안성읍 덕곡리에 갔다.

장윤규 동지가 설명했다.

"이곳을 덕곡리 골이라고도 하는데요. 저 뒷산에 전북북부 지도부가 있었습니다. 1951년 1월 초에 안성을 공격했습니다. 포 몇 발을 쏘자 저들은 저항 없이 달아났습니다. 안성을 해방시켰지요. 이곳에서 한 일주일 동안 합법적으로 주둔하고 있다가 떠났습니다. 아마도 저들이 밀리고 있을 때라 안성을 손쉽게 먹은 것 같습니다."

우리는 무주로 갔다. 장윤규 동지는 건강에 무리도 되고 아주머님이 앓고 있어서 먼저 서울로 떠났다. 나이도 많고 이런 기회가 흔치 않은데 마지막일지도 모르는 것을 동지들과 함께 전적지를 돌아보지 못하고 혼자 떠나는 것이 못내 서운한 듯 고속버스 안에서 연신 손을 흔들었다. 우리는 점심을 먹고 장수 계북면으로 갔다. 재를 넘기 전에 김동섭 동지가 차를 세웠다.

솔재 매복 투쟁과 계북면 해방

"여기가 분명한 것 같은데 많이 달라졌네요." 김동섭 동지는 매복 지점을 정확하게 찾아내지 못하고 한동안 두리번거렸다. 그도 그럴 것이 60년 만에 찾아온 곳이 아닌가?

"좀 더 가 봅시다. 내리막길이 나오거든요. 수십 대의 차량에 국방군을 싣고 올라오는 것을 때렸습니다. 여기가 맞습니다. 우리가 장안산 골짜기에 있다가 정보를 입수하고 이 양쪽에 무력을 매복시켰어요. 선두 차량을 재 위에 올려놓고 일시에 불을 뿜었습니다. 노획한 무기만 100여 정이 넘었어요. 여기서 노획한 무기와 장비로 전원이 국방군으로 변장할 수 있었습니다. 이 전투로 화랑 13연대가 해체되었다는 소식을 후에 들었습니다." 매복하기에 좋고 일단 급습을 하면 빠져나가기 어려운 지형이었다. 당시를 상상하면서 떠났다. 얼마 안 가서 계북면 면 소재지가 나왔다.

솔재 매복 투쟁과 전북 계북면 투쟁에 대해 김동섭 선생이 설명하다.

차를 세웠다. 면사무소 건물 옆에 충혼비가 서 있었다. 이 지역에서 전투가 치열했음을 말해 주고 있었다. 김동섭 동지가 입을 열었다.

"솔재에서 승리한 동무들은 계북면마저 치기 위한 계획을 세웠습니다. 그날 밤 솔재 아래 마을에서 푹 자고 다음 날 아침에 국방군으로 변장한 동무들이 큰길을 따라서 유유히 계북면으로 내려갔습니다. 마을 밖 초소에서 보초와 주고받다가 지서를 들이쳤습니다. 겁에 질린 경찰들은 변변히 저항도 못한 채 도망치고 말았습니다. 계북면을 해방시키고 한동안 쉬었다가 낮에 저기 보이는 장안산 골짜기로 들어갔어요. 우리 아닌 무장부대가 있었으면 국방군으로 오인하고 틀림없이 총을 쏘았을 것입니다."

차가 계북면을 떠났다. 명덕마을 앞에서 차가 섰다. 송세영 동지가 입을 열었다.

인민공화국기가 휘날리다

"이곳을 명덕 분지라고 합니다. 1951년 여름에 남부군이 내려와서 일주일 동안 해방시켰으며 학교에 인민공화국기를 달아 놓고 정치사업을 했다는 이야기를 들었습니다. 이태가 쓴 책 『남부군』에도 나옵니다."

차가 명덕마을을 떠났다. 재 위에 이르자 김동섭 동지가 설명을 했다.

"굽이굽이 감돌아서 60령재를 넘어가던 국방군을 우리 부대가 매복하고 있다가 습격했는데 적의 병력이 원체 많데요. 퇴각했던 국방군이 대오를 수습해 가지고 진격해 왔습니다. 희생이 없도록 우리는 후퇴했습니다. 작전에서 저들이 얼마나 죽고 부상을 당했는지 모릅니다."

우리는 재 남쪽으로 가서 지형을 둘러보았다. 차가 출발했다. 첩첩산중인데 포장도로라 거침없이 달렸다. 버남면 미처 못가서 댐이 있고 댐 모퉁이에 큼직한 충혼비가 눈길을 끌었다. 차를 세웠다. 비석 삼면에 전사자의 이름이 새겨져 있는데 대충 세어보니 300명이 넘었다. 저들이 세워 놓은 비를 통해서도 이 지역에서 전투가 얼마나 치열했는지 미루어 짐작이 갔다. 한동안 쉬었다가 떠났다. 차는 남원을 향해서 달려갔다. 두 번 간 곳인데 갈라지는 지점을 놓치고 춘향터널까지 갔다가 돌아왔다. 이번에 시간이 좀 있어서 부대가 잠복했던 곳을 찾으려고 돌아다녔다. 그러나 허사였다. 집이 들어서 있고 큰 나무들이 꽉 차 있어서 도무지 찾을 수가 없었다. 산기슭으로 나있던 똘은 폭이 약간 넓어졌을 뿐 옛날 그대로여서 위치가 분명한데 아쉽게도 잠복했던 곳은 찾지 못하고 말았다. 아니 없어진 것이다. 나무를 베고 땅을 골라서 밭을 만들어놓고 집이 들어앉아 있었다. 나는 배터리를 구하기 위해서 자동차를 까러 외팔이 참모장의 인솔 하에 범 같은 동무들 22명이 중기를 짊어지고 이곳에 왔다가 수색대가 오는 바람에 대낮에 저 아래 똘 둑을 타고 태연하게 걸어갔다는 이야기를 하고 떠났다. 옛날에는 뚝방길이 좁았는데 길을 넓혀서 차가 다닐 수 있었다. 빨치산이 대낮에 걸었던 길을 차를 타고 갔다. 남원시 사매면 월평리 덕평마을 앞으로 수월마을을 지나서 인화마을에 갔다. 전에는 소학교가 언덕 좌측에 있었는데 우측으로 옮겨 놓았고 지금은 폐교라고 했다. 마을 앞의 노송은 예나 다름없이 청청했다. 반가웠다. 노송 밑에서 대원들을 휴식시켜 놓고 서도역을 치자고 말씀하시던 참모장 동지가 어제 일인 양 선하게 떠올랐다.

탁월한 군사간부 외팔이 참모장. 1차, 3차 기차 습격 장소에 가다

"외팔이 참모장은 대단한 군사지휘관입니다. 보통 사람은 22명의 빨치산 소부대를 인솔하고 대낮에 적구에서 기차역을 친다는 것은 엄두도 못 낼 것입니다. 머리에 그런 작전이 떠오를 수가 없어요. 국방군 중위로 변장하고 자동총을 든 용감한 두 동무를 데리고 석양에 보쫄 지서에 가서 계엄하의 엄중한 시기에 기합이 빠져 있다고 100명이 넘는 경찰 전원을 뜰에 엎드려놓고 두 동무가 장탄을 하면서 '우리는 빨치산이다! 움직이면 쏜다' 고 엄포를 놓고는 총 세 발을 쏘았습니다. 부근에 있던 동무들이 총성을 듣고 지서에 와서 총과 탄알을 몽땅 짊어지고 갔답니다. 남원 유격대 소대장 김달용 동지로부터 들었습니다. 기차를 다섯 번이나 까고 쌍치 해방작전, 상운암 해방작전을 지휘했으며 대공세 때에도 외팔이 참모장이 인솔한 3대대는 희생이 없었을 뿐 아니라 적구 깊숙이 돌아다니며 야간열차를 까고 적의 군수창고를 날려버렸으며 적의 지휘처를 습격했답니다. 알려지지 않아서 그렇지 체 게바라를 능가하는 유격부대 지휘관입니다. 작풍이 좋고 고향은 평양 인민군 총위입니다. 산에서 2중 영웅칭호를 수여받았습니다."

60년 전에 노송들이 늘어뜨린 긴 가지 아래 외팔이 참모장이 작전계

1차 기차 습격 전적지에서 저자가 당시 상황을 설명하다.

획을 말씀하신 바로 그 장소에서 나는 젊은 시절로 돌아간 듯 자랑스럽게 설명을 했다. 산모퉁이를 돌아서 기차를 주어먹은 장소에 갔다. 지금은 철길이 위쪽에 새로 나 있다. 옛 철길의 흔적은 아직 남아 있었다.

"우리 부대가 서도역을 치기 위해 두 조로 나누어서 철길 쪽으로 나오는데 50m 타 간격으로 철로에서 망보고 있던 철도경찰 두 사람이 우리를 보고 우리도 그들을 보았습니다. 그 때 뛰,뛰 기적소리가 가깝게 들려왔어요. 기차가 오는데 나타난 빨치산을 보고 그들은 기차를 향해서 기를 흔들며 위험 신호를 하고 달아났습니다. 갑작스러운 사태에 약간 당황했지만 철로를 넘어야 했습니다. 동무들은 총알처럼 달려서 철길을 막 넘었는데 기차가 여기에 서 버렸어요. "기차가 섰다. 돌격! 돌격!" 참모장 동지의 명령에 돌아서서 총 두세 발씩 쏘고는 돌격을 했습니다. 불과 몇 분 사이에 일어난 일입니다. 난리가 났습니다. 차 안의 경찰이나 승객들은 어쩔 줄 모르데요. 모두 풍악산에 데리고 가서 정치사업을 하고 돌려보냈습니다. 자동차를 까러 갔다가 자동차는 못 까고 돌아오는 길에 예상치도 못한 기차를 여기서 주워먹었네요. 마침 오토바이를 타고 따라온 젊은이가 동네 어른들로부터 그 이야기를 들었습니다. 그래요, 여기서 차로 오 분 거리에 계동마을이 있는데 거기서 또 빨치산이 기차를 전복시켰대요. 저 위에 집이 있었는데요. 주막집이었어요. 이조시대에 아랫녘 사람들이 한양 갈 때 술 한 잔씩 마시고 쉬어가던 주막이었는데 허물어졌어요."

    날이 이미 어두웠는데 우리는 계동 마을에 갔다. 마을 입구에 계동 마을이라고 새겨 놓은 돌비석이 서 있었다. 차를 세워 놓고 철로 밑으로 난 수로를 확인하고는 저녁을 먹기 위해서 오수로 떠났다. 터미널 옆의 식당으로 들어갔다. 찬이 상에 그득해서 세어보니 열세 가지에 다 깔끔하고 먹음직스러웠다. 저녁을 맛있게 먹고 여관에 들어갔다. 큰 방을 얻어서 짐을 풀어 놓고 자리를 잡았다. 정부영이 김동섭 동지에게 살아온 이야기를 들려달라고 요구했다. 촬영준비를 마친 김영진은 예술인답게 잔뜩 호기심 어린 눈으로 김동섭 동지를 바라보았다. 김은진은 노트북 컴퓨터를 열어 놓고 모두가 조용했다. 김동섭 동지가 입을 열었다.

김동섭 동지의 약력

"간략하게 말하겠습니다. 나는 하바로프스크에서 1926년에 태어났습니다."

    소련에서 태어났다는 말에 더욱 호기심이 가는 듯 바스락거리는 소리도 들리지 않았다.

"할아버지가 독립운동하다가 돌아가시고 아버님, 어머님이 소련으로 가셨답니다. 소련 땅에서 15년을 살았으며 아버님이 특수임무를 맡

김동섭 선생.

고 만주로 1930년에 나오셨습니다. 다섯 살 때 아버님 등에 업혀서 국경선을 넘었대요. 1932년에 화룡사변이 있었는데 김일성 장군의 항일인민혁명군이 화룡시를 불바다로 만들어 버렸습니다. 일본 놈들은 비행기로 폭격을 하고 싸우는 것을 보았습니다. 그 후에 김석원이 말을 타고 다니면서 우리 민족을 괴롭혔습니다. 그 자를 모두 무서워했습니다. 나는 만주사변이 나서 이리저리 피난 다니느라고 학교에 못가고 서당에 좀 다녔습니다. 군대에 들어가서 학습시간에 조금씩 배웠습니다. 8.15 해방 후 46년 4월에 중국지원군에 입대했어요. 그 당시에는 군복이란 게 없었습니다. 광목에 까만 물을 들여서 옷을 해 입고 보따리를 들고 다녔습니다. 일제의 38식 총을 메고 일제 수류탄을 가지고 다니면서 싸웠습니다. 47년에 신경해방작전 등 큰 전투에 여러 번 참가했습니다. 만주로 밀렸던 중국해방군이 47년 가을부터 계속 반격했습니다. 48년 9월에 만리장성을 넘었어요. 그때 중국 인민들의 열렬한 환영을 받았습니다. 북경은 부자기가 20만 대군을 데리고 투항했기 때문에 귀중한 문화재를 보존할 수 있었고 수월하게 해방시켰습니다. 49년에 양자강을 도하했고 양자강 도하작전에서 우리 조선의용군이 선봉에서 죽기도 했지만 큰 공을 세웠습니다. 1950년 3월에 강서성 남창에서 조국으로 오는 열차를 탔습니다. 새 옷으로 갈아입고 종군해방작전 메달, 모택동 수첩, 조선인민해방군 기념사진을 받았습니다. 대엿새 동안 기차를 타고 그립던 고국땅 원산에 도착했습니다. 나는 양자강 물고기를 먹고 디스토마에 걸려 있어서 주울온천 휴양지로 갔습니다. 휴양 중에 전쟁이 일어났어요. 전선에 나가겠다고 하자 피를 토하는 상태라 의사가 말렸으나 끝까지 가겠다고 하자 보내주었습니다. 평양 사령부에 찾아갔는데 12연대는 찾을 수가 없다고 18연대를 찾아가라고 해서 같이 왔던 10명과 함께 그날부터 걸어서 남으로 내려왔습니다. 9월에 함안에서 부대를 만났으나 곧 후퇴를 했습니다. 화개장터로 남원을 거쳐서 장수군 산서면 어느 골짜기에 갔는데 당 일꾼 등 여러분이 있었습니다. 의용군에 나갔다 온 동무들도 여러 명이 있었구요. 나는 거짓으로 중국에서 온 간부라고, 후퇴는 때가 늦었으니까 함께 남에서 유격전을 하자고 설득했습니다. 며칠 동안에 151명이 모였어요. 얼마 후에 후퇴하는 동무들을 설득하여 300여 명이 되었습니다. 계북면 매복작전 계북지서 해방작전에서 노획한 무기로 무장 250여 명의 유격대를 조직했습니다. 번안면 전투 장안산 전투에서 성과를 올리구요. 도에서 도 유격대로 인준을 받았습니다. 250명을 9개 중대로 나누어서 장수군 각 면에 배치했습니다. 1951년 8월 15일에 위훈장을 받았으며 우리 부대는 백두산 호랑이부대라는 칭호를 받았습니다. 초기 장수군당 위원장은 김재일인데 공세 때 사라졌고 박태원 후임으로 온 김동열이도 후에 자수했습니다. 군당 조직부장 조용술은 고향이 함흥입니다. 팔로군 출신의 중대장 김창각 동무가 있었구요. 일년 반 동안 장안산 성수산 운장산을 비롯하여 장수 일대에서 크고 작은 전투를 수없이 했습니다. 1951년 12월 대공세 때 12명이 지리산으로 소환되어 가다가 저들의 포위망에 걸려들었고 전투하다가 10명이 전사하고 두 사람이 잡혔습니다. 광주 포로수용소를 거쳤으며 사형을 받고 있다가 무기로 확정되었습니다. 1960년 4.19 후에 20년으로 감형이 되었고 감옥에서 21년을 살고 나왔습니다. 아주 간략하게 말씀드렸네요."

나는 자세하게 써 놓았기 때문에 인터뷰를 생략하고 잠자리에 들어갔다. 10월 4일 아침 일찍 일어나서 계동으로 달려갔다. 강용기 동지로부터 들은 내용을 기억하고 있어서 계동부락 동남쪽 산 중턱에 지휘부가 있었을 것 같고 철로 양쪽에 무력을 배치하고 지뢰수는 철길 밑으로 난 수로 안에 숨어서 참모장 동지의 신호를 기다리고 있었을 것이다. 신호가 있자 지뢰수는 밖으로 나왔고 두 번째 신호에 잽싸게 철길에 올라가서 2개의 지뢰 고리에 끈을 연결시키고 끈을 늘어뜨리며 돌아왔을 것이다. 세 번째 신호에 줄을 당기고 또 당겼을 것이다. 천둥 같은 폭음과 동시에 기차가 허공에 떴다가 넘어지고 매복부대는 일제 사격을 하면서 달려들었을 것이다. 화물칸마다 열어놓고 어쩔 줄 몰라 하는 동무들, 몇 동무가 화물차에 올라가 탄알을 닥치는 대로 던지고 포로의 등에, 농민들의 등에, 동무들의 등에 한 짐씩 무겁게 지고 풍악산으로 올라가는 모습이 보는 듯 뇌리에 스쳐갔다. 논에 나온 아주머니에게 물어보았다. 자기는 못보고 여기서 산 사람들로부터 기차를 폭파했다는 이야기는 들었다고 했다. 남쪽 유격전에서 총과 총탄을 가장 많이 노획한 투쟁이었다. 용케도 7사가 우리를 토벌하기 위해서 여러 화물칸에 총탄과 포탄을 가득히 싣고 남원으로 가는 열차를 이곳에서 깐 것이다. 참모장 동지가 계획했고, 직접 전투를 지휘하셨다. 간략하게 설명하고 떠났다. 오수에 사는 한일석 동지에게 전화를 걸었다. 마침 동지가 받았다.

"어디여?"

"오수여."

"보구 싶어. 아침이나 함께 합시다."

"그려. 바로 갈게."

터미널 앞에서 우리는 끌어안고 반가워했다. 식당으로 갔다. 밥을 먹을 때 식당으로 오고 갈 때 이야기는 끝이 없었다. 회포를 다 못 풀고 함께 차에 탔다. 일석 동지를 마을 앞에 내려놓고 가려는데 자꾸만 집으로 들어가잔다. 아내를 부르더니 인사를 시켰다. 아내 자랑을 했다.

"이 사람이 검정고시로 고등학교 과정을 마치고 대학을 다녔는데, 글재주가 있는가봐. 이번에 등단했구만."

농사를 지으면서 60대에 독학으로 고등학교와 대학과정을 마치고 문단에 이름을 올렸다니 자랑할 만하다. 장한 아주머니께 축하의 말씀을 드렸다. 아주머니의 글이 게재된 책 한권을 받아들고 아쉽게 작별을 했다. 비가 쏟아졌다. 차는 오류역에서 멈췄다. 비옷을 입고 차에서 내렸다. 2차 기차습격을 한 곳이다. 지휘부가 있던 빗속에 희미한 앞산, 부대배치를 한 두 곳, 지뢰수의 위치를 가리키며 설명을 했다. '기차 전복 후에 이야기를 나누었던 곡성경찰서 경사가 지금 살아 있을까?' 우리는 계월마을로 들어갔다. 마침 70대 농민을 노인정 앞에서 만났다.

"오류리 기차습격 사건을 아십니까?"

"예. 어데서 왔습니까?" 하고 반문했다. 난감했다.

"해방 후 좌익활동을 세상에 드러내기 위해서 자료를 수집하고 있습니다. 동학 농민군이나 의병들을 그 당시 관리나 권세 있는 사람들이 역적이라 했습니다. 그러나 후대들은 애국자라고 하지 않습니까? 서양을 반대하고 일본을 반대한다는 척양척왜의 깃발을 꽂고 외세를 물리치기 위해서 싸웠기 때문입니다. 해방 후 좌익들도 미국을 반대해서 싸웠습니다. 미군이 우리나라 군대 아니지요. 외세지요. 동서양 어느 나라, 어느 민족이나 자기 나라에 침입한 외세와 싸운 분들을 애국자라고 합니다. 반드시 그 분들이 역사에 애국자로 기록될 것입니다."

노인은. 무겁게 입을 열었다.

"그때 좋은 분들이 많이 돌아가셨습니다. 내가 열여섯 살 때 저 아래 논에서 나락을 베다가 기차가 폭발하는 것을 보았습니다."

외팔이 참모장이 돌아가신 북당골

좋은 일 많이 하시라고, 건강하시라고 서로가 인사를 나누고 떠났다. 성수면 소재지를 지나서 삼봉리를 바라보며 오봉리로 꺾어 들어갔다. 1950년 후퇴 후에 우리 부대가 주둔하고 있던 마을이다. '아바이는 어느 곳에 묻혀 있는지.'

차는 북당골을 향해서 구불구불 감돌아갔다. 분명하게 기억하고 있는 곳인데 지나쳐 버렸다. 다시 내려와서 대판리로 가는 길목에 차를 세웠다. 보는 것이 달라지면 조금은 떨떨한 법이다. 나무가 울창할 때 두 번 와본 곳이다. 눈앞에 나무를 다 베어버린 속살을 드러낸 산이었다. 길가에 바위를 표적으로 기억하고 있기 때문에 틀림없다. 왼쪽으로 난 가파른 골짜기를 타고 갔다. 15~6미터 올라가서 오른쪽으로 4~5미터 올라가면 평평한 곳이 나온다. 감옥에 있을 때 외팔이 참모장이 성수산에서 돌아가셨다는 소식을 들었기 때문에 여러 번 성수에 와서 수소문을 했다. 오봉리의 윤재만씨가 그 당시 성수지서에서 의용경찰로 근무하고 있었다는 소식을 듣고 윤재만씨를 찾아갔다. 외팔이 참모장은 중상을 입고 트에서 치료를 받다가 돌아가셨는데 부근에 시신을 묻은 묘가 있다고 자수자가 제보를 해서 시신을 확인하기 위하여 경찰들이 그 자를 앞세우고 북당골로 갈 때 같이 갔단다. 묘를 파보니까 시신은 모포 여러 장에 싸여 있고 오른 손이 없어서 외팔이 참모장임을 확인했고, 시신은 성수에 가져와서 냇가에 놓아두었는데 어떻게 처리했는지는 모른다고 했다. 참모장이 돌아가신 곳에 가보자고 하자, 지금은 나뭇잎이 무성해서 찾기가 어려울 것 같다고 잎이 지거든 한 번 더 오라고 했다. 그 해 12월 초순에 갔다. 8순 노인이 산을 잘 탔다. 외부에서 보기에는 가파른 산이라 트나 묘를 쓸 만한 곳이 없어 보이는데 먼저 올라가던 재만씨가 다 왔다고 했다. 뒤따라 올라갔다. 예상외로 널찍한 곳이다. 저기가 트 자리

외팔이 참모장이 돌아가신 곳(북당골).

고, 여기가 묘 자리입니다. 가운데에 큰 나무가 서 있고 넓찍하게 푹 꺼져 있었다. 한 눈에 트 자리임을 알 수 있었다. 묘자리도 꺼져 있었다. 그런데 이번에 가보니까 나무 없는 산에 비가 억수로 쏟아져서 많이 깎아 놓았다. 아직은 흔적이 좀 남아 있지만 몇 해 못 갈 것 같다. 김영진은 바닥과 주위를 두루두루 카메라에 담았다. 경건하게 묵념을 하고 우리는 대판리에 가서 토종닭을 시켰다. 삼만원짜리 두 마리면 넉넉하게 먹을 수 있다고 했다. 닭을 잡아서 삶는 데 시간이 걸렸지만 점심을 토종닭에 백숙까지 아주 잘 먹었다. 우리는 올라오던 길을 되짚어 가다가 성수리로 해서 성수산 수양림에 갔다. 비가 오고 시간적으로 상봉에 오를 수 없어서 돈 내고 들어갈 것은 없고 입구에서 사진이나 찍자고 했다. 큰 산마다 방어와 퇴로에 장단점을 다 가지고 있다. 방어에 유리하면 퇴로가 불리하고 퇴로가 좋으면 방어하기가 어렵다. 성수산은 팔공산과 삼각산에 무력을 배치해 놓고 대병력으로 포위망을 압축하면 치명적인 희생을 낼 수밖에 없는 지형이다. 세 골짜기가 있고 가운데 능선은 도중에서 끊기지만 가파른 능선이 상봉에서 길게 뻗어 내린 산으로 전자에 속한다. 그래서 유격부대가 거점으로 활용하지 않고 회문산에서 지리산으로, 회문산에서 덕유산으로 이동할 때 2,3일씩 머물다가 간 곳이다. 여기서 대공세 때 1952년 1월 전후에 우리 연대 2대대와 6대대가 녹아나고 충남 빨치산 68사단이 녹아났다. 수백 명의 동무들이 전사하신 곳이다. 능선마다 골짜기마다 동지들의 뼈가 묻혀 있는 곳이다. 아! 성수산. 차는 빗속을 뚫고 서울로 달렸다. 차를 타는 것도 피곤한 것인지 자꾸만 졸음이 왔다, 김영진이 놓치지 않고 사진을 찍도록 보장하기 위해서 꼬박 3일 동안 핸들을 잡고 운전하는 정부영은 말이 없다. 덩치만큼이나 듬직한 일꾼이다. 삼각지에서 수고했다고, 참 수고 많았다고 악수하며 헤어졌다.

지리산 전적지(남원)

2010년 10월 30일 오후 8시 30분에 우리는 서울을 출발했다. 이성근 동지, 송계채 동지와 나, 이영 전 민가협 회장, 조순덕 민가협 회장, 정부영, 김영진, 김은정, 조영란 총 9명이 차 안에서 잡담을 하는데 조순덕 어머니가 배낭에서 꾸러미를 꺼냈다. 닭튀김이었다. 식성이 좋은 정부영의 입이 벌어졌다. 지리산까지는 야간이라 네 시간 정도 예상되기 때문에 느긋하게 앉아서 이야기를 나누었다. 대전을 지나서 어느 휴게소에 잠깐 들렀다가 떠났다. 점점 말소리가 줄어들다가 끊겼다. 운전하는 김영진 말고는 모두가 잠에 곯아떨어졌다. 나도 눈을 반쯤 붙인 것 같은데 산내면이란다. 인터넷으로 예약한 어느 민박집에 찾아들었다. 외등이 켜 있는 뜰, 처마 밑에는 실에 꿰어놓은 깎은 감이 주렁주렁 늘어져 있었다. 평상 위에 덜 말린 곶감 한 바구니가 놓여 있었다. 곶감 하나를

왼쪽부터 고 송계채, 임방규, 최정범, 고 이성근, 조순덕 민가협 상임의장, 이영 민가협 전 상임의장.

집어서 입 안에 넣었는데 그렇게 달 수가 없었다. 자정이 넘은 밤이라 방에 들어가자마자 발을 씻고 양치질을 하고는 잤다.

다음 날 아침 일찍 일어나서 세수하고 숙소를 떠났다. 단풍이 든 지리산! 맑은 물이 흐르고 골짜기로 굽이굽이 돌아갈 때마다 눈 안에 들어오는 가을 산이 아름다웠다.

하황리 종이 공장

이성근 동지가 길 안내를 했다. 묻고 또 물어서 하황리 냇가를 타고 올라갔다. 집은 헐려서 없고 기구와 재료인 듯 비닐로 싸고 검은 비닐 망으로 덮어 놓았다. 언덕 밑에 바짝 마른 닥나무 너댓 묶음이 비스듬히 뉘어있고 닥나무를 삶아 고던 자리며 한지를 뜨던 시설이 가리개

전북노동신문, 남원군당 선전지 등을 제작했던 남원농민들의 한지 공장.

도 없이 드러나 있었다. 재래의 한지공장은 운명을 다한 것인가 마음이 울적했다.

"여기서 자신들이 생산한 한지를 이곳 농민들이 산에 보내주었습니다. 우리들은 농민들의 땀이 배어 있는 한지를 긴요하게 사용했습니다. 전북노동신문, 남원군당 기관지 투보를 한지로 발행했고요, 각종 벽보나 삐라 등 선전물은 물론 학습용지로도 사용했습니다."

이성근 동지의 설명이었다. 우리는 상여집 같은 한지공장을 뒤로 하고 떠났다. 하황리 동구 앞에 최정범(전 남원유격부대 부대장)씨와 조광익(현대사 연구)씨가 와 있었다. 서로 인사를 나누었다. 최정범씨에 따르면 하황리 냇가에 1950년에 한지공장이 십여 군데나 있었다고 한다.

산내면 해방투쟁에 참가했던 최정범, 고 송계채, 고 이성근의 산내면 지서 옛터에서 당시 상황을 설명하는 모습.

산내면 해방 투쟁

최정범씨의 안내로 산내면 면소재지 북쪽 능선에 올라갔다. 나무도 없고 밭도 아닌 넓은 곳에 자리를 잡았다.

"이곳에 산내면 지서가 있었습니다. 건물이 아니라 보루대 안에 지서가 있었습니다. 보루대 밖으로는 빙 둘러서 목책을 세워 놓고요, 1951년 8월 중순으로 기억되는데, 제가 부대를 지휘했습니다. 동쪽으로 길 건너 소나무 밭이 있지 않아요? 거기에도 여기보다는 작았습니다만, 전방 보루대가 있었습니다. 우리는 먼저 작은 보루대를 기습했어요. 고도로 은밀성을 보장하면서 접근했습니다. 논두렁 밭두렁으로 기어가던 앞선 동무가 보초를 생포했습니다. 보초로부터 비밀 암호를 입수한 동무들은 보루대 안에서 잠자고 있던 7,8명을 총성 없이 생포하고 이곳으로 오는데 돌격 총성이 울렸습니다. 우리는 침착하게 이곳 보루대 정문 앞에서 암호를 대고 목책 안으로 들어가서 순식간에 보루대를 점령했습니다. 전투개시 후 20분이 채 안 되었을 것입니다."

지팡이를 잡고 앉아서 산내면 해방작전 전모를 들려주던 최정범씨는 말에 힘이 있고 안광이 빛나고 있었다. 산내 해방작전에 참가했던 이성근 동지는,

"우리는 전날 달궁 느티나무 밑에서 점심을 해먹고 푹 잤습니다. 날이 어두워진 후에 18킬로를 걸어서 산내면에 도착했지요. 새벽 다섯시쯤 총 공격을 했는데 보루대에서 불꽃과 연기가 솟아오르는 것을 봤습니다."

"나는 도사령부와 함께 산내 해방작전에 참가했는데 사령부에서 박격포 쏘는 것을 보았습니다. 한 발에 명중했습니다."

송계채 동지가 보충했다.

"아닙니다. 내가 총지휘를 했습니다. 남원 유격대에 포도 없었고요, 포사격은 없었습니다.

"내가 포 쏘는 것을 직접 보았다니까요."

송계채 동지가 안 본 것을 보았다고 말 할 리가 없고 60년이 지난 일이라 연락받은 내용을 잊을 수가 있다고 두 분의 상반된 주장에 대해서 결론을 내렸다.

"우리는 산내지서를 탈환한 후에 포로와 함께 소학교 운동장에서 경축대회를 가졌습니다. 총소리에, 무서워서 숨어버린 것인지 인민들은 없고 우리 100여 명이 전승 보고와 구호를 외치고 혁명가요를 부르면서 경축행사를 진행했습니다. 그리고 한지에 산내면 당 사무소 인민위원회, 농민회, 여맹위원회, 민청위원회라고 쓴 현판이 가게문 여기저기에 붙어 있었습니다."

지금은 건물이 없는 공터에서 이성근 동지가 설명을 했다. "산내 지

경축대회, 보고대회, 학습 등이 진행되었던 달궁에는 아직도 그때 상황을 설명하는 안내문이 있다.

서에서 노획한 소총과 총탄 피복류와 식량을 지고 달구지에 싣고 유유히 달궁으로 돌아갔습니다. 나중에 들었는데 지서장은 팬티만 입고 뒷문으로 도망쳐서 원천리 생태마을 감나무 위에 숨어 있다가 살았답니다." 우리는 차를 타고 전북부대의 쉼터 달궁으로 갔다.

"이 느티나무는 60년 전이나 별로 다른 것이 없어 보입니다. 이곳은 해방구라서 동무들이 오며가며 나무 그늘에서 쉬어갔구요, 보고대회나 학습도 하고 연락장소로도 이용했습니다. 1951년 8.15 경축행사를 아래 주차장에서 가졌어요. 전북도당 및 산하기관, 무장부대 투쟁인민이 이 골을 가득 메웠답니다."

설명에 열이 오른 이성근 동지는 스물 한 살짜리 빨치산으로 돌아간 듯 능선 너머에 전북도당 트가 있었다고 설명을 했다. 6개 도당회의에 참가했던 송계채 동지는 반야봉에서 능선을 타고 내려오면 도당 트 위

달궁에는 60년 전 느티나무가 여전히 마을을 지키고 있었다.

에 평평한 곳이 있는데 거기서 6개 도당 위원장이 모여 회의를 가졌다고 증언했다. 이제 나이가 들어서 여기저기를 오르내리며 옛 트 자리를 찾지 못하고 가는 것이 못내 아쉬웠다.

단심폭포와 석실

우리는 달궁을 떠나서 뱀사골로 들어섰다. 겨우 차 한 대가 다닐 수 있는 좁은 길로 차를 몰았다. 왼쪽은 아찔한 낭떠러지로 단풍이 들어서 곱고 골짜기 여기저기 잎이 진 감나무에 빨간 감이 주렁주렁 달려 있어서 운치를 더했다. 찻길 끝에 석실마을이 있다. 옛날에는 예닐곱 채가 있었던 마을인데 지금은 달랑 집 한 채가 있었다. 등산객들이 막걸리 한잔씩 나누며 쉬었다 가는 주막집이었다. 우리도 부침개에 막걸리를 한잔

빨치산이 발행했던 신문.

씩 마시고 떠났다. 길 아래로 내려가면 석실이 나온다. 석실 앞 푯말에 전북도당 출판부가 있었던 곳이라고 쓰여 있었다. 이성근 동지는 도 출판부가 석실에 있지 않았고 길 위쪽 공터에 있던 집에서 출판사업을 했다고 들려주었다. 석실에서 5키로쯤 올라가면 유명한 단심폭포가 나오는데 멀기도 하려니와 다른 일정이 있어서 단심폭포에 못가고 섭섭하게 돌아나왔다. 단심폭포는 높지도 않고 수량도 적지만 뜻 깊은 곳이다. 폭포 앞에 넓은 곳이 있는데 남녀 빨치산들이 출정식이며 크고 작은 행사를 가졌으며 그때마다 폭포를 향해서 한 몸 조국에 바칠 것을 맹세했던 곳이다. 그 이름을 동지들이 붉을 단(丹)자와 마음 심(心) 자를 써서 단심폭포라고 명명했다는 이야기를 몇 년 전에 와서 이성근 동지로부터 들었다. 아쉬움을 뒤로하고 나왔다. 뱀사골 입구에 빨치산 전시관이 있고 소위 충혼탑이 있다. 전시관에 들어갔다. 사진 몇 장은 옛날을 회상하게도 했지만 남의 땅에 와서 주인행세를 하며 온갖 범죄를 자행한 미군이 섞여 있는 사진은 분노를 자아냈다.

김지회 부대가 최후를 맞이한 반선마을

우리는 빨치산 전시관을 나와서 김지회 부대가 밀고자에 의해 전멸한 반선마을 옛터에서 이성근 동지가 구해온 14연대 애국병사들이 거병할 때 발표한 결의문을 낭독했다.

제주도 출병거부 병사위원회 결의문을 낭독하고 있다.

〈제주도 출병거부 병사위원회 결의문〉

우리는 조선인민의 아들이고 노동자 농민의 아들이다.

우리는 우리들의 사명이 국토를 방위하고 인민의 권리와 복리를 위하여 생명을 바쳐야 한다는 것을 잘 안다.

우리는 제주도 애국인민을 무차별 학살하기 위하여 우리들을 제주도에 출정시키려는 작전에 조선사람의 아들로서 조선 동포를 학살할 것을 거부하고 조선인민의 복리를 위하여 총궐기하였다. 지금 제주도 인민들은 미제국주의의 침략정책에 항거하여 단독 선거에 반대하고 조국의 통일과 민족의 독립을 쟁취하고자 4.3 인민항쟁을 일으켰다. 그리하여 제주도 인민들은 남녀노소 할 것 없이 영웅적으로 투쟁하여서 목숨을 바치고 있다. 이승만 도당은 무수한 애국자들을 살해해 왔음에도 불구하고 또다시 14연대의 대대 병력 파견을 거부하고 인민의 군대로서 인민의 편에 서서 동족상쟁에 결사적으로 반대한다.

(1) 우리 조국을 해방시켜 준 위대한 소련군은 북조선에서 철퇴하겠다고 서명했다. 따라서 남조선에서 인민의 학살을 조장하고 있는 미군도 더 이상 점령할 이유가 없으므로 즉시 철퇴를 거듭 촉구한다.

(2) 우리 제 14연대 병사위원회가 봉기한 것은 진정한 조선인민의 군대로서 참여하여 우리 손으로 남북으로 갈라진 조국의 통일 독립국가를 건설하고자 저희들은 분연히 일어섰습니다. 여수 인민들은 저희들과 함께 민족반역자들을 처단하고 조선인민공화국 건설에 다 함께 매진합시다.   1948년 10월 20일.

결의문 속에 애국 군인들의 절절한 충정이 담겨 있다.

회문산에 가다

우리는 반선마을을 떠났다. 되도록 여러 곳을 돌아보기 위해서 서둘렀다. 쉬지 않고 한 시간 남짓 달려서 회문산에 갔다. 매표소에서 촬영하겠다고 했더니 그냥 들어가란다. 저들이 꾸려 놓은 전북도당 트에 들렀다. 밖에 보초가 서 있고 안에는 후방부 의무과 병기과를 눈으로 보아서 알 수 있도록 어설프게 조형물을 만들어 놓았는데 출판부는 아예 없고 틈만 있으면 학습을 했는데 그런 흔적은 찾아볼 수가 없었다. 사령관실이라고 쓰여있는 별실에는 사령관과 권총이 있고 전화기가 놓여 있었다. 회문산 빨치산은 냇물의 낙차를 이용해서 수력발전을 했고 부근 몇 집은 전등을 켜고 있었으며 각 고지마다 여분산까지도 전선을 늘어뜨려서 전화로 적정을 보고받고 전투 지시를 했는데 전화기는 그 점을 나타낸 것이다. 도당 트는 위쪽 민가에 있었지 엉성하게 만들어 놓은 트 자리는 아니다. 우리는 차가 올라갈 수 있는 곳까지 비포장도로를 달렸다. 장군봉에서 뻗어내린 중턱인데 헬기장이 있다. 쾌청한 날은 내장산은 물론 이밤산, 추월산, 무등산을 한 눈에 볼 수 있는 곳이다.

1개 중대 전원이 전사한 여분산 전투

옛 모습 그대로 우뚝 솟아 있는 여분산을 죽기 전에 한번 꼭 가봐야겠다.

"골짜기 저 너머 최고봉이 여분산입니다. 우리 동지들 일개 중대 6,70여 명이 희생된 곳입니다. 1951년 3월 19일경에 앞에 보이는 저 골짜기에 투쟁인민과 기관 동지들이 만 명도 넘게 모였습니다. 적은 사방에서 공격하고 있지, 더는 회문산을 지켜낼 수 없다고 본 사령부는 지리산으로 빠져나갈 계획을 세웠던 것 같습니다. 무장부대는 포위망을 뚫고 빠질 수 있지만 비무장 군중은 중간에 짤려서 전원이 죽거나 생포당할 수밖에 없게 되자 비무장부대를 안전지대인 쌍치로 뺄 작전을 세운 것 같습니다. 여분산이 떨어지면 저 안에 있던 만 여 명이 전멸할 수밖에 없기 때문에 여분산을 방어하고 있던 기포병단 1개 중대에게 인민을 구출하기 위해서 최후까지 싸우라는 군사명령을 내렸답니다. 중대병력 6,70명은 포 집중사격을 받으면서 동지들의 시체를 방패로 전호에서 결사전을 전개했습니다. 13차의 반돌격으로 기어오르는 적을 물리치며 인민의 퇴로를 보장했습니다. 최후의 한 사람을 제외한 전원이 희생되면서도 여분산을 사수하며 인민들 모두를 안전지대인 쌍치로 이동시켰습니다. 죽음으로 사지의 인민들을 구출한 영웅들은 우리 민족사에 영원히 기록될 것입니다. 여분산 전투에서 살아남은 동지가 1951년 가을에 우리 중대 소대장으로 배치되어 와서 그 여(汝)동무로부터 여분산 전투와 살아남은 경위를 자세하게 들었습니다. 여동무는 중기 부사수로 중기분대원들이 다 죽고 중기 사수도 전사하자 자신이 중기를 잡고 사격하고 있었는데 뒷문에서 총을 쏘며 '손들어!' 라고 하는 바람에 휙 돌아보자, 국방군이 겨누고 있던 M1에서 탄케이스가 튀어나왔다고 한다. 그 순간 여동무가 무섭게 달려 나가자 빈총을 들고 있던 겁먹은 그 자는 움찔 물러났고 그 틈에 눈이 쌓여 있는 북쪽으로 굴러서 살아났다고 들려주었습니다. 우리 중대가 1951년 6월경에 여분산 상봉에 올라가서 전호 속에 육탈이 된 동무들의 뼈가 수북이 쌓여 있는 것을 보았습니다. 우리는 눈물을 닦으며 옆에 있는 흙을 떠다가 묻어주었습니다." 회문산 골짜기에 어둠이 짙어가고 있었다. 우리는 군사간부학교 옛터에 들려서 이성근 동지로부터 설명을 들었다. 장방형으로 지어 놓은 트에서 40여 명이 사십여 일 동안 당건설, 유격전술, 소련 당사를 배우고 총 다루는 법과 매복작전 기습작전 등 실전을 방불케 하는 군사훈련을 받았다고 한다. 우리는 금산골로 갔다. 1차 기차습격에서 대승한 우리 부대가 노래하고 춤추고 환희의 밤, 경축행사를 했던 곳이다. 이미 어두워서 촬영을 다음으로 미루고 떠났다.

이성근 동지의 입산 동기와 빨치산 활동

쌍치 종암식당에서 짐을 풀고 저녁을 잘 먹었다. 김영진은 밥숟가락을 놓자마자 카메라 장치를 했다. 정부영이 입산하게 된 동기와 산에서의 활동을 간추려서 들려주시라고 하자 이성근 동지가 입을 열었다.

"나는 정읍 농업학교에 다녔는데 전쟁 중에 학도병에 나가는 문제가 제기되었을 때 거부하고 고향으로 돌아왔습니다. 형님이 포고령 위반으로 6개월을 감옥에서 사셨고, 매부도 좌익활동을 하셨기 때문에 가정적인 영향을 직간접적으로 받은 것 같습니다. 1950년 7월 20일 쌍치 지역이 해방되자 쌍치면 당위원장 현순기 동지가 동무는 중학교에 다녔으니까 노동신문을 읽고 농민에 관한 내용을 발췌하여 농민들에게 선전사업을 하라고 당부했습니다. 노동신문은 정치적 술어가 많아서 이해를 다 못했지만 모르는 부분은 물어가면서 열심히 일했습니다. 쌍치면당에서 사업하던 김인태, 노승근이 불러서 화선 입당을 했습니다. 남원 유격대에 가서도 입당을 했어요. 지금 생각하면 어처구니없는 일입니다. 당에 두 번이나 입당을 했으니까요. 당시에는 통신사업이 미비했기 때문에 빚어진 일이 아닌가 여겨집니다. 입산 후에도 쌍치면당에서 선전사업을 하다가 추천을 받아 노령학원(군사간부학교)에 갔습니다. 40일 동안 교육을 받고 특공부대 부소대장으로 배치되었습니다. 부대장은 정일 동지, 문화부 부대장은 김일성대학 출신 김규락 동지였습니다. 첫 전투는 칠보 해방작전이었습니다. 우리는 경찰이 주둔하고 있던 학교를 점령했습니다. 특공대는 도당을 호위하는 게 주된 임무였어요. 1951년 3월에 도당이 회문산을 적에게 내주고 성수산, 팔공산, 덕대산을 거쳐 운장산으로 갔는데 운장산에서 전북 북부지도부와 만났습니다. 전북 북부지도부는 완주군 명지목에 거점을 구축하고 있었어요. 공세 때 잠시 운장산에 와 있었습니다. 여기서 한 가지 말씀드리고 싶은 것은 운장산에서 저녁밥을 준비하다가 적의 기습을 받았습니다. 특공대장 박정일 동지가 선장소로 뛰어가다가 적탄에 쓰러졌습니다. 부대장이 전사하자 참모장 적성 동지가 부대를 통솔했습니다. 부대원은 4,50여 명이었습니다. 부대원 앞에서 도당위원장 방준표 동지가 자기 지휘관을 잃은 데 대하여 엄하게 비판을 했습니다. 얼마 동안이지만 왜 그런 곳에 거점을 정했는지 지금도 이해가 안 갑니다. 김규락 동지가 불러서 사람에 의한 통신연락이 불가능할 때 활용하도록 신호법을 개발하여 익히고 가르치라는 과업을 나에게 주셨습니다. 나는 김규락 문화부 부대장의 지도와 사랑을 많이 받았습니다. 통일이 되면 김일성대학에 추천하겠다고 여러 차례 말씀했습니다. 그때마다 나는 김일성대학의 학생이 된 듯 젊은 가슴이 한껏 부풀었답니다. 1951년 5월경에 남부군이 청주시를 해방시키고 덕유산으로 왔습니다. 6개 도당회의가 있었고요, 우리 특공대는 51병단으로 개편되었다가 지리산에 들어가서 해산되었습니다. 나는 남원유격대에 배속되었어요. 제일 주요한 전투는 위에서 언급한 산내해방작전이었고 대강면 전투는 지서 주변에 목책이 없었습니다. 우리는 이불과 사다리만 가지고 보루대를 점령했습니다. 대강면 지서 경찰들은 땅굴을 통해서 옆산으로 도망가서 허탕쳤습니다. 남원군당은 전북도당을 무력으로 보위했을 뿐 아니라 식량과 필요한 용품을 조달하는 후방부 역할을 수행했습니다. 1951년 11월 1일 정령치에 주둔하고 있던 경찰을 기습해서 축출했습니다. 11월 15일경에 만복대 정령치 노고단에 올라온 국방군이 내려오면서 포위망을 압축했습니다. 퇴로는 한 군데밖에 없는데 적이 장악하고 있는 만복대를 탈환해야 가능했습니다. 우리 결사대는 빙판에 나무뿌리를 움켜잡고 기어 올라가서 벼락치듯 해치우고 만복대를 점령했습니다. 만복대에서 달궁 사이 달궁에서 뱀사골로 인파가 끊이지 않았습니다. 낮에는 비행기의 기총사격을 받으면서 때로는 싸우고 밤으로는 걷고 15일 만에야 장안산에 갔습니다. 백운산과 장안산 사이가 지지골인데 논개 사당이 있는 곳이지요. 지지골 너머가 번암입니다. 후퇴할 곳이 장안산밖에 없었습니다. 새벽에 장안산은 정적에 쌓여 있었습니다. 90부 능선까지 오르자 바위틈에 숨어 있던 국방군이 불시에 기습공격을 했습니다. 아침에 기습을 당하면 여간 불리한 게 아닙니다. 우리는 대낮에 백운산으로 튀었습니다. 그런데 백운산에도 국방군이 있었어요. 그들로부터 공격을 받고 지지골로 빠졌습니다. 그 과정에서 전북도당 성원들 여맹원 위생병들이 희생되었습니다. 지리산에서 15일 동안 제대로 못 먹고 낮에 전투하면서 밤으로 걸어서 장안산까지 왔다가 장안산과 백운산, 지지골에서 엄청난 인적 손실이 있었습니다. 나는 장안산에서 헤매다가 대천에 갔습니다. 국방군 수색조가 깔려 있데요. 양병선 동지는 앉아서 콧물을 흘리다가 움직이지 않데요. 흔들었더니 나무토막처럼 쓰러졌습니다. 동사했습니다. 적의 추격으로 나까지 6명이 체포되었습니다. 남원과 광주를 거쳐 전주에 가서 사형언도를 받고 15년으로 감형되었습니다. 군사조직은 사령관 김명곤 동지, 부사령관 기관덕 동지, 작전참모장 적성 동지, 특공대장 정일 동지, 정치부 부대장 김규락 동지, 특공대는 3개 중대로 편성되어 있었습니다. 1중대장 완도사람 장. 2중대장 노석대 동지, 3중대장 이호 동지, 남원 군당과 군사체계 남원 군당위원장 김장록 동지, 부위원장 이은수 동지, 조직부장 안경호 동지, 선전부장 안창선 동지, 항일유격대 간부부장 이강소 동지, 기호과장 유병일 동지, 군사부장 이정수 동지, 2대대장 이상룡 동지(나는 인민군 총위로 알고 있는데 최정범씨는 인민군 중좌라고 했다.), 초기 1중대장 이상룡 동지, 2중대장 최정범 동지, 3중대장 모르고, 최정범은 후에 남원 유격대 부대장으로 있었고 남부군 훈련대장을 역임했다고 합니다. 나는 남원에서 정치부 중대장으로 있었습니다."

송계채 동지의 입산 동기와 빨치산 활동

송계채 동지는 입산동기에 대해 간단하게 설명했다.
"나는 숙부님 영향을 받았습니다. 숙부님은 1949년 겨울에 고창군당 위원장으로 계시다가 밀고자에 의해서 체포되셨는데 고문으로 돌아가셨습니다. 온몸이 퍼렇게 멍들어 있대요. 숙부님이 돌아가시기 전에도 우리집 대청마루 밑에 비트를 파놓고 어머님이 지성으로 숙부님 뒷바라지를 하셨고, 나는 연락사업을 했습니다. 빨치산과 지방조직과 연결하는 선사업을 하다가 1950년 봄부터는 거점을 아예 산에 두고 사업을 했습니다. 그때 백안기 동지나 적성 동지, 정일 동지 등을 알게 되었고, 1950

'빨치산과 인민이 운동회를 가졌던 쌍치국민학교.'

년 7월에 그분들과 함께 정읍으로 입성했습니다."

밤이 늦어서 우리는 이부자리를 깔고 잤다.

빨치산과 인민이 운동회를 가졌던 쌍치국민학교

10월 31일 일찍 일어나서 송계채, 이성근 동지와 나는 1951년 6월 25일에 운동회를 가졌던 쌍치국민학교에 갔다. 김영진이 카메라를 들고 따라왔다. 학교 운동장을 질러서 건물 모퉁이로 돌아가자 신축건물에 영어실습실이란 간판이 영어로 쓰여 있었다. 일어만을 배우고 일어로 대화하도록 강요했던 일제식민지 교육을 받았던 나는 마음이 상해버렸다. 마침 숙직을 한 듯 30대 중반의 젊은이가 나와서 인사를 했는데 이 학교 교장이란다. 어린아이들까지 영어를 가르쳐야 하느냐고 했더니 수출 위주로 살아가는 우리나라 해외로 진출하기 위해서는 어려서부터 영어를 익혀야 한단다. 논쟁할 곳이 아니라 몇 마디 불만을 말하고 떠났. 운동장 가운데에서 송계채 동지가,

"1951년 6월 25일에 이 학교 운동장에서 빨치산과 인민들이 어울려

서 운동회를 성대하게 가졌습니다. 고지마다 보초를 세워 놓고요. 각 부대 대항경기라서 대표로 출전한 동무들은 부대 명예가 걸려 있기 때문에 열의가 대단했습니다. 씨름과 말 타고 상대방 깃발을 빼앗기, 100미터와 400미터 경주, 사격 등 종목도 다양했습니다. 씨름은 고창 김용태가 1등을 했어요. 인민과 빨치산이 스크럼을 짜고 이 운동장을 돌면서 노래하고 춤추고 농악도 울리고요. 참 그날 소년 빨치산 대장이던 노일환씨 아들이 연단에 올라가서 열변을 토했는데 우레와 같은 박수를 받았습니다."

전봉준 장군 동상.

그때가 회상되는 듯 한참 신이 나서 이야기를 하는데 빨리 와서 아침 드시라는 전화가 왔다. 식당으로 가서 아침을 먹고 일찍 떠났다.

전봉준 장군이 체포된 피로리

피로리로 갔다. 동학농민전쟁을 기획했고 지휘했던 총대장 전봉준 장군이 체포된 곳이다. 전봉준 장군은 재기를 도모하기 위해서 평소에 믿었던 하급장교 김경천 집을 찾아갔는데 상금에 눈이 멀었던 김경천이 밀고해서 담을 뛰어넘다가 적의 몽둥이에 다리가 부러져 잡히고 말았다. 전봉준 장군은 들것에 실려서 서울로 압송되었고 재판관 앞에서 침착하고 당당하게 질문마다 반론을 제기했고 종로사거리에서 내 목을 치라는 마지막 말을 남긴, 온몸으로 조국을 사랑한 충신이시다. 우리는 시설물을 돌아보고 전봉준 장군 동상 앞에서 장군의 생애와 최후를 그려보며 경건하게 묵념을 올렸다.

번개병단 사령관 장성구 동지

피로리에서 조금 국사봉 쪽으로 올라가면 내동이 나온다. 여기까지 왔으니까 번개병단 사령관 장성구 동지의 옛 집터를 보고 가자고 이성근 동지가 제의했다. 우리는 이성근 동지의 옛집을 둘러보고 내동으로 갔다. 장성구 동지의 친척들이 지금도 내동에 살아 있고 연세 많은 분이 친절하게 알려주었다. 대밭 밑에 집은 없고 공터에 콩이 심어져 있었다. 이성근 동지가 입을 열었다.

"장성구 동지는 아주 가난한 집에서 태어났습니다. 어린 나이에 머슴살이를 했고 커서는 산판이나 숯을 구워서 생계를 꾸려갔습니다. 장성구 동지는 48년 유격부대장으로 수많은 전투를 지휘했는데 우리 고장에서는 전설적인 인물입니다. 쌍치가 해방된 직후였어요. 빨치산이 온다는 이야기를 듣고 친구들과 먹산리로 구경을 갔습니다. 30여 명이 풀로 위장을 하고 오는데 개선장군처럼 보였어요. 부락민들은 나무 그늘에 앉았는데 그분들은 탱자나무 밑 뙤약볕에 앉아서 쉬데요. 장성구 동지가 이장을 만나보고 나서 열을 지어 갔습니다. 얼마나 부럽던지 나도 빨치산이 되겠다고 생각했습니다. 장성구 동지 아들이 오수에서 살다가 부산으로 갔다는 이야기를 들었는데 아들의 생사는 모릅니다. 구 빨치산이고 합법 때 쌍치면당 위원장 현순기 동지도 내동이 고향입니다. 입산해서는 순창군당 조직부장으로 계셨어요. 아들 현병국이 서울에 산다는 말을 들었습니다."

우리는 메데로 향했다. 도중에 차를 세웠다.

"1949년 여름에 이 근방에서 쓰리쿼타와 트럭에 탄 경찰들이 매복에 걸려서 다 당했습니다. 저 내에 꼬라박힌 차를 내가 보았습니다. 이영회 부대인지 장성구 부대인지는 모릅니다."

주위를 둘러보았다. 강가로 난 급커브 위에 퇴로가 보장된 매복하기 아주 적절한 곳이 있었다.

"틀림없이 저곳에 부대가 매복한 것 같습니다. 급커브라 차가 속도를 줄일 수밖에 없습니다. 일제 사격을 들이대면 차는 망가질 것이고 적은 도망갈 곳이 없습니다. 강폭이 넓고 물이 흐르고 있어서 강으로 들어가면 전멸하지 않겠습니까?"

매복하기에 절묘한 곳이었다.

대승한 메데 매복작전

우리는 떠났다. 길가의 표지판을 보고 우로 굽어서 다리를 건넜다. 마을에 팽나무와 정자가 나오고 더 올라가면 두 번째 팽나무가 나온다. 세 번째 팽나무와 정자가 나오는데 그 마을에 이정옥 노인이 살고 있다. 당시의 상황을 증언해 줄 수 있는 유일한 분이시다. 전에 와본 적이 있는 이성근 동지가 집에 찾아들어갔다.

"계십니까? 계십니까?"

고무신은 있는데 인기척이 없었다.

"계십니까?"

음성을 높이자 노인이 문을 열고 바둣이 나오셨다. 85세의 고령에 몸은 야위고 거동이 불편하셨다.

"전쟁 때 여기서 빨치산한테 군인들이 많이 죽었다고 하던데 그때 상황을 좀 들려 주시지요?"

"많이 죽었지요. 앞산 뒷산에서 저 밑에까지 총소리가 콩 볶듯 했으

메데작전을 목격했던 이정옥 어르신께서 당시 상황을 직접 설명하셨다/이성근 선생도 함께.

니까요. 우리는 무서워서 숨어 있었어요. 얼마 후에 나가보니까 팽나무 옆 내에 30여 구의 시체가 널부러져 있데요. 그날 늦게 치안대가 시체를 수습해서 들것에 메고 가다가 옥천동 앞에서 또 빨치산의 습격을 받았습니다. 참 많이 죽었습니다. 못 가져간 시체는 다리 미처 못 가서 왼쪽에 묻어 놓았습니다. 옥천동 무명용사의 묘라는 비석을 세워 놓았습니다."

"고맙습니다."

부디 건강하시라고 몇 번이나 당부 말씀을 드리고 떠났다. 나오다가 묘비가 있는 곳에 들렀다 봉분이 아주 큰 묘가 있고 묘 앞에 '무명전몰용사 추모비'라고 쓰여 있었다. 뒷면에 1950년 음력 10월 4일 14시에 화랑사단 13연대 8중대 150여 명이 이곳에 묻혀 있다고 적혀 있었다. 학도병이란다. 우리야 미군정을 반대하여 학생운동을 했으며 목적이 뚜렷하고 의식이 확고한 학생으로 산에 입산하여 빨치산 투쟁을 했지만 학도병은 다르다. 동창인 박학규 벗으로부터 들은 바에 의하면 전주공업학교의 경우 4학년 이상 상급반 학생들을 학교에 소집해 놓고 학생복을 입은 채로 트럭에 실어갔단다. 포항전투에서 전멸했는데 나의 절친한 벗 손성국도 포항 정형읍에서 죽었다고 들었다. 애석했다. 메데작전에 참가했던 이학천 동지로부터 전에 이곳에 와서 자세하게 들었다. 기포병단이 양 능선에 매복하고 있는데 정찰도 않고 국방군 대부대가 겁도 없이 총을 어깨에 멘 채 이 골짜기로 들어왔다고 한다. 내를 건너지 않은 병력이 있었지만 선두가 2킬로 정도 골짜기로 들어왔을 때 양 능선에서 일제사격을 들이댔다고 한다. 도망갈 데가 있는가. 내를 타고 달아났는데 먼 거리라 거의 다 죽고 강을 건너다 또 죽었다고 했다. 죽은 숫자는 잘 모르고 총은 150정이 넘게 노획했다고 들려주었다. 한 개 대대가 전멸했다는 설도 있다. 메데 전투 이후 국방군은 보복으로 쌍치는 물론 주변 산간 부락 집들을 모조리 불 지르고 어른 아이 가리지 않고 보는 대로 사살했다. 나이 드신 어른들은 다 알고 있으면서도 드러내놓고 말을 안 하신다. 내가 1951년 4월 중순에 쌍치에 갔는데 집이 한 채도 없었다. 쌍치 인민들은 불타버린 집 방장 위에 나무를 세워서 묶고 이엉을 두르고는 그 안에서 생활하고 있었다. 각 마을마다 보초가 서 있고 군경이 나타나면 징을 치거나 연기를 피웠다. 적정신호가 있으면 보따리를 걸머지고 우리가 있는 산으로 올라왔다. 움막에 불을 지르면 재를 쓸어버리고 그 위에 또 움막을 짓고 살았다.

쌍치 돌고개전투

우리는 갔던 길로 되돌아 나왔다. 소재지 들머리에서 순창으로 가는 길로 들어서서 돌고개 중턱에 차를 세웠다. 과히 높지 않은 산이라 모두

순창 쌍치 돌고개에는 경찰이 구축했던 보루대의 흔적이 아직도 남아 있다.

올라갔다. 도중에서 이성근 동지와 걷기 불편한 이영, 조순덕 어머니가 떨어졌다. 전파송신시설을 돌고개 위에 설치하기 전에는 사람 왕래가 거의 없었다고 한다. 등산할 만한 산도 아니고 사람이 많이 죽은 곳이라고 꺼렸기 때문이었다. 그래서 돌로 쌓았던 보루대가 허물어졌지만 아랫부분이 원형 그대로 남아 있다.

돌고개를 해방시키고 8만 석을 수확하다

청주보안감호소에서 나온 후, 그러니까 20년 전에 돌고개에 왔을 때보다는 훼손되었지만 그래도 어느 지역보다 흔적이 많이 남아 있다. 돌고개 중심부에 위치하고 있는 제일 넓은 보루대 안에 자리를 잡고 돌고개 전투 전모를 설명했다.

"이곳에 본부가 있었던 것 같습니다. 양 옆으로 보루대를 둘씩 돌고개에 다섯 개의 보루대를 저들이 인민들을 동원하여 돌로 견고하게 구축했습니다. 1951년 8월로 기억됩니다. 그 해 봄이 되자 식량이 아주 어려운 때인데 쌍치 농민들은 씨앗을 어디에 간수했던 것인지 밭을 갈고 씨앗을 뿌렸습니다. 못자리를 꾸리고 씨나락을 뿌렸습니다. 해방구 농민들은 움막 안에 살면서 농사를 지었습니다. 빨치산들도 거들고요. 논에 벼를 심고 벼가 무럭무럭 자라서 모개가 나오고 뜸이 들 무렵 경찰들이 보루대를 구축했습니다. 전북도 경찰국에서 200여 명, 전남도 경찰국에서 200여 명을 포함 400여 명의 경찰을 돌고개에 배치했습니다. 명목은 빨치산 보급을 차단한다는 구실이지만 다 익은 가을 곡식을 제 놈들이 약탈하기 위한 것입니다. 보루대 밑으로 나무를 다 베어버리고 전호를 파놓고 보루대와 보루대 사이를 유사시에 안전하게 다닐 수 있도록 길을 깊이 파 놓고요. 여기서 저 아래 내까지 물을 길어 나를 수 있도록 갈짓자로 파 놓았습니다. 보루대 위에서 총을 쏘면 토끼 한 마리도 올라올 수 없도록 돌고개를 요새화했습니다. 여기서 경찰이 주둔하고 있으면 쌍치 일원의 농민들이 추수를 할 수 있겠어요? 총을 쏘는데, 못하지요. 돌고개가 쌍치 복판에 있지 않아요. 곡식을 놈들에게 다 뺏기면 어떻게 살겠습니까? 심히 걱정하다가 농민들은 농민대회를 소집했습니다. 대회에서 호소문을 채택했대요. 농민대표 두 분이 가마골에 있던 우리 연대부에 찾아왔습니다. 연대 지도간부들은 호소문을 읽고 아무리 공격하기 어렵고 희생이 있을지라도 돌고개를 탈환하겠다는 결심을 한 것 같습니다. 연대 전원을 소집했어요. 농민 대표가 연대원 앞에서 호소문을 낭독했습니다.

'우리 아들 딸들은 빨치산에 나가고 늙은이와 아이들만 남았는데 가을 곡식을 저 놈들에게 다 빼앗기면 어떻게 살아갑니까? 407연대 동무들이 돌고개 경찰들을 축출해 주십시오. 우리가 의지할 곳은 407연대 말

고 세상천지에 어디 있습니까?'

대충 그런 내용인데 글이 어찌나 절절하던지 대원들 모두가 울먹였습니다. 얼마 후에 정찰을 하고 작전계획을 세워서 일차 돌고개 습격을 했는데 원체 견고한 진지라서 실패하고 말았습니다. 한번 실패했다고 포기할 부대가 아닙니다. 며칠 후에 2차 습격을 계획했어요. 돌고개 해방과 1차 작전 때 희생된 동지들의 복수전까지 겸한 투쟁이기 때문에 궐기대회를 갖고 당세포회의를 통해서 돌격조를 조직했습니다. 동무들 모두가 대단한 결심을 하고 출전했습니다. 그러나 이차기습 또한 실패하고 말았습니다. 열병에서 회복기에 있었던 나는 토방으로 나가서 가마골로 돌아오는 부대를 마중했는데 경상자 십여 명은 걷고 7, 8명의 중환자는 들것에 실려 왔습니다. 죽은 숫자는 모릅니다. 한 동지는 총탄이 옆구리를 뚫고 나가서 들것에 창자가 삐져나왔데요. 참 비참했습니다. 창자가 삐져나온 동지는 용케도 총탄이 창자를 뚫지 않아서 꿰맸는데 얼마 후에 완치되었습니다. 그 즈음에 영광으로 9.28 복수투쟁에 나갔다가 박격포 유탄에 엄정기 연대장이 돌아가시고 참모장 최일관 동지가 연대장이 되고 번개병단 외팔이 참모장이 우리 연대 참모장으로 오셨습니다. 전번에 언급한 바와 같이 계동 마을 앞에서 군용열차를 습격하여 총탄 수십만 발과 박격포탄을 몽땅 노획했습니다. 대승을 거둔 우리부대는 4, 5일 후에 3차 쌍치탈환 작전을 수행했습니다. 당시에 우리 부대는 여분산과 벌동산 밑에 있었어요. 1951년 10월 20일인가, 밤에 연대 전체 동지들이 출정식을 가졌으며 전투적 구호와 혁명가요를 힘차게 부르면서 거점을 떠났습니다. 돌고개에 가서 새벽에 기습했어요. 동지들의 희생이 없도록 배려했습니다. 그리고 우리 부대뿐 아니라 408연대 전남 노령병단 정읍, 순창, 임실 유격대가 총동원되었어요. 광주에서 쌍치로 오는 도로와 정읍, 순창, 임실에서 오는 도로를 탱크나 지원부대를 실은 트럭이 통과할 수 없도록 길을 깊이 파놓고 무력을 배치했습니다. 또한 물길 아래 내 건너편에 개인호를 파고 한 개 분대를 매복시켰습니다. 물 뜨러 내려오면 일제히 묘준사격을 했습니다. 물 뜨러 내려오겠어요? 다 죽는데. 물길을 완전히 봉쇄했어요. 주공을 담당한 우리는 11시경에 박격포 서너 발을 고지로 발사했습니다. 우리도 포를 가지고 있다고 시위한 것이지요. 오후에도 몇 발 쏘고 어두워지자 돌고개 주위의 고지와 각 능선에 쌍치 인민들이 봉화를 올렸습니다. 독안에 든 쥐처럼 공포에 떨도록 한 것이지요. 초저녁에, 한밤중에, 새벽에 기습을 했습니다. 잠을 못 자게 신경전을 한 것이지요. 다음날에도 제 자리를 지키면서 주로 아지프로를 했습니다.

"총성 한 발이 들려오지 않는다. 지원군을 기다리고 있는 것 같은데 지금 와도 우리 부대가 도중에 길을 파놓고 매복하고 있기 때문에 전투를 하다 보면 해지기 전에 이곳에 못 온다. 무엇 때문에 누구를 위해서 목숨을 거는가? 상급자들은 사지에 있는 여러분을 구출할 생각조차 안 하고 있다. 손들고 나오라."

대충 그런 내용이었습니다. 날이 어두워지자 또 기습을 했습니다. 2~3시경에 총공세를 들이댈 계획이었습니다. 밥 못 먹고 물 못 마시고 포위망 속에서 잠도 못 잤기에 사기가 더할 수 없이 추락하는 적을 단번에 격파할 작전이었습니다. 농민들 2,000여 명이 흰 수건으로 머리를 질끈 동여매고 죽창을 들고 돌격부대의 뒤를 바짝 따랐습니다. 전호 가까이 가서 일제사격을 들이대고

"돌격! 돌격!"

빨치산과 인민들이 목이 터져라 외치는 함성은 쌍치 천지를 흔들어 놓았습니다. 적들은 이제 죽었다고 여겼을 것입니다. 전호에 들어가자 텅 비어 있었습니다. 모두 진지를 포기하고 도주했습니다. 정상에 오른 농민들은 빨치산을 안고 만세를 불렀습니다. 어떤 농민은 울어버렸습니다. 비록 1,2차전에서 동지들의 희생이 있었지만 1951년 가을에 쌍치 농

민과 빨치산은 팔만 석을 수확했답니다. 인민과 함께 싸운 돌고개 작전은 우리 민족사의 한 페이지를 빛나게 장식할 것입니다. 갑오농민전쟁이나 의병투쟁도 당시의 지배층들은 역적이라고 하지 않았습니까?”

　나머지 네 군데 보루대가 있던 곳을 돌아보고 기념사진도 찍고 내려왔다. 전투가 치열했던 제2고지며, 박격포가 위치하고 있던 곳, 장맛비에 흩어져 있던 여인의 뼈와 치마저고리가 엊그제 일인 양 선하게 떠올랐다. 쌍치 인민들의 희생과 고통을 어찌 이곳에 다 적을 수 있으랴.

　후에 김해섭 선생이 보충을 했다. “적들의 돌고개 진지 구축이 하루 이틀에 이루어진 것이 아닙니다. 수백명의 노무자들을 동원하여 아마 2, 3개월 걸렸을 것입니다. 쌍치해방구 북쪽과 서쪽을 담당하고 있던 정읍유격대와 408연대가 여러번 기습공격을 했습니다. 희생도 있었구요. 잘은 모릅니다만 광주방면에서 들어오는 적을 막아내기 위하여 전남 노령지구유격대가 일정한 역할을 했을 것입니다. 돌고개 탈환합동작전에 전남동지들이 동원되었습니다.”

　우리는 가마골로 향했다. 가마골은 위쪽 전남 지역에 전남 유격대가 거점을 구축하고 있었고 용소 아래쪽은 전북지역으로 46사단 지휘부와 407연대가 1951년 여름 한때를 보낸 곳이다. 먼저 용소에 갔다. 영산강 발원지라고 쓰여 있었다. 이영 어머니는 고향이면서도 못 와본 가마골에 이제야 왔다고 좋아하셨다. 길 옆에 큰 비석이 있는데 가마골의 위치와 자연의 아름다움을 소개하면서 빨치산 활동의 일부를 소개한 곳에 노령병단 김병억 사령관 산하에 기포병단, 카츄샤병단, 번개병단이 가마골에 있었고 1951년 8월의 격전에서 국방군 8사단 소속 군인 445명이 사망했으며, 800명의 부상자를 냈다는 대목이 있다. 노령병단은 전남소속이고, 기포병단과 카츄샤병단, 번개병단은 전북도 기동부대다. 전남 노령병단 사령관이 전북부대를 산하부대로 지휘통솔 했다는 내용은 잘못된 대목이다. 역사적인 사실과 다르기 때문에 시정해야 한다. 그리고 가마골에 1951년에 기포병단은 있었지만 카츄샤병단과 번개병단은 없었다. 김병억 노령병단 사령관은 장성중학교 출신으로 1948년에 입산하여 19세 때 노령지구 빨치산 사령관을 역임했고, 1950년 전쟁 후에도 노령병단 사령관으로 전술에 능한 젊은 군사간부로서 빛나는 전과를 올렸으며 최후 또한 비트가 발견되어 총격전 끝에 영예롭게 전사하셨다고 들었다. 내가 사형선고 받고 광주형무소 이가사에 있을 때 김병억 동지의 친형님과 함께 살았다.

머슴 살은 46사단장 백암 동지

우리는 전북 46사단 사단본부가 있었던 곳과 407연대 본부가 있었던 곳을 답사하기 위해서 골짜기를 타고 산으로 올라갔다. 사령부 아래 초소는 비가 오면 은신할 수 있는 바위 밑이 있었는데 바위가 내려앉아서 흔적이 없었다. 취사하던 곳도 평평했는데 빗물에 패여서 골이 깊어졌다. 10년이면 강산이 변한다는 말에 실감이 갔다. 사령부 트 또한 약간 평평한 곳에 나무가 서 있지만 돌을 쌓은 흔적이 있어서 겨우 찾았다. 5, 6년 전에 왔을 때는 너댓 개의 트 자리가 확연했는데 이번에 가서는 찾을 수가 없었다. 407연대 지휘부 트도 없어져 버리고 후방부 트만이 알아보게 남아 있었다. 1951년 8.15 경축대회를 가졌던 꽤나 넓은 곳은 예나 별로 다르지 않았다. 쌍치 농민대표가 호소문을 낭독했던 곳이기도 하다. 우리는 바위에 앉아서 이곳에 얽힌 이야기를 꺼냈다.

"그러니까 1951년 8.15 경축행사를 이 숲속에서 가졌습니다. 연대 전원이 모였습니다. 이 앞에 주석단도 만들고 나무로 엉성하게나마 연단을 만들어 놓았습니다. 나는 열 맨 앞에 있었어요. 46사단 사단장 백암 동지가 축사를 종이에 써가지고 와서 낭독하데요. 읽다가 막혔어요. 연단 뒤에 있던 비서가 축사 한 부를 가지고 있었던 모양입니다. 틔워 주데요. 두 번 세 번 막히자 용지를 내려놓고 '빨치산은 무엇보다도 개를 많이 잡아야 합니다.' 자기 식대로 축사를 마쳤습니다. 그게 더 좋았습니다. 동지들이야 학교 문 앞에도 안 가보았고 남의 집 머슴살이에 삼판을 하고 살아온 분이 글을 읽다가 막혔다고 해서 달리 생각할리 없지만 본인은 연대원들 앞에서 글을 제대로 읽지 못한 것이 무척 부끄러웠던 모양입니다. 그날 이후 매일같이 아침 일찍 일어나서 책을 들고 음독을 하데요. 그로부터 3개월 후, 11월 7일 소련혁명 기념행사를 여분산 밑에서 가졌는데 원고를 막힘 없이 읽었습니다. 동무들 모두가 좋아했습니다. 그로부터 3년 후 1954년에 체포된 동지로부터 들은 내용입니다. 도당위원장 방준표 동지는 만일에 자신이 전사할 경우 도당의 중책을 맡을 후임자를 생각했고 적임자로 백암 동지를 지목했던 것 같습니다. 백암 동지는 출신과 사상성이 좋고 지휘와 실천력이 탁월한데 단 하나 이론 수준이 낮은 게 결함이라 이 문제를 해결하기 위해서 김일성대학 철학교수와 도당학교 강사를 붙여 주었으며 먹고 공부만 하도록 배려했다고 합니다. 백암 동지는 방준표 동지가 전사하신 후에 전북도당을 책임지고 사업하시다가 1955년 말에 쌍치 어느 마을 비트에서 경찰이 노루를 보고 총을 쏘았는데 비트가 발견된 줄 알고 튀다가 적탄에 돌아가셨다고 합니다."

백암 동지는 혁명시기에 혁명에 뛰어들어서 자신을 혁명적으로 개조하고 발전한 전형이었다. 산을 내려올 때까지 백암 동지가 머릿속에서 떠나지 않았다. 가마골을 끝으로 전적지 답사를 마치고 서울로 떠났다. 관광철이라 차가 막혀서 10시가 넘어서야 서울에 도착했다. 모두가 수고했다. 다음 일정을 잡고 헤어져서 전철에 몸을 실었는데 나이 탓인지 좀 피로했지만 마음은 그렇게 편할 수가 없었다.

김제 임실 전적지

첫 전투

2011년 3월 12일 8시에 양재에서 출발하기로 약속이 되어 있었는데 뜻하지 않은 일로 잠실에서 10시에 변숙현 동지, 안신옥 동지, 나, 박봉자 선생, 박소연 작가, 정부영, 김영진, 김은정 8명이 한 차에 타고 떠났다. 춥지도 덥지도 않고 하늘에 구름도 없이 완연한 봄날이었다. 토요일이라 차가 막히는데 우리 차는 전용도로로 시원스럽게 달렸다.

유영쇠 동지가 기다리고 있는 익산 박길한 동지의 집에 한 시에 도착했다. 서로가 반갑게 인사를 하고 바로 예약해 놓은 식당으로 들어갔다. 갈치찌개가 보글보글 끓고 있었다. 점심을 잘 먹었다. 밥값을 박길한 동지가 지불했다. 박길한 동지는 몸이 불편해서 떨어지고 유영쇠 동

김제 임실 전적지 답사를 함께한 김영진, 임방규, 고 안신옥, 변숙현, 박소연, 박봉자, 유영쇠, 김은정(왼쪽부터).

지만 태우고 떠났다. 김제군 봉남면 면소재지 뜰 안에 차를 세웠다. 유영쇠 동지의 설명을 들었다.

"면사무소나 지서는 새로 지었지만 옛날에 있던 그 장소네요. 김제 군당이 입산한 이후 첫 전투를 한 곳입니다. 참모장 장현태 동지가 지서 담 위에 올라갔다가 총에 맞아 전사한 곳이에요. 20세에 부대를 지휘한 탁월한 군사간부를 잃고 모두가 애석하게 여겼습니다. 동지의 어머니는 우리가 찾아 갈 때마다 자식처럼 반가워 하셨습니다. 여기가 (돌아가신 윤성남 동지의 고향이기도 하고 솔밭 너머가 내 고향입니다. 김제 유격대는 대외적으로 알려질 만한 큰 투쟁은 없었으며 여러 지역을 돌아다니며 교란작전을 했구요, 주로 당을 무력으로 보위하고 당 사업을 보장하는 데 역할을 했습니다."

김제 군당 아지트와 아주머니

우리는 차를 타고 유영쇠 동지의 고향 대봉리로 갔다. 마을 앞에 차를 세웠다. 유영쇠 동지는,

"저기 대밭집이 있지 않습니까? 지금은 주인이 바뀌었지만 저 집에 비트를 파놓고 때로는 군당이 있었고 지방 사업을 하던 나의 근거지였습니다. 남편을 일찍 여의고 두 아들과 살아가던 어머님이 가정적으로 우리와 특별한 연관이 없었음에도 불구하고 물질적인 지원은 물론 우리를 보호하는 데 위험을 무릅쓰고 정성을 다했습니다. 마을 여맹위원장 덕순 동무와 의논하여 매사를 결정했으며 마을의 청춘남녀를 드러나지 않게 뒤에서 지도했습니다. 식량은 물론 한번은 돼지를 잡아서 조금 팔고 우리에게 보내주었습니다. 겨울에 춥다고 장에 가서 명주 베를 끊어다가 솜을 넣고 군당위원장 동지와 내 옷을 지어주었습니다. 1953년 도당에 갔는데 익산시당을 조직하여 파견할 계획이니까 동무가 사업할 수 있도록 조건을 만들어 주라는 과업을 주데요. 익산시당 트를 마련하려면 보통으로 믿는 사람은 안 됩니다. 어느 날 익산으로 집을 옮겨야 하겠다고 말씀을 드렸더니 어머니는 군말 한마디 없이 집 팔고 논밭을 팔아서 익산으로 이사 갔습니다. 그 집에 이리시당 트를 마련하여 돌각담 동지와 순창군당 조직부장 이던 최형국 동지가 시당 사업을 했습니다만 잘한 것 같지는 않습니다. 하루는 돌각담 동지로부터 위험을 알리는 네포가 왔는데 내가 죽을지라도 이 집만은 중앙당에 알려달라는 내용이 쓰여 있었습니다. 어느 날 내가 익산에 갔는데 쌀독을 털어서 주시데요. 얼마나 감격했는지 모릅니다. 감옥에서 나온 후 수소문해서 어머니를 만나보았고 여러모로 도움을 받았습니다. 어머니는 여러 해 전에 좋은 세상 못보고 돌아가셨네요."

설명을 마치고 유영쇠 동지는 옛 추억에 잠기는 듯 대밭을 바라보았

다. 어머니와 같은 애국인민들이 조선 땅 곳곳에 얼마나 많았던가.

처녀 여맹위원장 김덕순

"이 마을에 김덕순이란 처녀 여맹위원장이 있었는데 담대하고 지혜롭게 일을 참 많이 했습니다. 한마디로 처녀 영웅이라고 할 수 있습니다. 당에서 주는 과업을 철저히 수행했을 뿐 아니라 일시적으로 선이 끊어진 기간에도 스스로 알아서 일을 창조적으로 대담하게 전개했습니다. 예를 들면 계 조직을 해서 젊은 남녀들을 계에 들어오게 하고 쌀을 거두어서 떡 해먹는다고 소문을 내고는 떡을 조금 해서 부모님께 갖다드리고 남은 쌀을 간수했다가 주었습니다. 장에 가서 신발을 사온다던가, 산에서 필요한 물품을 구입하여 비장해 두었다가 주곤 했습니다. 한번은 밤에 청년들을 데리고 이웃마을 부잣집 논에 가서 벼를 베어다가 가리를 쳐놓고 얼마 후에 타작을 해서 쌀 여러 가마니를 당에 보내주었습니다. 덕순 동무는 열성이 대단했을 뿐 아니라 사람들을 조직에 묶고 조직을 운용하는 데 탁월한 능력을 발휘했습니다. 젊은이들을 거의 다 조직원으로 공작했습니다. 못 배워서 그렇지, 통 큰 여장부 덕순 동무를 김제군당에서 군 여맹위원장으로 발탁했습니다. 덕순 동무의 정치 수준을 높이기 위한 교양 사업을 내가 담당했는데 노동신문을 갖다 주어도 이해를 못하데요. 그래서 별지에 해설을 써서 보내주었습니다. 언젠가 사고로 체포되어 감옥에 갔다가 보석으로 풀려 나왔는데, 감옥도 별것이 아니더라 무슨 일이 터지면 전부 내가 책임지겠다고 조직원들을 격려했으며 놈들은 덕순 동무를 매장시키기 위해서 유영쇠의 애를 뱄다는 둥 터무니없는 모략을 했습니다만 그런 것에 조금도 개의치 않고 내가 체포되던 1954년까지 자기 사업에 충실했습니다. 이 마을이 민주화되었던 바탕은 해방 후에 마련되었습니다. 일제 때 나는 집이 가난해서 학교에 못

가고 야학에 다니면서 우리글을 배웠습니다. 해방이 되자 학교에 다녔던 친구들은 우리글을 모르고 나는 알고 있었기 때문에 야학당에서 나는 가르치고 친구들은 배우는 입장이 되었습니다. 참 열심히 가르쳤네요. 처녀반, 아버지반, 어머니반, 아이들반으로 나누어서 가르쳤습니다. 나를 이 마을에서 어른이나 아이들이나 모두가 선생님이라고 불렀습니다. 사랑과 존경을 받았지요. 내가 입산 후에 이곳에 근거지를 구축한 것도 야학당 시절의 토대가 있었기 때문입니다. 인민의 신뢰가 두터웠기에 내가 하는 일을 지지하고 지원했습니다. 이 마을에 얽힌 이야기가 많은데 이만 하고 갑시다."

유영쇠 동지는 말을 마치자마자 재촉했다.

냉굴(폐광 금굴) 군당위원장외 5명의 영예로운 최후

차는 포장도로를 달리다가 산길로 들어갔다. 울퉁불퉁한 비포장도로를 이리저리 감돌아서 얼마를 달렸을까 길 끝이 나왔다. 옛날에 금을 캐던 금굴인데 폐광으로 입구를 막아놓았다. 틈새로 안을 들여다보았지만 캄캄할 뿐 감을 잡을 수가 없었다. 유영쇠 동지가 설명을 했다.

"이 굴은 내부가 마치 개미굴처럼 사방팔방으로 뚫려서 멋모르고 들어갔다가는 길을 못 찾고 만답니다. 우리 동지들이 굴 안에 있을 때는 언제나 굴의 내부 구조를 잘 아는 지난날의 광부 동지와 함께 있었습니다. 이 굴에 기관 동지들이 있었고 무장 부대도 있었으며 김제 군당위원장 동지도 있었습니다. 우리 동지였던 면 대한청년단 단장을 통해서 채광 허가를 받아놓고 광부는 다 아랫마을 당원이었습니다. 그 동지들이 쌀과 찬, 땔나무를 갖다 주어서 밥을 해먹었습니다. 면 대한청년단 단장이 전 대한청년단 단장을 포섭하여 공세나 수색대가 나갈 때는 미리 전 단장에게 알려서 피신하도록 했습니다. 그러다가 1952년 1월 말인가, 2월

금굴 앞에서 고 유영쇠 선생이 당시 상황을 설명하다.

초에 사고가 났답니다. 놈들은 굴 앞에 고춧대를 쌓아 놓고 불을 질렀습니다. 굴 안에 있던 김제 군당위원장, 박봉수 군 여맹위원장, 이보옥 호위병, 서윤환 광산노동자, 김달준 면 조직선전원, 당증 과장 전원이 굴 밖으로 나오지 않고 자폭했답니다. 이 굴에서 최후를 영예롭게 장식했습니다."

설명을 마친 유영쇠 동지의 눈에 언뜻 눈물이 스쳐갔다. 유영쇠 동지는 그것도 모르고 며칠 후 이곳을 찾았는데 굴 입구에 타다 남은 고춧대가 있고 재가 수북이 쌓여 있었다고 했다. 동지들의 시신은 놈들이 끌어내다가 이 부근에 묻었다는데 못 찾았다고 한다. 우리는 아픈 가슴을 안고 되돌아 나왔다.

금굴 입구.

김제군당이 입산한 안덕리

완주군 구이면 안덕리에 갔다. 안신옥 동지가 설명을 했다.
"후퇴 후 김제군당이 입산한 곳입니다. 산은 낮지만 산이 겹겹으로 에워싼 마을입니다. 지금은 몇 가옥이 남아 있지만 당시에는 꽤나 큰 마을이었습니다. 1,500여 명이 북적댔으니까요. 마을 뒷산에서 전투를 많이 했네요. 1951년 9월에도 우리 부대가 이곳에 왔다가 경찰들과 전투를 했는데 참모장, 정치부 지도원 신형수, 군민청위원장이 전사했습니다. 저 능선에 묻었는데 찾지 못했습니다. 저들의 손실 또한 컸을 것입니다."
우리는 안덕리를 떠났다.

상운암 입석리

가는 도중이라 상운암 입석리 수몰 지구에 들렀다. 가다가 경치가 하도 좋아서 언덕 위에 차를 세웠다. 서쪽 산들은 그늘 속에 있고 운암 저수지와 동쪽 산들은 석양의 품안에 주변의 기암괴석과 어울려서 아름다웠다.

"좋다. 참 좋다."

좀체로 볼 수 없는 아름다움에 모두가 감탄했다. 입석리는 상운암 소대지로 우리 부대가 해방시킨 곳인데 지금은 물에 잠겨서 없고 망향비만 말없이 서 있었다. 상운암 작전에 대해서는 (발표했기 때문에 설명을 생략했다. 김영진만이 바쁘게 여기저기를 카메라에 담았다.

1951년 봄과 여름을 보낸 해방구 참시내 구장리, 만병리

우리는 어둑어둑해서야 정읍군 산외면 참시내에 갔다. 몇 아람 되는 팽나무 여러 주가 마을 안에 있었다.

"옛날 그대로네요."

집들은 새로 지어서 변했지만 고목만은 60년이 지났는데도 옛 자리에 그대로 있어서 반가운 듯 안신옥 동지가 입을 열었다.

"우리 김제군당이 1950년 12월에 완주군 구이면 안덕리에서 이곳으로 옮겨왔습니다. 참시내 웃 부락이 구장리이고, 구장리 웃 부락이 만병리인데 전설적인 고장이기도 합니다. 먼 옛날에 9명의 장수가 만명의 병사를 거느렸다는 곳으로 마을 이름을 구장리, 만병리라고 부른답니다. 우리들 1,000여 명이 있었습니다. 현물세도 받구요. 참신내는 부자들이 있어서 좀 껄끄러웠습니다만 구장리와 만병리 농민들은 우리와 한 식구처럼 지냈습니다. 인민성이 참 좋았어요."

고 안신옥 선생이 해방구였던 구장리, 만병리의 전설과 인민성에 대해 설명하고 있다.

가로등 밑에서 김영진은 안신옥 동지의 설명을 한 마디라도 놓칠세라 비디오 카메라에 담아냈다. 빨치산이 있었던 해방구라서 더욱 긴장이 되었으리라.

네 동지의 경력, 안신옥 동지

하루 작업을 마치고 쌍치 종암식당에서 저녁을 먹고 피로리 농촌 체험장으로 갔다. 김영진은 방 안에 들어가자마자 바쁘게 움직였다. 카메라를 고정시켜 놓고 먼저 안신옥 동지와 인터뷰를 시작했다.

"살아오신 이야기를 간략하게 들려주시지요."

"나는 1930년에 김제군 백산면 학산리에서 아버님 안이목, 어머님 임효순의 사남매 중 셋째로 태어났습니다. 형님은 50년 전쟁 중에 수원형무소에서 학살당했습니다. 학교는 고향의 백석국민학교에 다녔구요. 군산중학교 3학년 때 그러니까 1948년 교책으로 있으면서 단선 반대투쟁을 조직 지도했는데 그 사건으로 48년 11월에 검거되었고, 그 해 12월에 집행유예로 석방되었습니다. 다음 해 1949년 5월에 6명이 월북하기 위해서 의정부까지는 기차를 이용하고요, 산을 타고 북상하다가 체포되었습니다. 서대문형무소 미결감에 있다가 1950년 4월에 집행유예로 석방되었습니다. 김제가 해방된 이후 전북 도당학교 2기생으로 10일간의 단기 강습을 받고 김제군당 조직부 산하 책임지도원으로 배치되어 사업했습니다. 9월 27일에 후퇴 준비를 위해서 죽산면을 책임지고 나가서 150여 명의 입산 지원자를 규합하여 군당에 갔는데 벌써 입산했대요. 금산사로 오라는 연락을 받고 가다가 안덕으로 오라고 해서 그곳으로 갔습니다. 평야지에서는 입산자가 많지 않았고 금산면, 금구면에서 많이 왔습니다. 군당은 물론 각 면당이 있었구요. 17개면에서 일시에 캄파니아 투쟁을 한 적이 있는데 3명씩만 잡아도 50명이 넘지 않습니까? 김제군당이 입산 초기에는 칼빈 서너 정에 권총 두 정밖에 없었어요. 적과 싸워서 무기를 노획했습니다. 1951년 초에 김제유격대는 무장 120-130여 정에 비무장까지 합해서 150여 명의 막강한 부대로 성장했습니다. 캄파니아 투쟁 때 나는 고향인 백산면을 해방시키기 위해서 안기운, 안오길, 나 이렇게 세 명이 들어갔는데 기밀이 누설된 것인지 사람들이 지서를 겹겹으로 둘러싸고 불을 피우고 있데요. 다가가서 보니까 총도 없고, 순찰병과 용감! 승리! 하며 주고받는 군호를 들었습니다. 그래서 우리는 보초선을 무난히 뚫고 들어갔어요. 김제에서 익산으로 나 있는 도로로 지서에 바짝 접근해서 사제 수류탄을 돌에 찍었는데 오길 동무의 손 안에서 수류탄이 폭발했습니다. 오른손이 날아가 버린 오길 동무는 쓰러지고. 우리 두 사람은 부상자를 끌고 후퇴했습니다. 총을 갈기면서 위험지대를 벗어났습니다. 오길 동무를 친할아버지 집에 맡겨 놓고 우리는 반동 집에 들어갔습니다. 위급한 때 반동 집이 오히려 안전하지 않을까 하고 택했는데 그들은 경찰에게 신고를 했습니다. 우리는 방안에서 경찰들이 마을을 포위할 때까지 모르고 있었네요. 총알이 벽을 뚫고 방안에 들어와서야 뒷문을 차고 대밭으로 튀었습니다. 총을 쏘면서 달려가자 포위하고 있던 놈들이 달아났습니다. 막 마을을 벗어나는데 총이 툭 떨어지데요. 총알이 팔을 뚫고 나갔어요. 따발총을 가지고 있던 안기운 동무는 함께 뛰다가 즉사하고 나만 총을 걸머지고 뛰었습니다. 월정면에 갔을 때가 아마 너댓 시 되었을 것입니다. 따라오는 놈도 없고 나는 마을 뒷산에 숨어 있다가 밤에 만병리에 돌아갔습니다. 할아버지 집에 맡겨 놓은 오길 동무는 놈들이 핏자국을 따라가서 사살했고 별도로 나갔던 백산 면당위원장도 그날 밤에 희생되었다고 들었습니다. 넷이 나갔다가 나만 살았네요. 1951년 9월에 내가 네 번째 참모장으로 임명을 받았습니다만 그 당시는 동무들이 도로 소환되고 전사해서 김제유격대가 유명무실한 때입니다. 1951년 12월 대공세에 마사지고 김제에서 살아남은 동무들이 8,9명에 불과했습니다. 1952년에 남부지도부와 연결이 되어 408연대에 편입했고요, 이영일 동지가 연대장인데 구 빨치산입니다. 408연대는 일개 중대 20여 명씩 2개 중대가 남아 있었는데 선 떨어진 동무들을 규합해서 2개 대대를 만들었습니다. 김제군당 지도하에 수많은 투쟁을 했는데 내가 말한 내용은 백분의 일도 안 되는 것 같습니다. 결국 나를 중심으로 한 이야기가 되고 말았습니다."

유영쇠 동지

"나는 집이 하도 가난해서 소학교에 못 다녔고 야학방에서 우리글(당시에는 언문이라고 했음)을 좀 배웠습니다. 해방 후에 야학당에서 우리글을 열심히 가르쳤네요. 1948년 가을에 여수 철도국에 있던 마을 친구 최자춘이 돌아왔습니다. 그 친구가 '너는 학교도 못 다녔는데 장차 어떻게 할 것이냐?' 하고 물었습니다. '내가 못 배웠고 그것이 한이 되어 학교에 못 다니는 아이들을 모아서 열심히 가르치고 있으며, 그 일을 할 것이다.' 라고 말하면서 고등공민학교 강습소에 다닌다고 하자 자본주의 사회에서 그런 방법으로는 안 되고 보다 근본적으로 해결해야 한다. 그러기 위해서는 사회에 나가서 공부하고 사회실정을 정확히 파악한 토대 위에서 사업을 해야 한다고 하기에 어떻게 공부하느냐고 물었더니 이리에 나가서 공부하라고 하데요. 1948년에 나는 결심을 하고 이리중학 야간부에 들어갔습니다. 고학으로 학비를 대려고 했는데 그게 안 되어 김제로 전학을 했습니다. 30리를 걸어 다녔기 때문에 학교에 가서 졸고 집에 와서는 소를 키워야지 길에서 공부하고 집에 들어오곤 했습니다. 전쟁이 나서 친구에게 어떻게 해야 하느냐고 묻자 의용군에 나가자고 했습니다. 먼저 제국주의 침략자들을 물리치고 난 뒤에 공부를 하자고 해서 의용군에 1기로 지원했습니다. 1기생은 당원 두 사람이 보증을 서야 받아줬습니다. 9.28후퇴 후에 고향에 와서 사람들을 만나고 다니다가 입산한 동무들과 선이 닿았습니다. 낮에 이야기한 바와 같이 야학당에서 가르쳤던 인적 토대가 있었기 때문에 고향에 근거지를 구축하고 주로 지방사업을 했어요. 김제군 유격대는 주로 당을 보위하고 당 사업을 보장하는 데 역할을 했습니다. 특히 대공세 후에는 무장부대 전체가 소부대 활동으로 전환하여 후방에서 교란작전을 했습니다. 1953년 여름에 회문산 투구봉에서 도 기동부대와 남부 몇 개 군 유격대가 모여 있었는데 경찰들이 달려들어서 전투를 크게 한 번 하고는 1954년까지 큰 전투가 없었던 것으로 알고 있습니다."

변숙현 동지

"나는 고향이 전남 장성군 북일면 월계리에서 아버지 변방섭, 어머니 김옥순 사이에 맏딸로 1924년 12월 16일에 태어났어요. 남동생이 있구요. 해방되던 해 1945년 5월 30일에 만주 흑룡강성에서 박태원 동지와 결혼했어요. 그 해 11월에 귀국해서 남편 고향인 전북 순창군 동계면 수정리로 왔습니다. 우리 부부는 만주에 있을 때 항일유격대에 대해서 많은 이야기를 들었고 영향을 받았습니다. 남편은 고향에 돌아오자마자 친구들과 우리 진영에서 활동했어요. 거의 나가 있었고 옷 갈아입을 때만 집에 왔네요. 1948년 4월에 남북제정당 사회단체 연석회의 순창 대표로 북에 갔습니다. 광동학원을 졸업하고 태백산 빨치산으로 있었대요. 전쟁 때 4년 만에 만났습니다. 남편은 후에 남부군으로 갔다가 전사했다는 말을 들었습니다. 확실하게 아는 동지도 없고 내가 안 보아서 그런 것인지 북에 살아 있는 것만 같습니다. 47년에 아들을 낳았어요. 9.28 후퇴 후에 네 살 난 아들을 할머니에게 맡기고 입산했습니다. 여맹사업을 하다가 52년 2월에 체포되어 사형구형에 20년형을 받았는데 동생이 재심해서 9년 살고 나왔습니다."

결혼 생활은 1년 정도 하셨단다.

변숙현 선생이 자기 삶에 대해 이야기하고 있다.

애기동무

　아버지는 1948년에 놈들에게 끌려갔는데 그 후 소식이 없었어요. 나중에 들은 바에 의하면 박선애, 박순애 선생님, 오빠와 함께 지리산 어느 골짜기에서 적들에게 살해당했답니다. 어머니는 합법 때 임실군 여맹 조직부장으로 있다가 9.28 후에 입산하셨어요. 저도 어머니를 따라갔네요. 1951년 3월에 어머니는 적들에게 처참하게 살해되고 나만 살아서 임실 선생님들과 회문산으로, 쌍치로, 가마골로 함께 다니다가 51년 가을에 어느 선생님이 임실읍 신안 부락에 데려다 주어서 할아버지한테 갔습니다. 그 때 내 나이가 열두살이에요. 공부를 하고 싶은데 형편은 안되지 고민하다가 전주로 갔습니다. 식모살이를 하면서 독학으로 간호사 자격증을 땄어요. 목포 병원에서 10년간 간호사 생활을 했어요. 여동생을 어느 집 양딸로 보냈는데 고생을 얼마나 하는지 동생을 생각하면 눈물이 나옵니다. 애들 아빠가 기자생활을 했는데 환자와 간호사로 만나서 결혼했습니다. 2003년에 시어머님이 돌아가시고 애 아빠도 갔어요. 그 당시에 대학에 다니던 딸애가 남부군이란 책을 사다주데요. 그래서 이태, 최태환, 박순애, 박선애 선생들을 만나보고 민중탕제원에 가서 선생님 여러분을 만나 보았습니다. 지금은 두 딸이 다 크고 홀가분해서 평통사 일, 천주교 일, 유족회 일을 하느라고 바쁘네요."

국수봉 전투

　다음날 일찍 일어나서 아침을 먹고 8시 30분에 쌍치를 떠났다. 밤재를 넘어서 안시내에 갔다. 임실 의무과가 한동안 있던 곳이다. 큰 바위 가든에 들려서 주인장과 반갑게 인사를 나누고 차 한 잔 대접을 받고는 곧 떠났다. 물우리 앞에 차를 세웠다.

"저 마을에서 우리가 1950년 말과 1951년 초를 보냈습니다. 아침에 냇물에 세수하고 언덕 위 소학교에서 훈련을 했네요. 물우리 뒷산에 방어 진지를 구축해 놓고 한 개 중대씩 교대로 나가 있었어요. 능선 너머가 뱀사골이고 거기에 절친했던 문상구 동무가 묻혀 있어요. 우리 소대가 능선 끝 국수봉에 있을 때 일입니다. 1951년 2월 어느 날 날이 밝아오는데 적정이 나타났어요. 총소리가 들려오고 흰 옷 입은 인민들이 우리 쪽으로 달려오지, 뒤에서 군인들이 총을 갈기며 추격하는 게 보이데요. 총 맞을까봐 애를 태우고 있는데 인민들이 가까이 왔습니다. 곧바로 올라오면 위험하기에 돌아서 올라오라고 고함을 지르는데 흰옷 입은 사람들이 소나무 뒤에 숨더니 옷 속에 감춰둔 칼빈 총을 꺼내지 않겠어요. 그 순간에 우리는 전호 속으로 들어갔습니다. 하마터면 큰 일 날 뻔했습니다. 군인들이 인민으로 변장하고 왔기 때문에 우리는 전혀 의심하지 않았습니다. 놈들이 우리 지시대로 옆으로 돌아서 올라왔으면 그대로 당했을 것입니다. 수류탄을 까고 연발총으로 갈겨댔으면 총 한발 못 쏘고 우리는 거의 전멸했을 것입니다. 꾀는 잘 냈는데 간뎅이가 적어서 우리는 희생 없이 사격권 안으로 들어온 놈들에게 묘준 사격을 들이댔습니다. 두어 시간 싸웠을 것입니다. 우리는 높은 곳에 더욱이 전호 안에서 묘준 사격을 하지, 우리 병력을 파악하지 못한 놈들은 중 경기에 연발총, 단발총을 있는 대로 난사할 뿐 올라오지 못했습니다. 우리는 이따금 드륵드륵 따발총으로 위협했습니다. 적 지휘관이 전술을 달리하는 듯 일부 병력이 중대본부 쪽으로 이동했습니다. 중대본부와 우리 사이를 차단하고 높은 위치를 장악하기 위한 것 같았습니다. 위에서 콩 볶듯 총성이 대단했습니다. 중대 연락원이 숨차게 달려오데요. 중대 본부가 후퇴하니까 즉시 철수하라는 중대장 동지의 명령을 전달하고 달려갔습니다. 그 사이에 적들이 중간 능선을 장악했어요. 물우리 쪽으로의 후퇴가 불가능하게 되었습니다. 양면 공격을 받는 우리 소대는 위험에 빠지고 말

앉습니다. 여유라고는 없었습니다. 일진 1분대, 2분대 후퇴! 2,3분 후에 2진 3분대 후퇴! 나도 두 동무와 총을 갈기다가 맨 뒤에 각기 다른 방향으로 튀었습니다. 적들이 위에서 내려오지, 후퇴 기미를 눈치챈 적들이 까맣게 올라오지, 대단히 급했습니다. 국수봉 서쪽으로 눈이 쌓여 있었어요. 따발총을 둘러메고 솔가지를 꺾어서 웅덩이 밑에 깔고 힘껏 밀었습니다. 급경사라 총알처럼 미끄러져 갔습니다. 잘못해서 소나무가 양발 사이에 들어오면 가랑이가 찢어질 것 같아서 틈이 없도록 두 발을 꼬았습니다. 무섭게 미끄러져 가던 솔가지 썰매는 나를 섬진강 속으로 박아버렸습니다. 총만 가진 나는 섬진강물에 대각선으로 떠내려갔네요. 다행스럽게도 물이 코에 닿을락 말락 했습니다. 놈들이 국수봉에 올라와서 나를 겨누고 쏘는 듯 여기저기에 총알이 물속에 박혀서 한 자 남짓 물줄기가 솟았습니다. 물이 총탄을 막아 주는 것도 아닌데 상체가 물 밖으로 나오면서 마음이 급해졌습니다. 바짓가랑이에 물이 벙벙하게 차 있고 물 밖은 모래밭이라 걸어도 미끄러져서 제자리데요. 발은 팍팍하고 숨이 차서 주저앉았습니다. 점점 내 주위 모래밭에 총알이 박히데요. 더 못 쉬고 일어나서 걸었습니다. 물이 빠져서 그런 것인지 한결 낫데요. 발바닥에 땅이 밟히자 속도가 붙데요. 사격권을 벗어나서야 천천히 걸어서 회문산 제1고지(깃대봉)에 올라갔습니다. 여성 중대 여동무들이 상봉을 장악하고 있데요."

인민군 대좌 이희남 동지를 구출하다

"그로부터 얼마 후에 우리 소대는 섬진강 가에 복 보초를 두 곳에 세워 놓고 덕치에 주둔하고 있었습니다. 최전방이지요. 강 건너에 놈들이 주둔하고 있었으니까요. 어느 날 새벽에 초소에서 콩 볶듯 총성이 들려왔습니다. 적들이 기습한 것입니다. 동무들이 마을에서 튀어나가는데 나도 1분대, 2분대, 3분대가 들어 있던 세 집을 둘러보고 마을 밖으로 뛰어 갔습니다. 회문산 쪽으로 달리는데 날이 채 밝기 전입니다. 길에 무엇이 웅크리고 있데요. 이희남 동지였습니다. 인민군 대좌로 낙동강 전투에서 부상당한 발이 아직 아물지 않아서 지팡이를 짚고 겨우 걸어다니던 동지입니다. 덩치가 커서 내가 업고 뛸 수가 없고 적은 진격해오지 큰일 났데요. 그런데 마침 20여 미터 옆에서 흰옷 입은 청년이 뛰데요. 동무! 동무! 하고 고함을 질렀습니다. 휙 돌아보기에 오라고 손짓했는데 아랑곳 하지 않고 뛰데요. 파방 따발을 갈겼습니다. 우뚝 서데요. 무서웠을 것입니다. 오라고 명령했습니다. 청년이 희남 동지를 업고 가고 나는 돌 뒤에 몸을 숨기고 드르륵 드르륵 따발총을 갈겼습니다. 청년이 오십여 미터 가면 나는 튀어나와서 뛰었습니다. 엄폐물 뒤에 몸을 부리고 또 총을 갈겨댔습니다. 도망가다가 돌아서서 총을 쏘는 적은 무서운 법입니다. 우리는 무사히 솔밭 속 안전지대에 들어서서 천천히 걸었습니다. 나는 청년에게 있을 수 없는 일, 총을 쏜 사실에 대해서 잘못했다고 깊이 사죄했습니다. 그러자 청년은 동무가 총을 쏘지 않으면 그 상황에서 이 군관동지를 구출하지 못했을 것이라고 도리어 흐뭇하게 여겼습니다. 우리는 능선에 올라가서 투쟁인민들과 함께 불을 피워놓고 휴식하고 있는데 아래 고지에서 동무들이 밀리고 있다고 지원을 요청해서 무장부대원은 모두 그곳을 떠났습니다. 한참 싸우고 있는데 연락원 동무가 아까 휴식하고 있던 능선에 개들이 올라왔으니 철수하라고 알리데요. 우리는 회문산 제1고지 뒤로 이동했습니다. 비무장 성원들이 모닥불을 피워놓고 불을 쬐고 있데요. 희남 동지가 보이지 않아서 물어보았는데 아무도 모르데요. 가슴이 덜컥 내려앉았습니다. 따발을 꼬나들고 산 중턱으로 희남 동지를 찾아 나섰습니다. 아까 휴식하던 장소로 소리 안 나게 접근하는데 임동무, 임동무 하고 부르지 않아요? 1미터 반 정도 아래 눈 덮인 산죽 밑에서 고개를 쳐들고 나를 부르데요. 얼마나 반가웠는지 모릅니다. 말하지 말라고 손으로 입을 막고 작은 능선 모퉁이를 돌았습니다. 적정이 없데요. 나는 돌아 나와서 희남 동지를 끌어올렸습니다. 부축하고 가려는데 동무들이 줄줄이 내려오데요. 그날 밤 비상선에 가면서 전등불이 켜 있는 초가집 몇 채를 보았습니다. 수력발전을 해서 전등을 켜 놓고 전화선도 가설했다고 들었습니다."

조금은 길게 설명하고 그곳을 떠났다.

섬진강 상류에 걸려 있던 나무다리

용골산 아래 지금은 없어지고 옆에 다리를 놓았지만 60년 전에는 겨우 한 사람이 다닐 수 있는 나무다리가 섬진강 위에 걸려 있었다. 차를 길가에 세웠다. 변숙현 동지가 입을 열었다.

"도무지 모르겠네요. 많이 변했어요. 용골산에 여러 번 왔는데 원통산에도 있었구요. 영 아닌 것 같습니다."

그도 그럴 것이 60년 만에 온 곳이 아닌가. 기억에서 7,80%는 흔적 없이 사라졌는데 용골산이나 원통산은 옛 그대로여서 딴 곳에 온 듯 착각할 수밖에. 변숙현 동지는,

"이 지역에서 여러 달 있었습니다. 인민들과 함께 전사들의 겨울 반코트도 만들고 모자도 만들었네요. 저들의 포위망 속에서 죽을 고비도 넘기구요, 한 번은 원체 급해서 솜을 넣고 누빈 겉옷을 던져버리고 치마저고리에 수건을 쓰고 인민들과 함께 있다가 잡혔는데 한 마을에 산다고 인민들이 감싸주어서 살았어요. 이 지역 인민성이 참 좋았습니다."

우리가 이야기를 하고 있는데 두 젊은이가 왔다. 궁금한 듯 어디서 오셨느냐고 물었다. 서울에서 왔다고, 옛날에 이 지역에서 빨치산 활동을 했는데 죽기 전에 한 번 보고 싶어서 왔노라고 했더니, 모자를 벗고 정중하게 인사를 하면서 저 용골산에 아흔 아홉 굴이 있는데 거기에 빨

치산들이 있었다고 어른들로부터 들었으며 국민학교 다닐 때 용골산에 올라가서 냄비나 탄피, 부서진 전지를 봤다고 했다. 저기에 외나무다리가 있었는데 위치가 맞느냐고 물었더니 강 가운데 바위가 있는 그곳에 다리가 있었다고 어른들로부터 들었단다. 옛날에는 참게를 강에서 많이 잡았는데 지금도 잡히느냐고 묻자 참게는 적고 다슬기가 많다고 했다.

1951년 말에 몹시 지쳐 있던 부대원들이 외나무다리를 건너서 저 언덕 밑에 쪼그리고 앉아 잠들었다. 참모장 동지가 보초를 서고 이십여 분 잤을까, 눈을 뜨자 옆 동무의 모자 위에 어깨, 따발탄창 위에 눈이 하얗게 얹어 있었다. 옛 전경이 선하게 떠올랐다.

기습당한 학정리

우리는 재를 넘어서 학정리에 갔다. 51년 12월 공세 때다.
"성수산에서 밤새 걸어서 이곳에 온 우리 연대 2대대와 6대대는 원통산 상봉에 한 개 부대를 올려놓았습니다. 우리 중대는 앞 능선 두 곳에 복 보초를 세워 놓고 잤네요. 지휘부는 마을에서 휴식을 취하고요, 다섯 시 쯤 되었을 것입니다. 보초가 깨우데요. 개들이 마을에 들어오고 있습니다. 마을 뒤로 마을을 포위하고 있어요. 잠에 취해 있던 나는 눈을 부비며 보았습니다. 국방군이데요. 다급한 때라 사격명령을 내려지지 않았는데 팡! 팡! 보초가 M1을 쏘았습니다. 총소리에 용수철처럼 일어난 동무들은 마을로 들어가는 놈들에게 총탄을 퍼부었습니다. 대병력이 용골산 쪽에서 넘어왔습니다. 그 쪽은 후방이라 예상을 못했지요. 지휘부 앞뒤에 무력을 배치했을지라도 마을 밖에 보초를 세워 놓아야지, 군사간부들의 불찰입니다. 조금만 늦었어도 지휘부가 몽땅 당했을 것입니다. 적의 병력이 워낙 많아서 돌격을 못 치고 솔밭으로 돌아서 원통산에 올라갔습니다. 적들도 우리를 따라서 골짜기로 올라왔습니다. 야간 전투가 벌어졌어요. 지형을 잘 아는 우리는 능선으로 내려와서 골짜기 안의 적들에게 심대한 타격을 주었습니다. 중기도 한문 노획하구요. 그러나 사령부 성원으로부터 우리 연대 선전부장이 총을 맞고 쓰러졌는데 생사를 모르고, 연대장 동지가 가슴에 총을 맞았다고 들었습니다.(총알이 어깨를 관통해서 오른 팔을 못 쓰게 된 선전부장은 수용소에서 보았고, 연대장 최일관 동지는 용골산 비트에 있다가 권총으로 자결했다는 소식을 광주 포로수용소에서 위생병 김정자한테 들었다.)"

지난날의 가슴 아팠던 사건을 들려주고 학정리를 떠났다. 우리는 내가 잡혔던 상계면 세심리 2구를 지나서 임실 유격대가 주둔하고 있었던 산막을 둘러보고 대판리로 해서 청운면 소재지에 갔다.

군경이 양민을 학살한 금굴

정상하 동지가 점심을 시켜 놓고 기다리고 있었다. 우리는 식사를 하고 정상하 동지와 함께 양민 300여 명을 학살한 금굴에 갔다. 주로 피난민들이 금굴 안에 있다가 놈들에게 당했다고 한다. 굴 입구에 불을 질러서 질식사했고 살아나온 50여 명도 끌고 가다가 학살했단다. 학살지 두 곳을 안내한 정상하 동지와 청운면에서 작별하고 우리는 임실군 성수면으로 갔다. 정상하 동지는 아버지가 1953년에 임실군당 위원장으로 산에서 활동하다가 전사하셨고 본인은 체포된 후에 돈을 써서 나왔다고 한다.

잊을 수 없는 오봉리, 삼봉리

먼저 삼봉리에 갔다. 우리 소대가 있었던 마을 앞 제각은 새로 지었는데 자물쇠가 잠겨 있었다. 제각 문간방에 사십대 아주머니가 살고 있었다. 일찍이 남편을 잃고 자손도 없이 혼자 살아가는 아주머니와 많은

부흥광산 입구.

이야기를 나누었다.

"좋은 세상이 와도 나 같은 사람이 무슨 희망이 있겠소." 하기에, "내가 낳은 자식만 자식이 아니지요. 우리들이 있지 않습니까?" 하고 위로했던 기억이 떠오른다. 마음이 고운 아주머니는 지금 어느 곳에 묻혀 있을까? 제각에 주둔하고 있던 우리 동무들의 식사는 삼봉리 인민들이 돌아가면서 해주셨다. 어느 집에서는 닭을 잡고 또 어느 집에서는 내에 나가서 살얼음을 깨고 민물 새우를 떠다가 무를 넣고 얼큰하게 끓여 주셨다. 밥상마다 정성이 그득했던 옛 일들이 떠올라서 흐뭇했다. 삼봉리 리 인민위원장 아버님이 계셨는데 한 번은 찹쌀에 팥, 대추, 밤, 말린 감 껍질을 섞어서 시루에 찐 찰밥을 해놓고 우리를 초청하셨다. 진정이 담겨 있으면 작은 것일지라도 한 평생 잊혀지지 않나보다. 눈은 삼봉리를 바라보는데 머리는 옛일로 가득했다. 우리는 오봉리에 갔다. 동구 앞에서 차를 세워 놓고 윤재만 선생 댁으로 갔다. 마침 선생이 집에 있어서 반갑게 인사를 나누었다. 우리 연대 외팔이 참모장이 돌아가신 곳을 알려

좌로부터 고 안신옥 선생, 정상하 선생, 유영쇠 선생, 필자, 변숙현 선생, 박소연 작가, 박봉자 선생.

준 분이다. 일행을 소개하고 이것저것 이야기하다가 내가 빨치산 활동을 했고 이 마을에 있었다고 덮어두었던 내용을 털어 놓자 우리 집 저 방에 지휘부가 있었다고 했다. 나와 몇 차례 만나본 재만 선생은 대충 짐작하고 있었던 것인지 말이나 표정에 변함이 없었다. 이동옥 동무를 묻자 그 때 나가서 소식이 없다고 했다. 부상자를 책임지고 성수산에 떨어졌는데 고향에서 모르고 있으면 전사한 것이다. 동무의 명복을 빌었다. 산 밑에 살았던 큰 애기는 어떻게 되었는지 묻자 자수해서 집에 있다가 경찰 간부한테 시집가서 잘 살고 있단다. 울타리도 없는 토담집에 자식도 없이 두 부부가 살았던 당시 오십대 어른은 돌아갔을 텐데 묘가 어디에 있는지 묻자 우리가 오봉리에서 떠난 후 얼마 있다가 이사 갔는데 모른단다. 우리가 3개월 동안 주둔하고 있던 오봉리 그리운 사람들은 가고 묘마저 없구나. 아픔을 안고 오봉리를 떠났다.

부안 선운사 정읍 전적지

바닷가 통나무집

    2010년 12월 13일 오후 8시 30분에 김해섭 동지, 안신옥 동지, 한재룡 동지, 나, 송계채 동지 그리고 변산 빨치산 출신 나상섭 선생, 정부영, 김영진, 김은정 9명이 12인승 봉고차를 타고 용산에서 출발했다.

    12시 가까이 되어서야 변산에 도착했다. 부안 역사에 정통한 정대철 역사 선생이 저녁 음식을 시켜 놓고 기다리고 있는 식당에 들어갔다. 서로가 반갑게 인사를 나누고 별식인 홍합죽을 먹었다.

    식사를 마치자 정대철 선생은 고등학교에서 역사를 가르치는데 특히 부안에 대해서 관심을 가지고 역사적인 자료를 수집하고 있다고 자기소개를 했다. 동지들과 일꾼들도 각자 자기소개를 했다.

빨치산 전적지를 답사하고 있는데 이번에 변산 고창, 정읍, 일원을 답사하기 위해서 왔다고 하자 역사 선생답게,

"참 잘하시는 일입니다. 자칫 묻혀버릴 수 있는데 역사적인 사실을 많이 발굴해 주세요."라며 격려했다.

"좌든 우든 역사적인 진실을 밝혀서 후손들에게 교훈이 되도록 정리해야 하는데 좌익 쪽 자료가 너무도 부족합니다. 부안에 좌익계의 거두 김철수 선생을 비롯하여 김태종 선생, 허영철 선생, 신인영 선생, 정진석 선생 등 여러분이 계셨는데 다 돌아가시고 찾아뵙고 물어볼 만한 분이 부안에는 안 계십니다. 부안은 여느 지역 못지않게 역사 속에서 역할을 했습니다. 갑오농민전쟁 때도 그렇고 야사도 많습니다. 해안선이 길기 때문에 옛날에 제주도 도민과 교역이 활발했던 모양입니다. 제주마을이 있었어요. 왜구들의 침입도 많이 받구요. 변산에 가면 도적바위가 있습니다. 이조 중엽에 토호나 관청을 쳐서 빼앗은 재물을 가난한 백성들에게 나누어 주었다는 의적의 근거집니다. 도적 또는 의적이란 말이 합당하지 않은 것 같습니다. 갑오농민군이나 의병을 당시의 지배층은 역적 또는 비적으로 빨치산 또한 공비라고 부르지 않았습니까?"

시간이 있었으면 모르는 내용을 더 들을 수 있었을 텐데 너무 늦어서 숙소로 갔다. 주인 서웅 선생이 따뜻하게 맞아 주었다. 차 대접을 받고 잠깐 이야기를 나누다가 헤어졌다. 역사 선생은 내일 피치 못할 일로 선생님들과 전적지 답사를 함께 못해서 여간 아쉽지 않다고 섭섭한 정을 남겨놓고 떠났다. 우리는 숙소에 들어갔다. 바다가 보이고 하늘이 보이는 큰 방 둘을 내주어서 편하게 잤다. 다음날 일찍 일어나서 떠났다.

내소사

내소사에 갔다. 신라 정상배들이 당나라 군대를 끌어다가 백제를 멸

망시킬 때 소정방이 왔다고 해서 내소사라고 절 이름을 붙였다고 한다. 치욕적인 이름이다.

그러나 역사가 깊고 특이한 전설적인 목조 건물이 있어서 둘러보기로 했다. 경치가 좋았다. 하늘로 쭉쭉 곧게 뻗은 아름드리 삼나무가 길 양쪽에 늘어서 있고 모래를 깐 길이 신성하다고 할까 특별한 정서를 자아냈다. 대웅전을 한 바퀴 돌아보았다. 못 하나 쓰지 않은 순 목조건물인데 개축한 지 얼마나 되었을까 고색이 찬연했다.

"내가 초등학교 수학여행을 내소사로 왔는데 그때 들은 전설에 의하면 건물을 다 짓고 단청을 유명한 명인과 며칠까지 완성하기로 계약을 체결했다고 합니다. 마감 날짜가 다 되어 가는데 술만 마시고 있어서 애가 타던 대목은 독촉을 했고 그때마다 계약일 안에 일을 끝내면 되지 않느냐며 오히려 화를 냈다고 합니다. 마감 삼일을 남겨 놓고 안에서 일을 할 테니 어느 누구도 들여다보면 안 된다고 단단히 일러놓았답니다. 못 보게 하면 더 보고 싶은 게 사람 마음이 아닌가요. 궁금증이 나서 누군가가 마지막 날 틈새로 안을 들여다보았답니다. 입에 붓을 물고 바쁘게 그림을 그리던 학이 그만 날아가 버렸대요."

전설을 들려주던 스님이 대웅전 문을 따고 안에 들어가서 저기만 그림이 빠졌다고 손으로 가리켰다. 나무토막 하나가 나무색 그대로였다. 지금도 있는가 하고 문고리를 당겼는데 잠겨 있었다. 내소사는 크지 않은 절인데 수백 년 묵은 고목도 있고 뒤 바위산과 어울려서 한 폭의 그림이었다.

작은 항구 곰소

곰소로 갔다.
"1950년 10월로 기억됩니다. 카츄샤 병단하고 변산 빨치산이 합동으로 여기 지서를 해방시켰습니다. 경찰들이 배로 달아나서 못 잡았네요."

송계채 동지가 설명했다. 계채 동지는 카츄샤 병단과 함께 변산에 왔다가 곰소 작전에 참가했다고 한다.

"저기 섬이 있잖아요? 1950년 10월인가, 12월인가에 변산 빨치산이 중선 두 척을 나포하고 섬에 가서 재정사업을 했습니다. 총격전 끝에 중선을 나포했기 때문에 변산 빨치산이 해상작전을 했다는 소문이 돌았습니다."

부안 동지가 설명을 했다. 우리는 곰소에서 아침을 먹었다. 밥값은 서울이나 같은데 어촌이라 해산물이 밥상에 푸짐했다. 곰소는 작은 항구로 줄포항이 수심이 낮아져서 항구로서의 기능을 상실한 후 커질 법도 한데 예나 별로 다른 것이 없어보였다. 다만 젓갈이 전국적으로 알려져서 젓갈전문점이 여러 군데 있었다. 젊은 일꾼들이 선생들의 몫까지 갈치속젓 여러 통을 사들고 왔다. 우리는 곰소를 떠났다.

유형원 선생의 공적비

우동리에서 실학파의 시조 반계 유형원 선생의 공적비를 둘러보았다. 유형원 선생은 이곳에 자리를 잡고 바다를 막아서 개간한 후 소금을 굽고 뽕나무 등 특용작물을 재배하여 널리 보급시켰으며 인민생활에 보탬이 되도록 헌신하셨다고 한다. 경건하게 경의를 표했다. 어느 시대 어느 지역에서나 사람이 사는 곳에서는 민중의 편에서 민중과 더불어 살아온 불멸의 일꾼들이 있었다. 설령 큰 업적을 남기지 못했을 지라도 애민애족의 정신은 영원토록 계승될 것이다. 유형원 선생의 공적비 주위가 너절해서 덜 좋았다. 우리는 내변산으로 방향을 잡고 떠났다.

결혼 삼일 전에 호식당한 처녀

　1948년인가 9년에 처녀가 호식을 당한 우동리 윗부락을 지나면서 당시의 신문기사가 떠올랐다. 결혼식을 삼일 앞둔 처녀가 해질 무렵에 울타리 밖 우물로 물을 길러 나갔는데 물동이가 깨지는 요란한 소리에 놀란 가족들이 사립문 밖으로 뛰어나가자 물동이는 박살이 나 있고 사람이 없었다고 한다. 마을 어른들은 호랑이가 채간 것이라고 횃불을 들고 밤새 주변 산을 오르고 내리며 찾았지만 못 찾고 다음날 그 다음날에 찾았단다. 살은 다 뜯어먹고 뼈와 머리카락과 옷가지만 흩어져 있어서 유골을 수습하여 장례를 치렀다고 한다. 상여 뒤에 상주로 총각이 따라갔다는 기사를 읽고 애석하게 여겼다. 나는 어려서 변산호랑이 이야기를 들었다. 호랑이는 불을 무서워해서 횃불을 들고 가면 범접을 못했고 산 위에서 앞발을 사람손처럼 쓰는 호랑이가 밑으로 지나가는 나무꾼들에게 흙을 집어 던졌다는 이야기며, 변산에 고사리를 꺾으러 갔던 아낙들이 호랑이 새끼를 고양이 새끼인 줄 알고 귀여워서 쓰다듬고 있는데 어미호랑이가 어흥 하는 바람에 놀라서 도망치다가 고무신 한 짝을 떨어뜨리고 왔는데 그날 밤 호랑이가 고무신을 집에 갖다 놓았다는 등등의 이야기를 들었다. 내가 초등학교 6학년 때 내변산으로 치직폭포를 거쳐서 내소사에 간 적이 있다. 그때만 해도 길 양편에 나무가 꽉 들어차서 사람이 들어갈 수 없었다. 인적미답의 어느 골짜기에서 키만한 댓잎이 바다로 흘러나왔다는 전설 같은 이야기도 들었다. 변산에 호랑이가 살았던 것은 사실이다. 그런데 지금은 변산 안으로 큰 길이 뚫리고 포장이 되어 있어서 차량 왕래가 빈번했다. 변산으로 들어가는 들머리에 도적바위라는 푯말이 있었다. 우람한 바위다. 밑에 굴이 있다. 전에 와서 들은 바에 의하면 의적 근거지인데 출구가 일곱 군데에 있고 안에 굴이 거미줄처럼 뚫려 있어서 관군이 와도 잡을 수가 없었다고 한다. 우리는 길가에 차를 세워 놓고 가까이 보기만 했다.

덕성봉 아래 매복작전

　내변산으로 들어가는 길은 꽤나 꼬불꼬불하다. 재 위에 차를 세웠다. 화창한 날에는 도적굴 위에 산도 좋고 내변산 일원이 장관인데 가는 비가 와서 아쉽게도 비디오 카메라에 담아내지 못했다. 재를 넘어가자 오른쪽에 골짜기를 막아놓은 둑이 보였다. 옛날에는 없었고 골짜기가 꽤 깊었다고 한다. 입산 초기에 동진면당, 주산면당, 상서면당, 하서면당이 있었던 곳이란다. 두 분 숙부님과 당숙, 고향 분들이 있었던 곳이라 가보고 싶었지만 물에 잠겨 있고, 먼발치에서 살펴보았다. 왼쪽에 덕성봉이 우뚝 솟아 있다. 1951년 10월에 왜가리부대의 꼬리를 물고 오던 경찰들을 재를 넘은 일부 동무들이 신속하게 덕성봉을 장악하고 산 밑에 매복했다가 이 골짜기에서 거의 전멸시켰다고 한다. 변산 빨치산 나상섭 선생은 엄청나게 볶아대는 총성은 들었지만 전투에 참가하지 않았기 때문에 경찰 사살이나 전리품에 대해서는 아는 바가 없다고 했다.

내변산의 절경

　우리는 내변산 깊은 골로 들어갔다. 아! 참 좋다! 아름답다. 처음 와 보는 젊은이들 입에서 감탄사가 튀어나왔다. 정부영이 차를 천천히 모는 곳에서는 으레 김영진은 차를 세우고 앞뒤로 뛰어다녔다. 가장 잘 어울리는 위치에서 고운 모습을 찍기 위해서였다. 가랑비가 오다가 멎다가 안개비가 되기도 하고, 위는 운해가 덮고 도드라진 부분만을 보여주는가 하면 안개가 아래를 가려 놓고 우람한 돌산, 잘생긴 봉우리를 보여주었다. 절경은 맑은 날 보아도 좋고, 비 오는 날 안개비 장막을 통해서

아버님과 형님이 활동했던 내변산에서.

보아도 좋다. 독특한 정감에 젖어들었다. 우리는 사자동에 차를 세워놓고 걸어서 들어갔다. 왼쪽에 청춘봉과 시루봉이 내려다보고 있었다. 변산 빨치산이 자주 오르내렸던 산이란다. 실상사 옛 터에 푯말이 서 있을 뿐 잡초가 무성하고 집 세 채가 빗속에 호젓했다. 우리는 더 걸어 나갔다. 내를 건너는 나무다리 위에서 동무의 설명을 들었다.

내변산 매복 작전

"여기서 변산 빨치산이 매복을 했어요. 선발대를 보내놓고 경찰 80여 명이 들어오는 중간에서 지뢰를 챘는데 불발되었어요. 지뢰 폭발과 동시에 공격하기로 되었는데요. 좀 늦었습니다. 거의 다 보내놓고 기습했습니다. 소총 10여 정에 중기를 노획했답니다. 나는 무장 부대가 아니라서 전투에 직접 참가하지 않고 전해 들었습니다. 변산 빨치산 단독으로 수행한 전투로는 제일 큰 전투였고 전과 또한 많았습니다. 변산 빨치산은 면당 성원까지 합해서 100여 명이었고 자동차 한두 대를 깐다든가 소규모 전투는 여러 번 했습니다. 무장부대는 주로 당을 호위하면서 지방사업을 보장했습니다."

우리는 매복지점을 돌아보고 나왔다. 아버님과 형님, 형수씨가 활동했던 변산 오지를 걸으면서 당신들이 걸었을 길, 배낭을 멘 빨치산을 그려보면서 혼자 남은 나는? 내 마음을 헤아린 듯 해섭 동지가 무슨 생각을 그렇게 하는가 라는 말에 걸음을 재촉했다.

새만금과 격포해수욕장

우리는 차를 타고 내변산을 빠져나왔다. 여기까지 왔으니까 새만금에 가보자는 의견이 있어서 차는 새만금으로 달렸다. 바다 가운데로 난 차도 중간쯤에서 차를 돌려 세워놓고 비가 오고 바람이 센데도 차 밖으로 나와서 망망한 바다를 배경으로 사진을 찍었다. 넓은 바다를 막아는 놓았지만 흙으로 메꾸어서 삶의 터전으로 바꿔놓으려면 몇 십 년이 걸릴 것 같다. 국토가 넓어지고 잘 건설해야 할 텐데……. 걱정할 것이 없다. 그때쯤 통일이 안 되겠나? 넓어진 국토에서 인민들이 행복하게 살아가는 모습을 상상하며 그곳을 떠났다. 윤구병 선생이 심혈을 기울이고 있는 공동체에 들르지 못해서 서운했다. 가는 길 초라 격포에 들르기로 했다. 빨치산과는 별로 관계가 없지만 변산에 처음 온 정부영이 보라고 해수욕장 안으로 들어갔다. 수억 년 동안 바닷물에 깎여서 들고 난 바위벽에 반들반들한 바위바닥이 바다와 어울려서 그림 같다. 부안군민들이 자랑스럽게 여기는 곳이다. 김영진은 바닥바위에 대고 바위벽을 찍고 바다와 입체적으로 절묘한 곳을 카메라에 담느라고 부산했다. 갈 길이 먼

격포해수욕장에서.

우리는 곧 격포를 떠났다.

줄포 해방작전

줄포 미처 못 가서 왼쪽에 김영수 동지가 묻혀 있는 소나무 밭을 옆으로 지나면서 못 들러보고 또 오른쪽으로는 40골(경찰이 40명을 학살한 곳)이라 부르는 곳도 멀리 바라보면서 지나갔다. 줄포에 갔다. 한재룡 동지가 설명을 했다.

"1950년 10월 초예요. 고창유격대 1중대, 2중대가 줄포를 쳤습니다. 줄포 초입에서 집중 사격을 하고 진격했는데 총성을 듣자마자 경찰들은 저항도 않고 달아나 버렸습니다. 전투는 싱겁게 끝나고 줄포를 해방시켰습니다. 며칠 후에 2차로 줄포를 기습했는데 장태안 동무를 잃고 철수했습니다. 1차, 2차 모두 김용태 동무가 지휘했는데요, 용태 동무는 참 용감했습니다."

선운산 유격근거지

우리는 흥덕에서 점심을 먹고 선운사로 직행했다. 마침 주차료만 받고 차를 들여보내서 도솔암까지 갔다. 주차장에 차를 세워 놓고 걸었다. 한재룡 동지가 설명을 했다.

"도솔암은 여승들만 있는 절인데 입산 초기에는 우리 여동무들이 이 절에서 잤어요. 여승들은 아래 절에 있었구요."

왼쪽으로 올라가자 우람한 바위에 엄청나게 큰 불상이 음각되어 있었다.

"여기서도 동무들이 많이 잤지요. 비 오는 날은 저 바위 밑에서 비를 피했습니다."

고목이 가득 찬 오솔길로 들어섰다. 돌길 양편으로 기묘한 돌바위가 하늘 높이 솟아 있고 보기 드문 절경이었다. 용문골 또한 용이 차고 나가면서 빚어놓은 석문이란 전설의 돌문인데 마음을 빼앗겼다. 작은 굴, 큰 굴을 두루 돌아보고 위로 올라갔다. 능선에 오른 우리는 한재룡 동지의 설명을 들었다.

"남쪽 세 봉우리 위에 보초를 세워 놓으면 적이 어느 쪽으로 몇 명 정도가 오고 있는지 환히 알 수 있습니다. 안전지대에 있던 우리 동지들은 보초의 신호를 보고 이리저리 빠져 나갔습니다. 적들이 골짜기로 들어왔다가는 어김없이 우리 매복에 걸려들어서 희생자를 냈습니다. 그래서 적들은 대개의 경우 한두 봉우리 올라와서 총을 쏘고 가버렸어요. 소부대 근거지로는 이만한 곳도 흔치 않습니다. 저들이 이곳을 완전히 포위하기 위해서는 대병력을 투입해야 하는데 그만한 여유가 없었습니다. 1951년 12월 대공세 때에도 이 지역은 안전했답니다. 1955년까지 고창유격대가 살아남았던 것은 지방조직도 튼튼했지만 지형적인 이점이 있었기 때문입니다."

이곳에서 함께 싸웠던 동무들이 떠오르는 듯 한재룡 동지의 얼굴에 어두움이 스쳐갔다. 나무 그늘 탓일까? 우리는 떠났다. 골짜기에 어두움이 내려앉고 있었다. 차를 타고 참당사에 갔다. 산중에 어둠이 덮어버린 호젓한 절에서 불빛이 새어나왔다. 인기척이 없었다. 여기에 한때 군당부가 있었단다. 한재룡 동지의 설명을 듣고 곧 떠났다. 내장으로 해서 쌍치로 고개를 넘어가는데 밤안개가 길을 꽉 덮어버렸다. 2,3미터 앞이 안 보였다. 옆이 어떻게 생겼는지 가늠이 안가는 밤길을 헤드라이트가 비춰주는 차 앞에 중앙선만을 따라서 구불구불 재를 넘었다. 운전대를 잡은 정부영이 진땀을 뺐다. 고개를 넘자 한길이 제 모습을 드러냈다. 쌍치에 가서 한우고기를 굽고 복분자 술을 곁들여서 저녁을 잘 먹었다. 오은미님의 소개로 피로리 신축 건물에서 자고 아침 일찍 식사를 하고 떠났다.

승리의 밤 문화행사를 가졌던 금산골

밤재를 넘었다. 금산골(지금은 금상리로 바뀌었다)로 갔다.
"이 능선 너머가 대시멀인데 407연대가 1차 기차 습격을 하고 대시멀에 와서 늘어지게 자고는 오후 늦게 고개를 넘어서 이 길로 들어섰습니다. 그때는 달구지 한 대가 겨우 다닐 수 있는 울퉁불퉁한 길이었습니다. 우리가 대승했다는 소식을 전해들은 이 지역 기관 동무들과 투쟁 인민들이 길 여러 곳에 나와 있었어요. 두 개의 총을 어깨에 메고 중기탄을 X자로 가슴에 두르고 총탄과 포탄을 한 짐씩 진 승리의 부대. 뒤에는 200여 명의 포로와 농민들이 탄알을 무겁게 지고 오는 놀라운 광경에 인민들이 만세를 불렀습니다. 함께 구호를 외치며 혁명가요를 부르면서 이 길을 걸었네요. 대열의 끝이 안보였습니다."
차가 금산골에 갔다. 동청 앞에 차를 세워놓고 우리는 승리의 밤 행사를 가졌던 장소로 이동했다. 지금은 밭이지만 그때는 논이었다.

"우리 부대가 여기 와서 짐을 내려놓았습니다. 밑에 내가 있지 않아요? 냇가에서 후방부원들이 큰 가마솥을 걸어놓고 밥을 하고 국을 끓이고 있는데요. 냄비고 바가지고 그릇을 있는 대로 꺼내서 밥을 푸고 국을 떠서 먼저 농민들과 포로들이 자시도록 했습니다. 그릇이 비는 대로 동무들과 인민들이 저녁을 먹었습니다. 식사가 끝나자 둘러앉아서 일꾼들이 정치사업을 했어요. 현 정세와 전쟁의 성격, 의미, 적 후방에서 싸우는 빨치산의 임무와 역할에 대해서 설명을 했습니다. 그 때 군인 한 분이 '신문이나 방송에서 산에 빨치산이 6,000명 정도 남아 있다고 하던데 여기에 모인 빨치산만 해도 6,000명은 되겠네요.' 하던 말이 지금도 기억에 생생합니다. 밤이 깊었으니 자고 내일 가시라고 하자 모두 집에서 기다리니까 가겠다고 했습니다. 농민은 물론 장교고 사병이고 군복을 입은 그대로 전원을 돌려보냈습니다. 몇 번이나 고맙다고 수고하시라고 인사를 하데요. 동무들이 임실 순창간 국도까지 바래다 주었습니다. 우리는 금산골에 와 있던 분들을 모두 이곳에 집합시켜놓고 간략하게 보고대회를 갖고 오락회에 들어갔습니다. 여러 곳에 모닥불을 피워놓고 남녀 빨치산과 인민들이 어깨동무를 하고 논배미를 오르내리면서 노래하고 춤추고, 환희에 찼던 승리의 밤 행사가 떠오릅니다."

무장한 소년 빨치산

젊은 일꾼들이 이곳을 기억해두라고 이르고는 그날 밤 무겁게 짐을 지고 빨치산과 인민들이 걸었던 길로 들어섰다. 여분산 쪽으로 1km 이상 걸은 것 같다. 전에 없었던 보가 나왔다. 날이 가물어서 댐 바닥이 보였다. 찬바람이 세차게 불어왔다. 둑 밑으로 내려가서 앉았다. 해섭 동지는 골짜기를 가리키며 저곳에 지방으로 진출할 일꾼들을 양성하던 정

김해섭 선생이 정치학교가 있었던 골짜기를 가리키며 설명하고 있다.

치학교가 있었다고 설명을 했다.

계채 동지는 당시 소년단과 자신이 자랑스러운 듯 단숨에 설명했다.

"앞 능선 밑에 전북도당 남부지도부가 있었고 소년단이 당을 보위했습니다. 열세살에서 열일곱살 난 소년들이 무장을 하고 보초를 서고 때로는 전투를 했습니다. 두 명 씩 보초를 섰는데 어떤 사람이 와도 어떤 소개장을 가지고 와도 임의로는 들여보내지 않았습니다. 한 명이 사령부에 가서 허락을 받아가지고 와서야 들여보냈습니다. 원칙을 철저히 지켰습니다. 제가 그때 소년단 정치부 부대장으로 있었는데요, 407연대가 1951년 11월 말에 상운암 해방작전을 하기 위해서 전원이 여분산을 떠났을 때 소년단원들이 여분산과 벌동산을 지켰습니다. 우리 주력이 여분산에 없는 것을 알게 된 경찰들이 비행기 폭격을 하면서 진격해 왔습니다. 소년단 동무들은 말소리는 안내고 완강하게 저항했습니다. 407 연대가 상운암을 해방시키고 거점으로 돌아올 때까지 이틀 동안 적들에게 타격을 주면서 거점을 사수했습니다."

나도 거들었다.

"운암을 해방시키고 돌아와서 벌동산으로 올라갔습니다. 소년단 한 개 소대가 있더군요. 소대장이 경례를 부치고 적정 보고를 했습니다. 그동안 수고했다고 우리가 왔으니까 내려가라고 하자, '안됩니다. 상부 지시가 있어야 철수할 수 있습니다.' 라고 말하면서 연락병을 중대 본부로 보내데요. 참 기특하게 여겼습니다. 어린 소대장이 상운암을 해방시킨 전투이야기를 들려달라고 매달려서 벌동산 바위 위에 소년단원들과 둘러앉아 전투과정을 자세히 들려주었습니다. 손뼉을 치며 좋아하데요. 얼마 후에 연락병이 와서 철수하라는 중대장의 지시를 전하자 소대장은 소대원을 정렬시켜놓고 일제히 '경례'를 하고 대열을 지어서 떠나갔습니다. 마지막 한 사람이 나무 사이로 사라질 때까지 바라보았어요. 대견했습니다. 그리고 벌동산으로 뻗은 능선 가운데가 평평합니다. 그 너머에 407연대 본부와 각 대대와 중대가 있었습니다. 기차를 습격해서 노획한 총탄을 전남, 경상남북도, 충남에 보내주었는데 전남 예술단원들이 밤으로 걸어서 동무들의 승리를 축하하기 위하여 여기까지 왔습니다. 저 능선에서 공연을 했지요. 전남북 동무들이 어우러져서 노래하고 춤추고 휘파람에 하모니카 연주도 했습니다. 우리 동무들은 언제 어디서 만나든 금방 친해지지 않습니까? 한때를 즐겁게 보냈습니다."

김영진은 우리의 말을 한마디라도 놓칠세라 고정시킨 카메라 옆에 쪼그리고 있었다. 이야기가 끝나자 벌동산 여분산 능선과 골짜기를 카메라에 담았다.

도당학교와 노령학원(군사간부학교)

우리는 차를 타고 가마골로 달려갔다. 가마골 초입에서 오른쪽으로 아스팔트길을 따라 구불구불 올라갔다. 경사가 심한 곳에 길을 닦아 놓았기 때문에 여러 곳에 급커브가 있어서 정부영은 차를 조심스럽게 몰았다. 산이 첩첩 눈높이에 추월산이 보이고 담양호가 내려다보이는 곳에서 김영진은 촬영을 했다. 재를 넘어가자 '문화유적 용연리 기와 가마'라는 푯말이 있었다. 우리는 길 옆에 차를 세워 놓고 기와굴에 들어가 보았다. 원형이 잘 보존된 가마굴이었다. 눈비에 훼손되지 않도록 굴 위에 하늘을 가리는 건축물을 지어놓았다. 저 밑에 지금은 없어지고 그 자리에 작은 절이 있지만 옛날에 스님 1,000명을 수용할 수 있는 큰 절을 지을 때 절에서 소요되는 기와를 이 가마에서 구워냈다고 한다. 가마골이란 이름이 이 가마굴에서 유래되었다고 들었다. 내려가다가 오른쪽으로 굽어 들어가면 집 서너 채가 보인다.

"여기에 전북 도당학교가 있었습니다. 내 건너 대밭 속에 군사간부학교 노령학원이 있었구요. 내가 팔을 부상당해서 치료받고 있을 때입니다. 조철호 참모장에게 다른 일은 못하고 시간이 있을 때 공부하고 싶다고 학교에 보내달라고 했습니다. 추천장을 써주면서 도당학교에 가라고 하데요. 그날로 오른손은 묶어서 목에 걸고 쌀 몇 되를 배낭에 지고 산에서 찬이라야 소금밖에 더 있어요? 소금주머니를 차고 부대를 떠나서 이곳 도당학교에 왔습니다. 대나무로 골격을 세우고 이엉을 두른 교실 겸 침실로 들어가자 선생님이 반갑게 맞아 주었습니다. 추천서를 드렸더니 읽어보시고 고개를 끄덕끄덕 하시데요. 당학교 교장선생님인데 흰 종이에 이름과 생년월일이며 고향을 물어서 적고 입당연월일을 묻잖아요. 어리둥절했습니다. 당원이 아닌데 입당연월일이 있겠어요? '아직 당에 입당 못했습니다.' '그래요' 음성을 낮추었다. 나를 보면서 웃는 듯 마는 듯 '여기는 당원만 다니는 학교입니다.' 자격미달이라 돌아가라는 말이 아닌가요. 그렇게도 몰랐던 자신이 부끄럽기도 했지만 거절하면서 나이어린 상대의 마음을 헤아리던 선생님의 말과 자세에서 감동을 받았습니다. 평생의 교훈으로 삼고 있네요. 어깨가 축 늘어진 나는 부대에 돌아갔습니다. 참모장 동지에게 경위를 말씀드리자 웃으면서 '아니, 당원

당학교 및 군사간부학교의 옛터에서.

이 아니었나? 곧 입당 수속을 밟으라고 했습니다. 입학기라서 때를 놓치면 배울 수가 없기 때문에 군사간부학교라도 가겠다고 하자 잠시 생각하다가 추천장을 써주었습니다. 실은 군사간부학교 입학 자격이 안 되었어요. 각 부대에서 분대장급이 추천을 받아서 학교에 가고 학교를 마치고 오면 소대장으로 배치되었어요. 나는 지대장이라 당연히 입학 자격이 없는 거지요. 그러나 부상당해서 쉬고 있고 또 배우려는 열의가 있었기 때문에 통과되었습니다. 그날로 이곳에 왔어요. 저 대밭에 학교가 있었어요. 사십여 명이 함께 생활하면서 공부했습니다. 학생들을 1개 중대, 3개 소대로 편성했습니다. 아침 일찍 일어나서 밤늦게까지 공부했지요. 아침에 체조를 하고 소대단위로 식사를 해결했습니다. 낮에 배우고 밤에는 복습을 했습니다. 전원이 무장부대에서 온 전투원이라 군사훈련은 별도로 받은 기억이 없습니다. 과목은 해방 후 조선 정치경제학, 철학, 소련당사, 유격전술을 배웠습니다. 당학교 선생들이 가르쳤고 유격전술은 사령부 참모장 조철호 동지가 가르쳤습니다. 지금도 기억에 남아 있는 것은 속전속결, 성동격서, 적진아퇴, 피실격허, 신출귀몰 등의 유격전법을 재미있게 들었습니다. 부대간부들은 지리에 밝아야 하고 특히 산악전에서 중요한 것은 적의 참모가 되어 대대, 연대, 사단 단위로 공세를 취할 때 어느 곳으로 병력을 배치하고 어느 능선을 타고 들어와서 어디서 총공격을 할 것인가를 생각해보고 그에 우리는 어느 지점에서 적을 치고 빠질 것인가, 그리고 적이 어느 골짜기로 빠져나갈 것인가를 생각해보고 어디에 매복하고 있다가 섬멸전을 수행할 것인가 한 수 앞을 내다보면서 작전을 세워야 한다고 가르쳐 주었습니다. 기습전, 매복전, 조우전, 도시해방작전, 정찰교란전, 신경전, 소모전, 위장전술 등 다양한 전법을 경험과 곁들여가며 재미있게 가르쳐 주었습니다. 적의 지휘관이나 참모의 경력, 수준, 성격과 장단점을 알아내는 것은 작전을 세울 때 참고하기 때문에 군사 분야에서는 중요한 정보가 된다고 가르쳐 주었습니다. 강의할 때마다 군사부대이며 정치부대인 빨치산은 인민성과 정치성을 망각하지 말라. 치고 빠지는 것이 유격전의 기본이기 때문에 언제나 퇴로를 보장하라고 강조했습니다. 다른 과목은 거의 잊었는데 유격전술만은 재미있게 들어서 그런 것인지 부대에 돌아가서 유격전술을 강의해서 그런 것인지 지금까지도 머리에 꽤 남아 있습니다. 나는 노령학원을 졸업할 때 교수회의에서 군사간부보다는 정치간부로 키우는 것이 좋겠다는 총평이 있었고 졸업하고 얼마 후에 기포병단 407연대 2대대 정치부 부대대장으로 배치되었습니다."

    좀 길게 설명을 했다. 대밭이라 죽순을 뽑아다가 소금으로 간을 맞추어서 국을 끓여 먹던 일, 다 잊고 몇 사람이 떠오르지만 함께 공부했던 동무들, 점심을 먹고 돌다리를 건너 의무과에 가서 상처를 치료받던 일이며 배옥순 동무가 떠올랐다. 이곳에 올 때마다 옛 정서에 푹 빠져들 만한 시간적인 여유가 없어서 아쉬웠는데 그날도 우리는 곧 차를 타고 오던 길로 되돌아나갔다.

후방부가 기습당한 내장산

우리는 내장산으로 가다가 잠깐 외양실에 들렀다. 입산 직후에 동무들이 많이 있었던 곳이란다. 김해섭 동지가 설명을 했다.

"1950년 12월부터 51년 2월까지 외양실에 있었습니다. 후방부대인 지리산부대(부대장 리장범, 부부대장 김정욱) 3중대 분대원으로 일했습니다. 산외면, 산내면에서 수매한 곡식을 날마다 이곳으로 날라다가 비장했습니다. 나중에 군당 후방부가 있는 내장산으로 옮겼구요. 어찌나 땀을 많이 흘렸던지 입산할 때 입고 온 양복을 속에 입고 다녔는데 그게 다 삭아버렸어요. 2월 10일 입당. 나는 1951년 2월까지 등짐을 져 나르다가 부대 개편으로 51지대 1소대 문화부 소대장으로 배속되었구요. 1951년 6월부터 연대 문화부 선전선동 지도원으로 전속. 10월경부터 정치학교에서 두어 달(15일간인데, 공세로) 교육받았습니다. 1951년 12월 군당에 복귀. 2중대(무장 비무장 정치공작대)에 초급정치지도원으로 배속되었습니다."

우리는 곧 내장산으로 떠났다. 날이 몹시 추웠다. 다행히 주차비만 받고 차를 들여보내서 대웅전 앞까지 달렸다. 세찬 바람을 받으며 송계채 동지의 설명을 들었다.

"1951년 봄으로 기억되는데요. 무장부대가 사업차 내장산에서 나간 틈에 경찰들이 새벽 5시에 들어와서 후방부를 기습했습니다. 들어온 코스도 그렇거니와 그들이 어떻게 후방부트를 알아서 은밀하게 포위공격을 했겠습니까? 대내 첩자로부터 후방부의 위치와 초소, 노출되지 않고 들어올 수 있는 루트를 제공받지 않고는 불가능한 일입니다. 그날 수많은 동무들이 죽고 생포되었답니다. 경찰들은 내장사에 불을 지르고요, 지금의 대웅전이나 주변의 집들은 다 전쟁 후에 새로 지은 건물입니다. 그 외에도 의문이 가는 적의 매복에 몇 동지가 죽고요, 틀림없이 대내에

수많은 동지들이 희생된 내장산에서.

첩자가 박혀 있다고 경각성을 고도로 높이고 있는데 꼬리가 길면 잡히더라고 첩자들이 경찰과 내통하는 것을 잡아냈답니다. 놈들을 없앤 후에는 전혀 그런 일이 없었습니다."

정읍경찰서 습격

우리는 서둘러서 떠났다. 정읍 시내를 바라보면서 김해섭 동지가 입을 열었다.

"1951년 초여름으로 기억됩니다. 당시에 정읍 기관들이 쌍치면 북실에 있었습니다. 하루는 상부로부터 점심을 단단히 먹고 대기하라는 명령이 내려왔습니다. 점심 식사 후에 모이라고 하데요. 4개 지대 200여 명, 군사부장과 각 참모들이 열을 지어서 정렬했습니다. 어느 참모인지 기억이 없습니다만 오늘밤 전투에서 매개 동무들은 일당백의 기세로 적을 무찌르라는 요지의 발언을 하고 전원이 팔에 흰 띠를 감고 흰 수건을 허리에 차라고 지시했습니다. 우리는 두 시경에 출발했어요. 합법지구이지만 거리 보장을 하고 행군했습니다. 대열이 꽤나 길데요. 서너 시간 걸어서 칠보산에 다다랐습니다. 쉬면서 어느 참모가 오늘밤 전투 목표는 정읍경찰서, 목적은 유치장에 갇혀 있는 동무들을 석방하는 것이며 공격로와 진격방법, 군호, 작전 개시 신호, 퇴각 신호, 집합장소 등등을 알려주었습니다. 산 너머가 적구라 우리는 산을 기다시피 넘었습니다. 산 그늘에 몸을 숨기고 행군했지요. 날이 어두워진 후에 제 1 관문인 전주 정읍 간 기동로를 은밀성을 보장하며 신속하게 넘었습니다. 정읍농고 뒷산에 가서 잠복하고 있었습니다. 46사단과 합동작전을 했어요. 사단병력은 우수한 화기로 경찰서 정면을 치고 정읍부대는 측면과 후면을 치고 들어가서 유치장에 갇혀 있는 동무들을 구출한다는 작전이었습니다. 전투 개시 시간은 밤 10시로 알고 있습니다. 칠흑 같은 밤이었습니다. 고도의 경각성과 긴장 속에 농고 뒷 고개를 넘었습니다. 가정집 불도 켜지고 군데군데 가로등이 주변을 환하게 비추고 있었습니다. 동무들은 고삽길을 숨을 죽이며 속보로 걸었습니다. 막 여중고 서문에 도착했을 때 오발인 듯 총성이 울리고 이어서 콩 튀듯이 총소리가 들려왔습니다. 조명탄이 오르고 누군가가 조발된 모양이라고 투덜댔습니다. 지체 없이 지대장은 '1소대, 2소대, 3소대 돌격! 돌격! 돌격! 명령을 내렸습니다. 여중 담장 밑으로 참호 세 개가 있고 뒤켠에 도치카가 있었는데 순식간에 여중 참호를 점령하고 보루대 총구를 제압했습니다. 그 사이에 세 동무가 경찰서 담을 넘어 들어갔습니다. 경찰서 서쪽 교문으로 총탄이 비 오듯 날아왔습니다. 경찰서 옥상에서 중기를 갈겨댔어요. 더 이상 전진하지 못하고 있는데 퇴각 신호가 들려왔습니다. 우리는 두 동무의 시신을 적구에 남겨두고 적의 중화무기가 잠깐씩 멈출 때 위험지구를 빠져 나왔습니다. 경찰서에 들어갔던 세 동무 중에서 두 동무는 담을 넘다가 총을 맞아 전사하고 한 동무는 무사히 돌아왔습니다. 집결장소에 온 동무들은 분을 삭이며 말없이 돌아갔습니다. 정읍 해방지대와 강철지대 등은 시내에 산재해 있는 도치카와 참호, 소방서 등을 쳐서 많은 전과를 올렸다고 합니다. 다음날 지대별로 총화를 지었습니다. 맹호 지대에서 1소대장 3소대장을 잃었으며 두 동무의 부상자를 냈을 뿐 아니라 사단 연대장도 잃었습니다. 실패 원인은 첫째로 합동작전은 손발이 맞아야 하는데 그렇지 못한 점, 둘째로 사단 측에서 포로 정면을 치고 들어가기로 했는데 지휘관의 전사로 포기했고 후퇴신호가 있기 전에 퇴각했으며, 셋째로 전투개시 신호 전에 조발되어 기습이 제대로 이루어지지 않은 데 있다고 지적할 수 있습니다. 그 후에도 몇 차례 정읍을 쳤는데 번번이 실패했습니다."

김해섭 동지의 설명에 귀를 기울이고 있는데 다 왔단다.

행군하다가 트럭을 까고 총탄 수만 발을 노획하다

정읍에서 얼마 떨어지지 않은 구룡마을 앞 길가에 차를 세웠다. 해섭 동지가 입을 열었다.

"그러니까 딱 60년이 되었네요. 1951년 봄 어느 날인데 식량을 구하기 위해서 100여 명이 저기 보이는 칠보산에 와서 산그늘에 은신하고 있다가 완전히 어두워진 뒤에 내려왔습니다. 마을 뒤 능선에 짤막막이 보이지 않아요? 그곳으로 넘어왔습니다. 후비를 담당한 우리가 마을 옆으로 논을 지나서 이 길을 막 넘는데 북면 쪽에서 차가 온다는 전달이 왔습니다. 그날 김정규 지대장이 부대를 지휘했는데 행군을 중지시키고 신속하게 무장 부대를 길 양쪽에 배치했습니다. 20여 미터 북면 쪽에 있는 고개를 차가 불을 켜고 넘어왔습니다. 무척 긴장이 되데요. 숨을 죽이고 있었어요. 차가 우리 앞을 지나 하수로가 통하고 있는 낮은 곳에서 머뭇거릴 때 돌격 총성이 울렸습니다. 동무들은 일제 사격을 퍼붓고 돌격을 했습니다. 어느 사이에 운전수는 달아나고 트럭 위로 몇 동무가 올라갔습니다. 아! 이게 어찌된 횡재입니까? 거적 섬 세 가마니에 총탄이 가득하고 수류탄이 한 가마, M1, 다연발총, 칼빈 총 한 다발이 있었습니다. 총이다! 신탄이다! 차 위의 동무들이 외쳤습니다. 지대장은 정읍 쪽, 두 동무는 북면 쪽으로 100미터쯤 가서 위협사격을 하고 두 동무는 수롱목, 두 동무는 우두암 산판 길에 가서 귀로를 보장하라고 지시했습니다. 비무장 전원에게 노획물을 지워 보낼 때 10여 명마다 무장한 동무 한 명씩 붙여서 엄호하도록 명령했습니다. 동무들은 신속하게 움직였지요. 몇 동무가 더 차에 올라가서 내미는 배낭마다 총탄을 담아주고 배낭을 받아 쥔 동무들은 대열을 지어서 연달아 떠났습니다. 후비를 담당한 동무들이 차에 불을 질렀습니다. 흩어진 총탄이 콩 튀듯 하데요. 참 아깝데요. 부상자 한 명 없이 빨치산에게 생명과도 같은 총탄 수만 발이 생겼으니 안 좋겠어요? 온통 내 세상 같았습니다. 안전지대에 가서는 무거운 줄도 모르고 노래를 부르며 걸어가는데 거점에 있던 동무들이 중간까지 마중 나왔더군요. 서로 얼싸안고 좋아했습니다. 그 동무들이 배낭을 넘겨받아서 지고 자동차 깐 이야기를 하면서 걸었습니다. 지대장 동지가 연락병을 통해서 지도부에 승전 보고를 먼저 했답니다. 거점 앞까지 당 간부들, 군사 간부들이 나와서 끌어안고 장하다고 칭찬해 주었습니다. 한잠 자고 다음날 오락회를 가졌습니다. 춤추고 노래하고 모두가 기뻐했습니다. 그날 밤에는 전투 총화를 가졌는데요. 호되게 비판을 받았습니다.

'만일에 무장병이라도 차에 타고 있었으면 어떻게 되겠는가? 비겁했다. 벼락같이 돌격했어야지.'

'예, 비겁했습니다. 좀 두렵고 당황해서 주춤거렸습니다. 앞으로 시정하겠습니다.' 라고 자기비판을 했습니다. 그리고 실탄과 수류탄을 외봉쳤기 때문에 가슴이 뛰었지만 내놓으라고만 했지 곱게 보아주었습니다. 총잡이는 무기 욕심이 있어야 한다면서 추궁하지 않았습니다. 꿩 먹고 알 먹고 라고 하던가? 하여간 공세를 미연에 막고 우리 무력을 강화했으니 이중성과를 거둔 것이지요."

해섭 동지가 말을 마치자

"그건 거저 주운 것이지요."

"손 안 대고 코 풀었네요."

한마디씩 하고 모두 좋아서 웃었다.

죽음 직전 동지와의 대화

우리는 태인에 가서 점심을 먹고 익산으로 갔다. 윤성남 동지가 암으로 입원하고 있는 노인요양병원에 가서 병실을 찾았다. 윤성남 동지가 알아보고 반가워했다. 병실에는 부인과 유영쇠 동지가 있었다. 자기 몸을 가누지도 못하는 윤성남 동지는 동지들의 부축을 받아서 일어나 앉았다. 동지들과 일일이 악수를 하고 내가 젊은 일꾼들을 소개하자 찾아줘서 고맙다고 인사를 했다.

"나 더 이상 불가항력이야. 웃으면서 가겠어."

"그래. 산에서 함께 싸웠던 수많은 동지들이 시집 장가도 못 가보고 안 갔는가? 그 점을 생각하면 성남 동지는 오늘날까지 열심히 활동을 했고 장가 가서 아들, 딸 낳고 자식들이 삐뚤어지지 않고 잘 살고 있지 않나? 통일이 다가오고 있으니 마음 편하게 있다가 가. 남기고 싶은 말은 정신이 맑을 때 유영쇠 동지에게 전하거나 녹음이라도 해 놓고."

동지와 마지막인가? 울컥 목이 메었다. 성남 동지의 눈에 물기가 번져 왔다.

"누구 못지않게 살았는데 산에 있을 때 죽음 앞에서 어떻게 죽어야 하나. 가끔 생각 나. 공세 때 해제는 안 되고 뚫고 나아가야 하겠는데 길은 없지, 삼일 동안 굶고 나왔더니 해가 중천에 떠 있더구만. 굳은 결심

돌아가시기 직전의 윤성남 선생.

을 가지고 살아왔는데. 가족이 있지 않아? 돈에 너무 치우치다보니 돈의 노예가 되어 죽는 거야. 열심히 한 결과가 뭐 있어?"

"동지들과 후손들이 기억할 것입니다. 하고 싶은 말씀이 있으면 들려주시지요."

정부영이 윤성남 동지의 손을 부여잡고 호소하듯 입을 열었다.

"사람이 제일 중요해. 동지에 대한 애정 없이는 절대 사업할 수 없어. 동지에 대한 애정이 결핍된 사람은 속내를 깊이 들여다보면 아니야. 많이 느꼈어. 선후배님들이 해온 것 보면 모범적으로 아주 좋은, 기적적인 것도 있고 총살장에 들어갔을 때 끝까지 고난을 헤쳐 나갔을 때 이 세상 절세 애국자들을 누가 알 것인가? 남 다 잘 때……. 자부심을 갖고 이 고비를 넘기면 반드시 승리가 와. 님에게 못 다한 것이 죄스럽네. 동지들 외에는 내 주변에 내 편에서 이해해 줄 사람이 아무도 없어. 나 같은 처지에 있는 사람이 한두 사람인가? 반드시 웃으면서 갈라네."

말이 토막토막 끊어지고 가다가 연결이 안 되었지만 저번에 왔을 때보다 의식은 나은데 몸은 철골이 되어 있었다. 마지막 같다. 동지의 손을 두 번 세 번 만져보고 병실을 나왔다. 집에 오는 동안 차 안에서 비쩍 마른 윤성남 동지의 모습이 떠올랐다가 스러지고 또 떠올랐다. 글 쓰는 지금 성남 동지는 땅 속에 묻혀 있다. 명복을 빈다.

고창 정읍 전적지

전설의 병바우

    2010년 11월 27일 밤 9시 30분에 우리는 용산을 출발했다. 김해섭 동지와 한재룡 동지, 나, 송계채 동지, 정부영, 김영진, 김은정 7명이 12인승 승합차에 탔다. 자리가 넉넉해서 편하게 갔다. 12시가 넘어서야 예약한 선운사 호텔에 도착했다. 방에 들어가자마자 이부자리를 깔고 잠자리에 들어갔다.
    다음 날 일찍 일어나서 세수를 하고 호텔을 떠났다. 단풍철이라 대형 관광버스 여러 대가 길을 메우고 있었다. 차가 선운사 초입에서 제지를 당했다. 차는 못 들어간단다. 이른 아침이라 차 왕래도 없고 이삼십 분 촬영을 하려는데 걸어갔다 오려면 세 시간 이상 걸릴 것이 아닌가 하고 사정을 해보았지만 허사였다.

"60이 넘은 내가 직장이라고 다니는데 규율을 어기면 목이 달아난다."고 더는 말도 못 붙이게 잡아뗐었다. 할 수 없이 다음에 오기로 하고 차를 돌렸다. 산마다 단풍이 들어서 곱고 특히 길가에 빨간 단풍나무와 노란 은행나무가 일품이었다. 한재룡 동지가 안내를 했다. 차창 밖으로 운해에 감싸인 병바위가 위만 기묘한 자태를 드러내고 있었다. 선경이었다.

"임진왜란 때 3,000명이 피신했던 곳으로 전해지고 있습니다만 3,000명은 아니고 300명 정도는 앉을 수 있는 공간이 병바위 밑에 있습니다. 멀리서 보면 영락없이 술병을 거꾸로 세워 놓은 듯한 바위입니다." 한재룡 동지의 설명이었다.

"고창군 유격대에 대해서 아시는 대로 들려주시지요."

"고창군에는 1, 2, 3중대가 있었구요. 3중대가 30여 명 정도에 무장은 12정이 있었습니다. 1, 2중대는 무장 40–50정에 중기를 가지고 있었습니다. 인민군 남해여단이 전남 강진에 있다가 후퇴하면서 일부가 이곳에서 입산을 했습니다. 인민군 출신이 많이 있었지요. 1중대는 음곡이라는 마을에 있었고 3중대는 재실에 있었고, 2중대는 방장산에 있다가 용계 마을로 왔습니다."

"저들이 고창읍에 언제 들어왔습니까?"

"1950년 12월까지 우리가 지키고 있었습니다. 사무도 보고 오일장도 섰습니다. 1950년 10월초에 미군이 고창에 들렀다 갔는데 그때 인민위원회에서 근무하던 일꾼들 십여 명이 잡혀서 영광으로 실려 갔습니다. 바로 고창부대와 영광부대가 합동으로 영광읍을 들이쳐서 유치장에 갇혀 있던 동무들을 석방시켰습니다."

"후퇴 직후에 저들이 고창에 들어오지 못한 특별한 이유라도 있었습니까?"

"잘 모르겠는데요. 저들이 힘이 미치지 못한 데 기인하지 않았을까요?"

부정마을

차가 부정마을 앞에 섰다. 한재룡 동지가 설명을 했다.
"이 마을은 우물이 없어요. 그래서 부정마을이랍니다. 냇물을 길어다 먹었어요. 이 마을에 군당조직부, 선전부, 군사부가 있었구요. 여기에 방앗간이 있었어요. 후방부가 저 마을에 있었습니다. 그 당시에 이 길은 험하고 좁았습니다."
우리는 차 안에서 한재룡 동지의 설명에 귀를 기울였다.
"지금은 큰 길이 나고 동네가 없어졌습니다. 요 아래 마을에서 1953년에 신형복 동지가 경찰의 기습을 받아 돌아가셨답니다. 마을 분들이 시신을 그곳에 묻어주었다고 들었습니다."
신형복 동지는 고창중학교 선배로 국대안 반대 동맹휴학을 실질적으로 지도한 동지다. 대가 세고 말 잘하고 장래가 유망한 동지였다. 입산 후에는 고창유격대 참모장으로 유격부대를 지휘했다. 신형복 동지의 명복을 빌었다.

적의 기습으로 여러 동지들이 희생된 연계리

차는 연계리 다리 옆에 멈췄다.
"저 부락에 우리가 주둔하고 있었습니다. 흥덕 작전에 나갔다 오구요. 그러니까 1951년 3월 18일입니다. 첫 새벽에 경찰들이 마을 뒷산으로, 앞산으로, 골짜기로 쳐들어 왔습니다. 불시에 적의 기습을 당한 우리 동지들은 이리 뛰고 저리 뛰다가 여러 명이 희생되었습니다. 김종건

하마터면 죽을 뻔했던 곳에서 한재룡 선생이 당시의 위급한 상황을 설명하고 있다.

선생이 저 뽕나무 밑에서 돌아가시고 군민청 위원장도 죽고 조직부장도 희생되었습니다. 김영복 선생, 후방부장 등 여러 명이 잡혔습니다. 나는 돌다리를 건느려고 이쪽으로 달려왔는데 바닷물이 들어와서 물이 벙벙하지 않아요. 강폭이 100미터도 넘게 보였어요. 얼른 옷을 벗고 물속에 뛰어들었습니다. 수영을 좀 했거든요. 물 밑으로 헤엄치다가 숨이 차면 물 위로 코만 내놓고 숨을 쉬면서 헤엄을 쳤습니다. 저 아래 강이 굽어지는 데가 있지 않아요? 강 건너에 마을이 있구요. 강을 따라 가다가 그곳에서 강을 건넜습니다. 3월이지만 물밖에 나오니까 오사하게 춥데요. 사격권 밖이라 총 맞을 염려는 없는데 추워서 견딜 수가 있어야지요. 아무 집이나 들어갔습니다. 사람이 없데요. 몇 집을 들렀는데 사람이 없어요. 어쩔 수 없이 어느 집에 들어가서 그 집 남자 옷을 입고 마을 뒷산으로 올라갔습니다. 그날 종일 강을 사이에 두고 적아 간에 대치하고 있었어요. 그 애들이 박격포를 쏘아서 박격포탄을 소모시킨다고 산 위에서 인공기를 흔들었습니다. 저들이 박격포를 쏘면 포탄이 터졌던 구덩이에 엎드렸다가 또 나와서 인공기를 흔들었습니다. 포탄이 떨어졌던 그곳에 또 포탄이 떨어지지 않습니다. 그 점을 이용한 것이지요. 회문산에서 배운 전법을 그날 잘 써먹었습니다."

미군 탱크가 못 들어오게 큰 길을 세 군데나 파버렸다

"이것은 좀 다른 이야기인데, 서울이나 지방에서 잘 되는 장어집은 거의 다 풍천장어라는 간판이 붙어 있잖아요? 이게 풍천강이고 여기서 잡히는 장어를 풍천장어라고 합니다. 자연산 장어는 바닷물이 들고나는 강에서 잡힙니다. 굽건 지지건 맛이 좋지요. 그런데 장어를 여기서 잡으면 얼마나 잡겠습니까? 그 많은 풍천장어 집에 다 대겠어요? 고창에 몇몇 집을 빼고는 다 양어장에서 키운 장어라고 보면 됩니다."

우리는 차에 탔다. 가다가 차를 세운 한재룡 동지는

"9.28 후퇴 후에 이 지역 농민들이 자발적으로 미군이 들어오지 못하도록 길을 세 군데나 파버렸습니다."라고 설명했다.

그래, 외세의 침략과 지배를 좋아할 민족이 세상에 있을까? 여러 형태로 저항하는 법이다.

"저들은 친일했던 서정주 기념관을 만들어 놓았습니다. 저 산 너머 사람입니다." 우리는 심원면 면소재지에 갔다.

해방구

"이 지역 전부가 해방구였습니다. 1951년 3월 19일 화랑부대 11사단하고 치열하게 전투를 했습니다. 그날 밤에 우리는 상하로 빠졌어요. 여기서 잡힌 이 지역 남자들을 적들은 다 죽였답니다. 좀 더 가면 건당 마을이 나오는데 경찰들이 남녀 가리지 않고 학살해서 여러 집이 한날 제사를 지낸다고 심원이 고향인 유양원 선생이 전에 들려주더군요."

인민을 집단으로 학살했다는 한재룡 동지의 설명을 들으면서 모두가 분노했다. 우리는 심원면 소재지에서 아침을 먹고 상하 쪽으로 달렸다.

용감한 김용태 동무

"저 건너가 격포입니다. 여기가 동호해수욕장이구요. 1월말에 나는 여기에 없었습니다. 저들이 이곳에 와서 주둔하고 있었답니다. 심원과 상하를 막는 곳이지요. 그래서 우리 부대들이 들이쳐서 해방시켰습니다만 그것도 며칠이고 다시 놈들이 들어왔습니다. 그때에도 용태 동무가 역할을 많이 했답니다. 태복이가 변절하기 전 참모장으로 있을 때도 태복이보다 용태 동무가 앞장을 섰고 이름이 더 알려졌습니다. 체격 좋고 키도 크고, 남자답게 생겼습니다. 1951년 1월 1일에 화폐개혁을 한다는 정보를 입수한 용태동무는 대원 두 사람을 데리고 고부에 들어가서 고부협동조합을 털었습니다. 세 사람이 돈을 배낭에 가득가득 담아가지고 왔어요. 도당에 돈을 많이 보냈습니다. 내가 1954년에 군산형무소에 가니까 용태 동무 일행을 재워주었던 고부 소방대원 김부영이 그때까지 묶여 있더군요. 그 일로 자그만치 7년 징역을 살았습니다. 좀 더 이야기를 해야겠네요. 김태복이 그 자는 고창유격대 참모장으로 있다가 자수를 했어요. 우리 내부를 환히 알고 있잖아요. 고창경찰서, 부안경찰서, 장수경찰서 정보과장으로 있으면서 우리에게 피해를 참 많이 주었습니다. 벌써 뒈졌어요. 저 살겠다고 여러 사람을 죽이고 못살게 굴었던 태복이 그 자는 천벌을 받은 것입니다."

우리는 해안도로를 달렸다. 얼마 동안 달리다가 굴을 지나자 바다였다. 섬들이 보이고 바다와 하늘이 맞닿은 수평선이 보였다. 차를 세운 한재룡 동지는 여기가 미군을 잡은 곳이라고 말문을 열었다.

미군을 잡은 곳

"1951년 2월쯤, 당시에 나는 도에 있었습니다. 어느 날 아침에 고창군 해리면 사반리 마을 아주머니들이 꼬막을 캐러 나왔다가 미군을 보고 기겁을 해서 도망갔답니다. 미군 소식을 들은 동무들이 와서 매복을 했대요. 미군함이 바다 가운데 떠 있고 미군 네 사람이 고무보트를 타고 물가에 와서 측량을 하는 것인지 왔다갔다 하는데 사격거리가 멀어서 물이 들어오는 것을 기다렸다가 가까이 접근시켜 놓고 때렸답니다. 권총 네 자루를 노획했고, 시체는 미군이 거둬 갔답니다."

우리는 그곳을 떠났다. 얼마를 갔을까. 차를 세운 한재룡 동지가 손으로 가리키면서 기좌실을 중심으로 성남리, 금산리, 용대리, 하장리 마을에 1951년 3월 19일까지 목포시당, 영광군당, 장성군당, 함평군당, 무안군당, 고창군당 산하 기관들이 있었다고 설명을 했다. 큰 산도 아닌 작은 산 밑, 들 가운데 마을 들인데 1951년 3월까지 합법을 유지했을까? 변방에다가 고창 경찰력이 미미한 데 반해서 유격대 무력이 막강한 데에 원인이 있지 않을까?

갑오농민전쟁 때 창의선언문을 선포한 구암리

우리는 공음면 구암리에 갔다. 갑오농민전쟁 창의 선언문을 선포한 곳이다. 손화중 장군이 활동한 갑오농민전쟁 발상지다. 돌비석이 높이 서 있고 몇 점 조형물을 만들어 놓았는데 너무도 허술했다.

"전하는 말에 의하면 전봉준 장군의 출생지도 고창읍 덕정리라고 합니다. 전봉준 장군은 고창 농민군을 인솔하여 고부로 가는 도중에 흥덕에서 농민군이 결합하고 정읍 태인 농민군과 연합하여 고부를 들이쳤대요. 그뿐 아니라 1950년 봄에 전남도당 위원장 김선우 동지가 구암리에 와 있었고 이 마을에서 해방을 맞았습니다. 지하에서 나온 김선우 동지도 잔치를 크게 했답니다. 그것이 빌미가 되어 9.28 후퇴 후에 난리가 났답니다. 고창중학교 9회 졸업생인 나대순씨가 자수해서 부락민들의 피해를 최소화했대요."

한재룡 동지는 차를 안내하다가 어느 언덕 위에 세웠다.

600여 명의 인민을 살해한 선동리

"우리가 내장산으로 들어갔을 때 11사단이 저 아래 선동리에서 무장면, 공음면, 대산면 인민들을 600여 명이나 학살했답니다. 과거사 진상위원회에서 조사해 갔다고 들었습니다."

사람을 한두 명도 아니고 제 놈들은 에미 애비도 없던가.

문수사

우리는 문수사로 떠났다. 노송과 아름드리 단풍나무가 어우러져서 독특한 정취를 자아냈다. 우리 일행은 깊은 산중에 온 듯 가을의 막바지에서 낙엽을 밟으며 천천히 걸었다. 불타는 듯한 단풍나무 밑에서 사진도 찍고, 문수사 경내에 들어갔다. 관광객들이 절을 둘러보고 있었다. 문수사는 숲 속에 묻혀 있는 아담한 절이다. 새 건물을 지으려는 것인지 포크레인이 움직이고 있었다. 부질없는 바람일까? 집은 짓되 문수사만이 지니고 있는 아담하고 포근한 점은 훼손하지 않았으면 좋겠다.

문수사 들머리에서 가을풍경을 배경으로 사진을 찍었다.

"문수사는 내가 고창중학교 1학년 때 원족을 왔고, 영광으로 1951년 9월에 복수투쟁을 나갔다가 와서 하룻밤을 자고 간 곳입니다. 1950년 9.28 후퇴 후에 영광에 들어온 군경들이 불갑산 안팎에서 3,000여 명이 넘는 인민들을 학살했습니다. 학살 1주기가 되는 1951년 9월 27일에 우리 부대가 영광으로 복수투쟁을 나갔습니다. 갈재 밑으로 해서 방장산 능선을 타고 영광에 갔는데 나무를 이중으로 총총히 박아놓고 안에 전호를 파놓았데요. 경찰서와 주변 지서를 한꺼번에 쳤는데 나무를 톱으로 자르다가 날이 밝았습니다. 우리는 못 먹고 어쩔 수 없이 후퇴했습니다. 500명이 넘는 큰 무력이 방장산을 향해서 대낮에 능선을 타고 행군을 했어요. 영광 고창 간 국도로 경찰을 가득히 실은 트럭이 끝없이 들어오데요. 능선마다 골짜기마다 퍼놓고 갔습니다. 행군하는 우리 대열의 중간을 자르기 위해서 기어 올라왔습니다. 산악전에 능한 유격대가 아닌가요? 더욱이 높은 곳을 장악한 우리들은 도처에서 그들을 작살냈습니다. 우리가 안전한 곳에서 쉬고 있는데 참모장 동지가 일 개 중대가 앞에 나갔으니까 동무들이 뒤따라가서 지원하라고 지시했습니다. 우리 중대원들은 동무들이 앞에 나갔다고 해서 안심하고 앞서거니 뒷서거니 척후도 없이, 거리보장도 하지 않고 능선을 따라 내려갔습니다. 두 번째 고개를 오를 때 갈밭에 숨어 있던 경찰들이 불시에 일어나서 총을 갈겼습니다. 맨 앞에 두 소대장이 가고 다음에 목포가 고향인 박두진 부소대장이, 그리고 내가 갔는데 총성과 동시에 부소대장이 총탄에 맞은 듯 앞으로 고꾸라졌습니다. 나는 엎드리면서 박동무의 가랑이를 힘껏 잡아챘습니다. 급경사에 억새밭이라 미끄러지고 굴러서 위험지구를 금세 벗어났습니다. 총알이 박동무의 허벅지를 뚫고 나갔어요. 부축해서 집결지로 갔습니다. 앞에 간 부대가 전투를 하다가 옆으로 빠진 것을 모르고 마음 놓고 가다가 경찰의 매복에 걸려들었어요. 저들의 간뎅이가 컸더라면 그날 죽었습니다. 우리 대열이 적의 포위망 속으로 깊숙이 들어갔을 때 때렸으면 어쩔 뻔했어요? 다 죽었습니다. 우리 중대 동무들은 공격을 개시했습니다. 무섭게 달려드는 기세에 경찰들이 달아나 버렸습니다. 저들의 매복 장소에 갔더니 두 소대장 동무가 비참하게 쓰러져 있었어요. 머리에 얼굴에 구멍이 여러 군데 뚫려 있었습니다. 동무들은 슬픔을 삼키며 시신을 묻어주고 떠났습니다. 연대본부에 갔습니다. 그런데 적의 박격포 유탄에 연대장 엄정기 동지가 말 한마디 못하고 절명하셨다는 비보가 기다리고 있었습니다. 연대장을 잃은 동무들은 침통한 심정으로 장례식도 치르지 못한 채 양지 쪽에 고이 묻어드리고 떠났습니다. 이곳 문수사에 왔어요. 사찰 안에는 들어가지 않고 이 부근이 넓지 않아요? 여기저기에 모닥불을 피워놓고 휴식을 취했습니다. 하룻밤 하루 낮을 쉬고 문수사를 떠났습니다."

고창을 지나다

"고창은 동무들이 전선을 다 절단했기 때문에 마치 유령의 도시처럼 불빛 하나 없고 이따금 총성이 대지를 덮고 있는 고요를 찢어놓았습니다. 동무들은 발소리를 죽이며 고창읍 외각으로 고창천을 넘고 내가 학교 다닐 때 자취했던 정낙진 친구의 집 옆으로 갔습니다. 지난 일들이 주마등처럼 스쳐갔습니다. 아직 초저녁이라 친구들이 자지 않고 있겠지? 총을 멘 이대로 방문을 열고 들어가면 엉뚱한 상상을 하면서 걸었습니다. 고창중학교에서 북쪽으로 200여 미터 떨어진 곳에서 큰 길로 들어섰습니다, 처음에는 긴장이 되데요. 그런데 밤마다 산 능선이나 울퉁불퉁한 좁은 길을 걸어 다니다가 평평한 큰 길을 걸으니까 거저 가는 것 같데요. 차츰 긴장이 풀어지는지 동무들은 두 명 세 명씩 이야기를 나누며 열을 짓지 않고 큰 길 가득히 걸어갔습니다. 대부대라 매복은 고사하고 지서 옆으로 가는 데에도 총 한발을 안 쏘데요. 입산 후 큰 길로 30여 리를 걸어보았고 그때의 정서가 오롯이 남아 있습니다. 이밤산 입구에 가자 날이 새더군요."

문수사를 돌아 나오면서 지역에 얽힌 이야기를 하는데 옛 일, 가신 님들이 떠올라서 이따금 분노의 응어리가 말 속에 튀어나왔다. 1950년 9.28 직후 고창군당이 입산한 문수사 밑에 고수면 은사리에 가서 둘러보고 돌아 나왔다. 저수지 옆에서 한재룡 동지가 입을 열었다.

한재룡 동지의 체포

"저기 저 너머에 사리재(새재)라는 곳이 있습니다. 거기서 지시문을 받고 도당에 갔다 오다가 이밤산에서 체포되었습니다. 당원이 아니면 군당 조직부 산하 연락원이 될 수 없어요. 나는 1950년 12월에 추천을 받아

한재룡 동지가 이 지역에 얽힌 이야기를 들려주고 있다.

당에 입당하고 연락임무를 맡았습니다. 무장도 없이 혼자 다니는 연락원들은 희생이 많았습니다. 내 뒤에도 여러 동무가 죽고 잡혔습니다." 당에서 주는 네포를 몸 안에 깊이 간수하고 사리재를 떠나던 자신, 마지막이 되어버린 당의 과업을 완수하고 돌아오다가 잡힌 어린 시절의 자신이 떠오르는 듯 말을 마치고 먼 산을 바라보는 한재룡 동지는 엄숙하게 보였다.

고창중학교

우리는 고창고등중학교에 갔다. 한재룡 동지는 손으로 학교 건물을 가리키면서 말했다.

"학교 밑에 계단이 있지요? 우리가 다닐 때는 잔디가 있고 그냥 언덕이었습니다. 1948년 가을에 학살단이 고창에 와서 취조도 안 끝난 경찰서 유치장에 있던 농민 세 분을 저 계단에서 학살했습니다. 나도 그날 나가서 보았습니다. 중학생, 직장인, 고창 농민들을 운동장에 끌어다 놓고 그들 앞에서 총살했습니다. 정읍농업학교에서, 장성에서도 학생 12명을 살해했다고 들었습니다. 48년에 학살단이 돌아다니며 살해한 역사적인 사실을 기록에 남겨야 합니다."

고창중학교는 고창농민들이 쌀을 모아서 만든 학교인데 재단이 5,000

한재룡 선생과 필자가 다녔던 고창중고등학교 전경.

석이고 일 년에 100명을 모집했습니다. 전북을 통틀어서 사립학교는 고창중학교밖에 없었습니다. 애국적이고 민족적인 의식을 가진 선생들이 여러 명 계셨습니다. 1926년 6.10만세 사건, 광주학생사건 때 동조했고 일제 때는 물론 해방 후에도 학생들은 선생님들의 영향을 많이 받았습니다. 학년이 아닌 우리 학급에서만 싸우다 가신 동무가 박금열, 이계수, 김시봉, 조재문이 있고 감옥 생활을 한 동무가 김영수, 유종현, 한재룡, 임방규, 이칠규 다섯명입니다. 그 중 네 명이 비전향으로 나왔어요. 자랑스럽게 생각합니다."

백색테러

"좀 거슬러 올라가서 1947년에 백색테러단이 경기도에서 충북, 충남을 거쳐 전북 일원에서 백주에 테러를 자행했습니다. 군, 면 간부는 물론 리간부에 이르기까지 살림살이를 모조리 때려 부쉈고 잡히는 대로 몽둥이로 두들겨 팼으며 감옥에 보냈습니다. 악명 높은 테러단이 정읍에 왔다는 소식을 듣고 고창중학교 학생들이 참나무 몽둥이를 들고 200명씩 고창중학교와 큰 길을 주야로 지켰습니다. 그 정보를 접한 테러단은 고창에 못 들어왔고 고창만은 테러를 모면했습니다."

우리는 학교를 배경으로 사진을 찍고 떠났다.

학살당한 60여 명이 묻혀 있는 곳

고창고등중학교에서 홍덕 쪽으로 300여 미터 가면 오른편에 홍익문이 나온다. 한재룡 동지는 차를 세우고 언덕으로 올라갔다. 홍인문 담을 따라서 왼쪽으로 돌아갔다. 한재룡 동지는 담 옆에 콩밭을 가리키며 "이곳에 60여 명의 무고한 인민들이 묻혀 있습니다. 학살당한 태반이 장성 피난민이라고 합니다. 제 아버님이 소식이 끊긴 내가 여기에 묻혀 있지 않나 해서 시체를 다 뒤져 보았으나 아들을 못 찾고 당신 혼자서 시체가 쌓여 있는 큰 구덩이에 흙을 떠다가 묻었다고 하시데요."

우리는 잠깐 묵념을 하고 떠났다. 신림면 용초동에 갔다.

"저 쪽에 폭포가 있습니다. 1951년 5월에 고창군당 위원장 안경환 동지가 여기서 전사하셨습니다. 못된 놈의 신고로 경찰의 포위 속에서 권총으로 대항하다가 마지막에 자결하셨다고 들었습니다. 용태부대가 이 마을에서 조직되었어요. 방장산에서 크고 작은 전투가 여러 차례 있었습니다. 저쪽에 가면 굴이 여러 군데 있습니다. 옛날 동학군이 많이 있었다는 자연굴입니다."

한재룡 동지의 설명이었다. 우리는 홍덕으로 떠났다. 홍덕 시내 구도로 언덕에 차를 세우고 한재룡 동지가 설명을 했다.

미군 쓰리코터와 승용차를 깐 곳

여기서 1950년 10월경에 매복하고 있다가 쓰리코터 한 대와 승용차 한 대를 깠답니다. 미군이 타고 있었대요. 총 7,8정을 노획하구요. 미군부대가 줄포 쪽에 있었는데 포만 쏘고 달아났답니다. 뒤에 시체를 가져갔대요. 이 작전을 용태 동무가 지휘했다고 들었습니다.

직사포 두 문을 빼앗기다

"1950년 11월에 경찰이 흥덕 배풍산을 장악했습니다. 전호를 파고, 진지를 구축했어요. 그래서 고창군 3개 중대가 연합해서 들이쳤습니다. 후퇴 시에 버리고 간 직사포를 가져다 쏘고요. 포는 있는데 포사수가 없었습니다. 포 쏘는 것을 보기만 했다는 인민군 동무가 쏘았는데 안 맞데요. 가마니를 말아서 괴여 놓고 쏘니까 포탄이 전호 옆에서 터지데요. 낮에는 쉬고 밤에만 전투를 했는데 워낙 적들의 화력이 세서 배풍산을 점령하지 못했습니다. 그래서 산 뒤로 보급로를 차단했어요. 저들은 보급품이 끊어지자, 우리도 모르게 빠져버렸고 우리가 배풍산을 장악했습니다. 이어서 성내면 해방작전을 수행했습니다. 보름 만에 성내면을 점령했는데 국방군 11사단 300여 명이 진격해 왔습니다. 우리는 완강하게 방어하다가 성내면을 3일 만에 내주고 직사포 두문을 놓아둔 채 철수했습니다. 용태 동무와 태복이가 부상당했는데 태복이는 작아서 동무들이 업고 뛰었지만 용태 동무는 무거워서 타작하던 볏단을 덮어주고 왔습니다. 해거름에 용태 동무는 샛길로 부상당한 다리를 끌고 돌아왔어요. 동무들은 모두 놀라며 반가워했습니다. 대포는 얼마나 크던지 큰 길에서는 20여 명이 끌지만 좋지 않은 길에서는 한 쪽에 20명씩 40명이 끌고 다녀서 짐이 되기도 했지만 빼앗기고 나니까 그렇게 허통할 수가 없었습니다."

당시의 애통했던 정서가 지금도 남아있는 듯 말 속에 묻어나왔다.

1948년 대낮에 들을 가로지르던 구빨치산

차가 정읍으로 달리는데 송계채 동지가 안내를 했다. 좁은 길로 들어가다가 송 동지가 차를 세우고

"저 안쪽 마을이 내가 태어난 고향입니다. 아까 지나 온 소성국민학교에 다녔고, 졸업 후에는 정읍농업학교를 걸어서 다녔습니다. 내가 열일곱살 때, 그러니까 1949년이지요. 보리가 누렇게 익었을 땝니다. 학교에 갔다 오는데, 아마 너댓 시 되었을 겁니다. 부안 쪽에서 일곱 분이 총을 짊어지고 오데요. 처음에는 일반인인 줄 알았습니다. 그런데 가까이 보니까 국방색 옷을 입고 있어요. 뚝방에서 좀 쉬고 떠났는데 뒤에서 총을 쏘아대더군요. 나는 국사봉으로 올라갔습니다. 왜가리 동지와 정일 동지 등이 변산에 있다는 정보를 입수한 경찰이 그분들을 잡으려고 차에 경찰을 가득가득 싣고 가다가 동지들의 매복에 작살났답니다. 대승을 거둔 우리 동지들이 노획물을 한짐씩 짊어지고 대낮에 들을 가로질러 가는 것을 보았습니다. 기뻤습니다."

설명하는 계채 동지는 소년시절로 돌아간 듯 석양빛까지 비쳐서 앳되게 보였다.

9.28 직후 정읍군당이 입산한 새암바실

우리는 이밤면 새암바실 골짜기로 갔다. 날이 어두워가고 있었다.

"정읍군당이 9.28 직후에 입산한 곳인데 정읍 각 기관과 유가족, 산간지역 인민들이 만 명도 넘게 이 골짜기에 있었습니다. 정읍 유격대는 소총 7,8정으로 시작했는데 1951년 6월경에는 적의 무기를 노획하여 무

장 200여 명의 막강한 전투부대로 성장했습니다. 정읍군당은 이곳이 평야지라서 얼마 후에 거점을 저 산 넘어 항가래실로 옮겼습니다."

송계채 동지의 설명을 듣고 우리는 쌍치로 떠났다. 종암식당에서 저녁을 잘 먹었다. 밥상을 치우자마자 김영진은 비디오 카메라 장치를 해놓고 대기했다.

한재룡 동지의 인터뷰

정부영이 한재룡 동지에게, "살아오신 내용을 간략하게 들려주십시오." 하고 요청하자 한재룡 동지가 입을 열었다.

"나는 고향이 고창입니다. 고창국민학교에 다녔고 졸업 후에 고창중학교에 다녔습니다. 민주학생동맹에 가입하여 임방규 동지와 조직생활을 좀 하고요. 우리는 저학년이라 큰 일은 못했습니다. 삐라를 붙이고 봉화투쟁할 때 장작을 나르고 정한 시간에 불을 붙여서 봉화를 올린 게 다입니다. 조직적으로 집체학습을 했습니다. 총화도 짓고요. 여기서 한 가지 말하고 싶은 것은 영암이 고향인 두 선배가 우리 집에서 하숙을 했습니다. 그 당시에는 어느 중학교나 국대안 반대, 모스크바 삼상결정 지지 등의 내용으로 한두 번씩은 동맹휴교를 했는데 광주서중학교(지금의 제일고) 학생들이 일찍 착수했습니다. 그래서 미군정 당국은 서중학교 주모자들을 지명수배하고 심지어 극우분자들을 시켜서 서중학교에 불을 지르고는 서중학교 좌익학생들이 불을 질렀다고 뒤집어 씌웠습니다. 서중학교가 불탈 때 불을 질렀다는 학생들이 실은 우리 집에 있었어요. 지명수배로 피해 다니던 서중학교 학생들이 순천중학교 모자를 쓰고 우리 집에 하숙하고 있던 선배를 찾아왔습니다. 고창중학교로 전학하기 위해서 온 학생들이라고 해서 나는 그런 줄만 알았습니다. 그 학생들은 우리 집에서 며칠 있다가 목포로 갔다가 순천에 가서 잡혔습니다. 그날 학생들이 우리 집에 있었는데 서중학교에 불을 질렀다니 있을 수 없는 일이지요. 경찰이 조작한 것입니다. 학생들이 범인이 아니라는 점은 밝혀졌지만 서중학교에 휘발유를 뿌리고 불을 지른 진범은 지금까지도 밝혀지지 않았습니다. 그때 많이 느꼈습니다."

김해섭 동지 인터뷰

"나는 정읍 덕천면에서 1928년에 태어났습니다. 초등학교를 나와서 책방 점원을 하면서도 강의록을 보았고 검정고시에 합격하여 전주공업학교 3학년에 편입했습니다. 사학년 수료를 하고 학교 선생으로 모교에서 아이들을 가르쳤습니다. 나름대로 열심히 가르쳤어요. 그런데 6.25 전쟁 후 그것이 의식적으로 대한민국에 충성했다고 지탄을 받았습니다. 하루는 자위대원을 따라서 사무실에 갔는데 자위대장 법동이가 무엇 때문에 왔느냐고 물어서 잘 모르겠다고 했습니다. 자기들끼리 소곤거리다가 가라고 해서 집으로 돌아왔습니다. 지방으로 선전사업도 나가고 강습을 받은 대로 아이들에게 대한민국은 미국의 꼭두각시 정부요, 인민공화국이야말로 민중이 주인인 정의롭고 진정한 정부라고 가르쳤습니다. 9.28 후퇴 후에 의용군에 나갔던 선생이 혈서를 써 들고 자수를 했습니다. 그 자가 공화국에 협력했던 사람들을 잡으러 다녔습니다. 나한테는 몇 차례 학교에 나오라는 통지가 왔구요. 안 나가니까 같은 학교 선생인 질녀가 아재는 상 받아야 할 사람인데 왜 안 나가느냐고 하데요. 한 입 가지고 아이들에게 대한민국이 좋다고 했다가 나쁘다고 하고 인민공화국을 정의로운 정부인데 또 아이들에게 나쁘다고 합니까? 도저히 못 하겠더군요. 인민공화국에 대한 확신도 있었구요. 그래서 입산했습니다. 내 나이 여든넷인데 옳은 길에 들어섰을 뿐, 길을 닦는 데 조약돌 같은 역할도 못해서 서운합니다."

"유격대에 있을 때 제일 기뻤던 때는 언제셨나요?"
"대승했을 때입니다."
"제일 괴로웠던 때는요?"
"동지를 잃었을 때입니다."
"하시고 싶은 일은요?"
"책도 많이 읽고 싶고 집회에도 나가고 싶은데 잘 안되네요."
"후배들에게 하고 싶은 말씀은?"
"한마디로 말해서 자본주의에 오염되어 내 앞만 가리는데 설령 오늘 좋은 직장에 있을지라도 내일 어떻게 될지 모르지 않습니까? 사는 데만 급급하지 말고 근본적으로 해결할 방책을 찾아야 합니다. 민족문제 해결이 없이는 계급문제를 해결할 수 없으며 우리 민족의 일차적 과제는 통일입니다. 통일에 기여해 주시기 바랍니다. 민족대단결 정신으로 단결합시다."

밤이 늦어서 인터뷰를 마치고 곧 잤다. 다음날 아침에 밥을 먹고 떠났다.

노일환의 고향

운암마을에서 차를 세운 김해섭 동지가 입을 열었다.
"전북 도당이 회문산에서 후퇴할 때 정읍, 순창, 장성 투쟁 인민들하고 비무장 기관 동무들이 만 명도 넘게 보였습니다. 저 위 신광사 재를 넘어서 요 골짜기로 들어왔습니다. 비무장 대열의 퇴로를 보장하기 위하여 기포병단 한 개 중대가 여분산 상봉에서 결사전을 전개했습니다. 한 동무가 살아남고 전원이 전사했다고 들었습니다."

설명을 마치고 여분산 줄기를 바라보는 해섭 동지는 사지에서 안전지대 쌍치로 빠져나왔던 그날이 떠오르는 듯, 인민을 살리고 자신을 바쳤던 동무들을 생각하는 듯 엄숙하게 보였다.

"이 마을이 1949년 이승만 정권이 국회 프락치 사건을 날조하여 구속시켰던 노일환씨 고향입니다. 그의 동생 노장환이 우리 동집니다. 징역을 15년인가 살고 나왔는데 암으로 돌아가셨습니다. 막내 동생 노영환씨는 지금도 쌍치에 살고 있습니다. 일제 때 만석군에다 대학들을 나왔는데 경향이 좋았답니다."

한 쪽 귀를 잘린 처녀

"이 마을에 합법 때 리 여맹위원장인가, 조직부장인가 한 처녀가 있었는데 국방군이 한 쪽 귀를 잘라가 버렸어요. 오월 공세 때입니다. 저들의 추격에 어머니와 함께 쫓기다가 총에 맞아 쓰러졌답니다. 어머니는 멀지 않은 덤불 속에 숨어 있었구요. 해가 지자 어머니가 딸이 쓰러진 곳에 갔는데 총탄이 하복부를 관통하고 한 쪽 귀가 없는 피투성이의 딸이 살아 있었대요. 업어서 옮길 수도 없고 억장이 무너지는 듯 어머니는 목 놓아 통곡을 했답니다. 그 부근을 지나던 연락원 동지가 밤에 산중에서 통곡하는 여인의 목소리를 듣고 찾아갔답니다. 얼른 업고 가마골 연락부트로 왔어요. 동무들의 정성스런 간호로 완치되었습니다. 내가 사령부 호위 부대에 있을 때 연락부트와 가까이 있어서 자세히 듣고 보았습니다. 총을 맞고 쓰러졌을 때 군인 놈이 와서 총대로 얼굴을 들쳐보고 괜찮게 생겼는데 죽었다면서 귀를 자르더랍니다. 꿈틀거리면 살아 있다고 총을 쏘지 않겠어요. 눈 하나 까딱하지 않고 죽은 듯이 그 아픔을 참아냈답니다. 한 쪽 귀는 내놓고 잘린 쪽은 머리로 가리고 지냈습니다. 광주 포로수용소에서 봤습니다. 지금도 안산에 살고 있습니다. 나는 쌍치에 와서 전화번호를 알았습니다. 그 분 아들만 만나보았네요. 빨치산을 사살했다는 허위보고가 올라오자 증거로 귀를 잘라오라고 지시했던 모양입니다. 확실한 근거 없이 전쟁 때 국방군이 귀를 잘라갔다면 곧이 듣겠습니까? 임진왜란 때 왜놈들이나 범한 천인공노할 만행을 시대가 얼마나 변했는데 그것도 동족을 그럴 리가 없다고 글쓴 나를 도리어 욕하고 규탄할 것입니다. 그러나 귀 잘린 여성이 살아 있는 데에야 사실을 부정할 수 없지요. 과거사 진상 규명 직원이 귀 잘린 사진을 찍어 놓았습니다. 잡힌 여동무들에게 자행한 저들의 갖가지 만행은 상상을 초월합니다."

내 음성이 높아졌다. 우리는 차를 타고 이동했다. 김해섭 동지가 안내했다. 차가 구불구불 돌아서 골짜기로 깊숙이 들어갔다. 순창군 쌍치면 부정리 입구에서 차를 세웠다.

"이 마을은 부촌이고 정읍군 덕천면, 이평, 정읍, 감곡, 신태인, 태인면당이 입산 초기에 있었습니다. 인민성이 좋았어요. 좀 밑으로 외양실이 있고 빈촌인데 인민성이 좋았습니다. 우리가 있다가 떠날 때 설 차례음식도 싸주고 아쉬워했습니다. 그 밑이 터실, 국사봉 중턱의 만수동은 번개병단의 거점이었습니다."

부상당한 나를 동무들이 사지에서 구하다

농바우 좀 위쪽에서 내가 차를 세웠다.

"이 논에서 내가 죽을 뻔했습니다. 북재 뒤 고지에서 부상당한 나는 적의 추격을 받고 앞으로 넘어지면서 이 논을 질러가는데 놈들이 앞산 밑에 와버렸어요. 치백 동무는 몸이 약해서 나를 업고 뛰지도 못하지, 동무의 어깨에 얹혀서 가다가 엎어지고 또 넘어지고 은폐할 곳이 있어야지요. 적탄이 팍! 팍! 둔탁한 소리를 내며 논바닥에 박히자 치백 동무에게 한 사람이라도 살게 빨리 뛰라고 하는데 저 골짜기에서 다섯 동무가 총알처럼 달려오데요. 세 동무는 논둑에 엎어져 엄호 사격을 하고 두 동무는 달려와서 나를 들쳐 업고 뛰었습니다. 동무들이 안 왔으면 그 날 나는 이 논에서 죽었습니다."

생사를 같이 한 동무들, 안전지대에서 밥을 입에 떠 넣어주고 해진 바지를 꿰매주던 고동무가 떠올랐다. 우리는 길이 포장되어 있는 농바위 옆으로 달렸다. 북재! 1951년에는 집 열 대여섯 채가 있던 아담한 마을이었는데 집이 없고 폐촌이었다. 대밭하고 집터만 남아 있었다.

"북재 뒤에 능선이 있잖아요? 저기서 1951년 4월 24일 11시경에 제가 부상당했어요. 접근전을 하다가 왼쪽 1미터 옆에서 수류탄이 터졌는데 소리는 못 듣고 폭발하는 것만 보았습니다. 메로 오른쪽을 내리치는 듯 큰 타격에 총이 떨어졌습니다. 후퇴 신호를 하고 얼른 총을 들어서 왼쪽 어깨에 메고 뛰는데 피는 줄줄 흐르고 오른팔이 제멋대로 덜렁거려요. 팔이 나간 줄 알았습니다. 팔 하나를 끊고 어떻게 사나 하는 생각이 퍼뜩 들데요. 나는 확 돌아서 앉았습니다. 오른쪽 무릎을 꿇고 왼쪽 손으로 따발을 앞으로 돌렸습니다. 따발총은 방아쇠만 당기면 총알이 나가기 때문에 왼손으로도 사격할 수 있거든요. 60여 발 남은 총탄을 적에게 퍼붓고 그 자리에서 죽으려고 했습니다. 그런데 탄창 한 편이 구겨져 버리고 총신 두 군데와 묘준기가 날아가 버렸어요. 몽둥이만도 못하게 되어버렸습니다. 할 수 없이 돌아서서 뛰었습니다. 고지에 올라갔더니 동무들이 피가 흐르는 것을 보고 놀라데요. 웃옷을 벗기려고 해요. 그러지 말고 팔소매를 찢으라고 했습니다. 그제야 위생병이 가위로 쭉 찢었습니다. 상처가 드러나자 내가 놀랄까봐 못 보게 머리를 왼쪽으로 돌리데요. 응급조치를 끝내자 놈들이 고지에 올라왔습니다. 또 뛰는데 자꾸만 엎어지니까 사령관 동지가 이치백 동무에게 임동무를 어떻게든지 데리고 오라고 지시하고 모두 산을 뛰어 내려갔습니다. 급했거든요. 논 몇 배미를 지나서 건너편 산에 붙어야 하는데 뒤에 처져 있던 나와 치백 동무가 아까 말한 바와 같이 그 논에서 죽을 뻔했고, 수류탄이 터졌을 때 오른팔을 뚫고 나간 큰 파편이 내 왼쪽 위 호주머니의 수첩을 날려버렸어요. 런닝 하나만 남아 있었습니다. 오른쪽 가슴에도 일곱 군데나 작은 파편이 박히구요. 2cm만 앞에 나가 있었어도 가슴이 날아가서 죽었지요."

죽음이 순간에 달려 있던 장면을 들려주고 우리는 돌아 나왔다. 김해섭 동지가 둔전마을 앞에 차를 세웠다.

"내가 입산해서 이 동네에 있었습니다. 부촌인데 인민성은 과히 좋지 않았어요. 부대가 주둔한 일은 없고 연락원이 자고 가곤 했습니다. 동네 뒷산이 국사봉입니다."

차가 신성리를 지날 때 해섭 동지는 마을 앞에서,

"저 고지가 가파르지 않아요? 한 곳만 경사가 느슨합니다. 위는 대접을 엎어놓은 듯 오목하고요. 1951년 여름으로 기억되네요. 국방군 한 개 중대가 날이 어두웠는데 빠지지 않고 고지 위에 자리를 잡고 잤어요. 작전에 능한 문중기 작전 참모가 그걸 까겠대요. 다음날 첫 새벽에 두 동무를 데리고 떠나면서 총성이 들리는지 들어보라고 했습니다. 단 세 동지가 1개 중대를 기습하다니 말은 안했지만 불안했습니다. 우리는 아챙이 앞산에 있었어요. 날이 새기 직전입니다. 총소리가 콩 볶듯 볶아댔습니다. 한바탕 요란하던 총소리가 뚝 그치더니 그 후로는 총성이 들리지 않데요. 우리는 초조하게 기다렸습니다. 얼마나 지났을까, 멀리 세 동무가 보이지 않아요? 동무들이 달려갔습니다. 탄알을 한 짐씩 지고 땀을 뻘뻘 흘리는 동무들을 얼싸안았습니다. 무거운 배낭을 넘겨받아서 지고 거점으로 왔어요. 문중기 동지가 기습 경위를 들려주었습니다.

'우리 셋은 가파른 곳을 올라갔어요. 놈들은 이중으로 보초를 세워놓았데요. 가만히 기어서 보초선을 돌파했습니다. 저들은 총을 세워놓고 즐비하게 자고 있고 장탄한 중기가 걸려 있어요. 숨을 죽이며 접근했습니다. 자는 놈들에게 총을 쏘아봐야 몇 놈이나 맞겠습니까. 그래서 비상! 비상! 하고 고함을 질렀습니다. 겁먹은 놈들이 모두 자리를 차고 일어날 때 중기와 자동총으로 드륵드륵 갈겼습니다. 총은 아래로 던지고 탄알을 주섬주섬 배낭에 주워 담았습니다. 저들의 저항이 전혀 없었습니다.'

세 동지가 그것도 한 개 중대를 기습하는 게 쉬운 일입니까? 문중기 동지나 그런 대담한 작전을 계획했고 수행했습니다. 며칠 후에 그 지역 인민들로부터 48구가 들것에 실려 나갔다고 들었습니다."

그때가 떠오르는 듯 노전사의 얼굴에 미소가 번졌다. 우리는 여시목 밑에 차를 세워놓고 올라갔다. 걸음이 불편한 해섭 동지가 기어이 가겠다고 해서 싸목싸목 걸었다.

"여시목! 이 지역에서 전투를 참 많이 했네요. 거의 매일처럼 총소리를 들었습니다. 이 길로 위아래 고지를 발이 닳도록 다녔습니다. 여시목도 그렇고 고닥산에서도 전투를 많이 했는데 희생은 거의 없었습니다. 치고 빠지는 유격전법에 능했기 때문이지요. 쌍치 서북쪽을 담당했던 정읍부대는 계속되는 투쟁을 통해서 강군으로 성장했고 쌍치해방구를 1951년 12월초까지 지켜내는 데 크게 기여했습니다."

마지막으로 김해섭 동지의 설명을 듣고 우리는 서울로 떠났다. 2박 3일 동안 꽤나 강행군을 했다. 특히 김영진은 동지들이 산에 오르고 내려가는 모습을 카메라에 담기 위해서 앞뒤로 뛰고 격전 지역은 더 자세히 부근마을과 산을 연결시켜서 입체적으로 담아내느라고 뛰어다녔다. 김은진 또한 한마디라도 놓칠세라 노트북을 때리고 수첩에 적고, 정부영은 묵묵히 운전대를 잡고 장시간 차를 모느라 애썼다. 다시 한 번 세 분의 열정과 노고에 노동지들을 대신하여 고마움을 표한다.

전남 전적지 1

　2011. 12. 10. 5시에 마장역에서 김영승 동지, 나, 정부영, 김영진이 만나서 이야기를 나누다가 저녁을 먹고 기다리는 데도 김은정이 오지 않았다. 오늘따라 빠질 수 없는 회의가 길어지고 있다고 서너 번 연락이 왔다. 정부영은 영등포로 차를 몰았다. 8시가 훨씬 지나서야 김은정을 태우고 서울을 빠져나갔다. 얼마나 달렸을까. 이복순 동지로부터 기세문 선생이 집에 와 계시는데 지금 어디쯤 오고 있느냐고 전화가 왔다. 예정보다 두 시간 늦게 출발했다고 말하고 은정이가 깰까 봐 곧 끊었다. 김영승 동지가 박동기 선생이 민박집에 온다는데 그 차로 두 분을 모시고 오면 좋겠다는 의견을 내놓았다. 시간과 기름 값을 절약할 수 있어서 좋다는 생각이 들었다. 김영승 동지는 이복순 동지와 박동기 선생에게 전화를 걸었다. 차는 서해안고속도로를 달리다가 장성을 지나 담양을 거

쳐서 곧바로 백아산 골짜기로 접어 들어갔다. 좁은 길로 구불구불 감돌아 민박집에 갔다. 열두시가 넘어서였다. 이복순 동지, 기세문 동지, 박동기 선생이 반갑게 맞아주었다. 이복순 동지는 보따리를 풀어서 닭튀김을 내놓고 막걸리 한잔씩 돌리면서 정담을 나누다가 내일 일정 때문에 곧 상을 치우고 잠자리에 들어갔다.

민박집 어머니

다음날 일곱 시에 아침식사를 마치고 민박집 봉고차에 타고 솔피재에 갔다. 김영승 동지가 설명했다.

"이 재 너머는 곡성군이고, 이쪽은 화순군입니다. 백아산에서 백운산, 지리산으로 가는 길이기도 하구요. 우리 동지들이 참 많이 다닌 길이에요."

이복순 동지가 입을 열었다.

"1950년 9.28. 후에 내가 이곳으로 입산했는데 당시에는 골짜기마다 집들이 있었어요. 솔피재 이쪽 저쪽에 각 기관 동무들 투쟁인민 수백 명이 있었지요. 그 해 겨울 놈들의 대대적인 공세가 있었습니다. 전방 방어선이 무너지고 우리 모두가 백아산으로 올라갔습니다. 골짜기에 들어온 적들이 집집마다 불을 질렀습니다. 그 후로는 불탄 집터에 움막을 짓고 살았어요."

말을 마친 이복순 동지는 옛일이 떠오르는 듯 골짜기를 내려다보았다. 김영승 동지, 기세문 동지, 정부영, 김영진은 산을 오르고 우리는 차로 되돌아 내려왔다. 운전하던 민박집 주인은 오른쪽을 가리키며 자기 집터라고 알려주었다. 이복순 동지는 집주인 어머니와 잘 아는 사이란다.

"30여 년 만에 찾아 온 나를 '아이고, 이게 누구여? 복순이 아닌가

베.' 금방 알아보며 끌어안았습니다. 살아있으면 올 것인데 복순이는 산에서 죽은 것이라고, 이 세상에 없는 것으로 여겼던 내가 나타나자 눈물을 글썽이며 반가워했습니다. 그 후로 1년에 한두 번씩 올 때마다 이 사람 어머니는 산나물도 주고 콩, 팥 등 밭곡식을 두어 됫박씩 싸서 들려주곤 했습니다. 그런 어머니가 몇 년 전에 떠나셨어요. 인정이 많고 순박한 우리나라 여성의 전형이었습니다."

어느덧 차가 뜰 안에 들어갔다.

처녀 빨치산 이복순

우리는 따뜻한 방에서 많은 이야기를 나누었다.
"복순 동지, 살아온 경위를 간략하게 들려주시지요."
"나야 내놓을 만한 게 별로 없어요. 고향은 전남 보성군 희천면 회동리고요. 아버지는 이동조, 어머니는 변대아, 두 분은 7남매를 두었는데 그 중 넷째로 1930년 11월 15일에 태어났습니다. 오빠 이남현은 일제 때 반일 사상을 가지고 있었어요. 한번은 오빠와 둘이 시골 길을 걸어가는데 오빠가 '우리는 유구한 역사를 가지고 있는 민족이다. 옛날에는 우리나라 학자들이 일본에 가서 글도 가르쳐주고 낙후한 일본 문화를 발전시키는 데 크게 이바지했다. 그런데 현대에 와서 일본이 강해지자 이조왕조를 무너뜨리고 우리나라를 식민통치하고 있다. 애국자들은 일본의 지배로부터 나라를 찾기 위해서 일제와 싸우고 있다. 특히 백두산에서 김일성 장군의 독립군이 일본군과 싸워서 매번 이기고 있다는 소식이 들려오고 있다. 우리나라는 독립이 된다.' 나는 오빠 말씀에 큰 충격을 받았습니다. 일제가 가르치는 대로 국사는 일본 국사요, 국어는 일본어로 알고 있었거든요. 오빠는 '지금 들려준 내용을 어느 누구에게도 말하면 안 된다. 놈들의 귀에 들어가면 오빠와 너는 감옥으로 간다. 알겠지?' 말이 번져서 불상사가 일어나지 않도록 그 점을 몇 번이나 강조했고, 나 또한 입을 다물겠다고 다짐했습니다. 해방이 되고 나서야 언니들에게 오빠가 독립군 이야기를 하더냐고 물었더니 다 못 들었대요. 내가 공부도 잘하고 미더웠던지 나에게만 들려주었어요. 오빠는 형제 중에서도 나를 제일 사랑했어요. 나는 해방 전 1945년 봄에 광주사범학교에 입학했습니다. 해방 후에 오빠로부터 영향을 받은 나는 민주학생동맹에 가입했어요. 학습도 하고 삐라도 붙이고 다녔습니다. 1946년 11월 3일 학생 시위대에 미군이 발포하여 정신없이 도망가다가 굴다리에서 체포되었어요. 한동안 유치장 생활을 했습니다. 1947년에서 1949년까지 학생위원장으로 있었구요. 학교 측에서는 나를 위험분자로 지목하고 있었는데 그래도 1949년 가을에 모교인 보성군 희천초등학교 선생으로 발령했어요. 아이들을 가르치다가 6.25를 맞이했습니다. 남현 오빠는 전남도당 연락부장으로 계시다가 광주 감옥에서 학살당하셨어요. 전쟁 전 전남도당 위원장 김선우 동지와 오빠는 친한 친구 사이라 자연히 나도 알게 되었구요. 보성이 해방되자 나는 광주 전남도당에 김선우 동지를 찾아갔습니다. 무척 반가워 하셨어요. 나를 도당 당증과에 배치하데요. 9.28후퇴 시에 도당 동지들과 함께 무등산으로 해서 백아산에 입산했습니다. 산에 있을 때도 도당 소속 비서로 있다가 백아산을 거쳐서 지리산으로 갔습니다. 전남에서는 의무 일꾼을 양성하기 위해서 의과 대학을 신설했는데 김제정 동지가 학장으로 계셨고 학생은 20여 명이 있었습니다. 나도 의대학생으로 공부하다가 1952년 2월에 체포되었어요. 군 법정에서 7년형을 언도받고 1959년 12월 25일에 석방되었습니다. 그때까지 나를 기다리고 있던 조기동과 결혼해서 아들 둘, 딸 둘을 낳아서 다 여의었네요."

    이복순 동지의 한 생애를 어찌 다 이곳에 쓸 것인가. 오후 세시쯤 정부영으로부터 유원지로 오라는 연락이 왔다.

소총으로 미군비행기를 떨어뜨리다

김은정이 차를 몰고 민박집을 떠났다. 정부영은 눈이 쌓여 있어서 백아산 상봉에 못 오르고 기세문 동지와 먼저 내려왔단다. 차 안에서 3,40분 기다리는데 영승 동지와 영진이 왔다. 상봉에서 김영승 선생으로부터 부대 배치며 여러 전투, 마당바위 낭떠러지에 놈들이 동무들을 떨어뜨려서 학살한 만행과 밥을 해먹던 약수터 등 많은 이야기를 듣고 빼어난 백아산을 카메라에 담아왔다고 했다. 우리는 다음 목적지 하늘바위 밑에 갔다. 차에서 내린 김영승 동지는 입을 열었다.

"저 평평한 곳에 미군 비행기가 떨어졌답니다. 여기서 꽤 떨어져 있는 곡성 매봉 고지에서 위이종 동지가 기총 사격을 하며 훑고 다니는 적기를 몸을 드러내놓고 유인했답니다. 미군 비행사는 위이종 동지를 발견한 듯 기총 사격을 하며 맞바로 하강하는데 동지는 적기를 올려다보면서 소총을 갈겼대요. 용케도 그 총알이 미군 비행사를 뚫어버린 것인지, 갑자기 미군기는 균형을 잃고 빙글빙글 돌다가 저곳에서 박살이 났습니다. 동지들은 만세를 부르며 내려와서 기관포 6문에 실탄 등 군수품을 지고 백아산으로 올라 갔구요. 그날 밤 사령부와 무장부대는 물론 주변의 기관 동지들 투쟁 인민들이 모여서 모닥불을 피워 놓고 걸판지게 오락회를 가졌답니다. 남조선 빨치산 투쟁에서 비행기를 잡은 것은 처음이고 전남밖에 없습니다."

영승 동지의 말 속에 자랑이 진하게 묻어 나왔다. 듣는 것만으로도 통쾌했다. 그 놈의 미군 비행기에 얼마나 당했던가.

전남 도사령부가 있던 갈갱이 부락

우리는 도사령부가 있던 갈갱이 부락에 갔다. 화순군 북면 노치리 옛

이복순 선생이 전남도당 사령부가 있었던 옛집 마루에 앉아 당시를 회상하고 있다.

집은 타버리고 새로 지은 집들이지만 작고 십여 채가 다닥다닥 붙어 있었다. 사립문도 없었다. 영승 동지는 어느 집 뜰 안에 들어가서 주인을 찾았다. 노인이 나왔다. 서로가 반갑게 인사를 했다. 뒤따라온 이복순 동지는 아이 때부터 아는 사이란다. 전남도사령부가 이 집에 있었는데 함께 살았다고 한다. 부사령관 연락병 김규환 별명 똘똘이가 자신의 오발로 절명해서 동무들이 마을 위쪽에 묻었는데 지금까지 노인이 보살피고 있단다. 우리는 소년병의 묘를 찾아갔다. 고목 밑에 묘가 있는데 묘하게도 고목 뿌리가 굽어서 묘를 안고 있었다. 정부영은 과일을 놓고 잔에 소주를 따랐다. 우리는 절을 했다. 어찌 소년병 한 사람에게 올리는 절일 것인가? 백아산에서 전사한 동지들을 추모하는 절이었다. 눈이 펑펑 내렸다. 옛날의 해방구에서 퍼붓는 눈을 맞으며 내려왔다. 빨치산 같아 사진을 찍었다. 우리는 이복순 동지를 따라서 어느 집 뜰 안으로 들어갔다.

사람을 찾았으나 아무도 없었다. 복순 동지는 주인 없는 집 마루에 걸터앉아서 설명을 했다.

"우리 사령부가 아까 그 사람 집에 있다가 이 집으로 옮겨 왔습니다. 지금은 집이 몇 채 안됩니다만 그 당시에는 큰 부락이었어요. 그 중에서도 이 집이 제일 컸구요. 위아래에 집 두 채가 있었습니다. 나는 여맹 일도 도와주었지만 해방구라 학교에 못가는 아이들을 모아 놓고 수준에 맞게 가르쳤습니다. 마을 여성들로부터 사랑을 많이 받았지요. 앞에 공터가 있잖아요. 전남도당 선전부와 출판부가 함께 있던 집턴데요. 내가 사 놓았습니다. 아담하게 집을 지어놓고 이따금씩 동지들과 함께 와서 옛 추억을 더듬으며 쉬었다 가려고 마음먹은 것이 무릎 관절로 걸음을 잘 못 걷고, 나이 먹어서 이젠 틀린 것 같습니다."

지난날의 여성 빨치산, 팔십이 넘은 이복순 동지는 길게 숨을 내쉬었다. 날씨가 찬데 한마디라도 놓칠세라 카메라를 맞추고 있던 김영진은 복순 동지가 말을 마치자 공터로 뛰어갔다. 이곳 저곳 구석진 곳까지 찍고 동구 밖에 나가서 마을 전체를 카메라에 담았다. 우리는 갈갱이 마을을 뒤로 하고 떠났다. 날이 저물어 가고 있었다. 최공식 동지에게 전화로 한 시간 후에 도착한다고 알렸다. 동지들과 함께 한 동안 인민의 품에서 아이들을 가르치며 행복했던 빨치산 해방구를 둘러보고 가는 이복순 동지는 처녀 시절로 돌아간 듯 노래를 불렀다. 나이답지 않게 목소리가 고왔다. 한 곡 더 들려달라는 부탁에 스스럼없이 또 노래를 불렀다. 절창이었다. 이야기도 하고 시간은 느낄 탓인가 금세 법성포를 지난 차가 마을로 접어들자 마중 나온 최공식 동지가 손을 흔들었다. 동지를 차에 싣고 홍농 어느 식당에 들어갔다. 저녁을 먹고 최공식 동지의 집에 왔다. 혼자 사는 집인데 깨끗했다. 우리가 온다고 낮에 사온 횟감을 푸짐하게 내놓았다. 막걸리 잔을 돌리며 이야기를 나누다가 술상을 치우고 대담을 했다.

김영승 선생이 백아산 상봉에서 치열했던 이 지역 투쟁에 대해 설명하고 있다.

최공식 동지

"최 선생님! 살아오신 이야기를 간략하게 들려주시지요." 정부영이가 입을 열자 최공식 동지는,

"나야 징역만 살았지 한 일이 없어요. 고향은 전남 영광군 홍농읍 칠곡리구, 아버님은 최영홍, 어머님은 황판덕 이신데 6남매 중 둘째로 1925년 9월 27일에 태어났습니다. 그때 홍농에도 4년제 보통학교가 있었어요. 1938년 봄에 4년을 마치고 법성포 보통학교에 가서 1940년에 졸업을 했습니다. 그 당시 조선 아이들은 태반이 학교에 못 갔어요. 공부는 어지간히 했습니다만 중학교는 엄두도 못 내고 친구 소개로 대전구옥 오복점 점원으로 취직했습니다. 주판을 놓고 구구단을 하기 때문에 점원

으로는 부족함이 없었어요. 1944년 10월 아버님의 부름에 고향으로 내려올 때까지 착실하게 일했습니다. 돈도 좀 저축하구요. 그 해 11월에 장가가서 농사짓고 살았어요. 아들 둘을 두었는데 그 애들을 생각하면 가슴이 아픕니다. 가르치지 못했거든요. 8.15 해방 후 치안대에서 활동했습니다. 1947년 10월 이후에 선이 끊어졌어요. 1950년 7월 23일 홍농 경찰이 도망가면서 면 청년들을 차에 싣고 갔습니다. 영광과 장성 사이에 있는 태평산에서 세 명이 도주했어요. 면에 갔더니 면 인민위원회 토지개혁부서에 배치하데요. 열심히 일했습니다. 그러다가 젊기 때문에 인민군대 의용군에 지원했습니다. 나주 훈련소에서 열병에 걸려 부득이하게 고향으로 왔습니다. 치료 중에 9.28을 맞이했어구요. 몸이 회복되자 홍농 유격대에서 활동했어요. 1951년 3월 13일에 경찰이 홍농에 들어왔고 그 날 유격대가 해산되었습니다. 나는 친척의 주선으로 면서기로 일했는데 그 해 8월에 홍농 사건이 있었습니다. 경찰 한 사람이 가공리 일대의 자수자 30여 명을 학살했어요. 그 자가 체포되어 유치장에 갇히자 반동들이 보복으로 자수자들을 조사했습니다. 나를 반동 숙청에 억지로 연관시켜서 영광경찰서로 넘겼고 조서 작성 후에 광주형무소로 보내졌습니다. 1951년 12월 재판에서 구형 사형에 언도 무기를 받았는데 이명준 동지의 권유로 상고를 포기했습니다. 1952년 3월에 인천형무소로 갔다가 52년 9월에 대전형무소로 왔구요. 1960년 장면 정권 때 20년으로 감형되었습니다. 68년 목포형무소로 갔다가 69년 3월에 다시 대전형무소로 이감되어 특별사에서 1971년 10월 1일에 출소했습니다. 1977년 전향을 안 했기 때문에 감호처분을 받고 재구금되었으며 천하의 악법 사회안전법이 철폐되어 청주보안감호소에서 1989년 9월 6일에 출소했습니다. 줄곧 이 집에서 살았어요. 나야 감옥에서나 사회에서 별로 한 일이 없습니다. 그렇지만 내 나이 88인데 돌아보면 흐뭇합니다. 나는 온전히 동지들의 품에서 동지들과 함께 바른 길을 걸었거든요. 조국의 미래도 밝지 않습니까?"

최공식 동지의 말이 끝나자 나는 정부영에게 겸손하게 말씀했지만 대가 바르고 성실하고 정이 많아서 동지들로부터 각별히 존경을 받는 선생이라고 가만히 들려주었다.

기세문 동지

"다음은 기세문 선생님 차례입니다. 최 선생님은 좀 길었어요. 약력을 간략하게 말씀해 주시지요."

정부영이 입을 열자,

"그럽시다. 나는 1934년 1월 20일 광주시 광산군 임곡동 성안에서 태어났습니다. 1947년에 임곡초등학교를 졸업하고 1950년에 광주사범 병설 중학교를 졸업, 1953년에 광주사범학교(지금의 광주교육대학교)를 졸업했습니다. 1953년에서 1956년까지 교직생활을 했구요. 1956년에 친구들과 조국평화통일동지회라는 조직을 결성하고 평화통일 선언문, 우리 민족의 살길 등을 써서 광주시내에 뿌렸습니다. 그때만 해도 평화통일이라는 말을 남쪽에서는 들어보지 못한 시절입니다. 끓어오르는 분노와 젊은 열정으로 겁 없이 활동했어요. 1956년 8월에 저들에게 체포되어 2년 형을 받고 비전향 동지들이 계시던 특별사에서 감옥살이를 하다가 1958년에 만기출소 했습니다. 고향으로 가서 〈씨 뿌리는 학원〉이란 간판을 걸고 야학을 운영했어요. 4.19 때 광주에서 투쟁에 참여했고 1961년 2월에 민족자주통일중앙회 대의원으로 있었습니다. 1968년에 통일혁명당 조직원으로 활동했구요. 1971년에 체포되어 호남지역책 대리라고 서울지법에서 사형을 언도하데요. 대법에서 15년으로 확정되었습니다. 1986년에 비전향으로 만기 출소했습니다. 그 해에 자연건강원 생수단식원을 개설했지요. 1990년에 민자통 중앙회의 공동의장, 광주 전남의장으로 활동했고, 1995년에 빨치산 유치지구 사령관 윤기남 선생 장례식 집행 관계로 구속되었고 2000년에 백운산 전적비 사건으로 체포되었다가 집행유예로 풀려났습니다. 그 해에 광주전남 양심수후원회 회장, 출소 장기수 후원회 '통일의 집' 대표, 조국통일범민족연합남측본부 고문, 광주전남의장대행을 했어요. 내가 쓴 책은 〈산골의 노래〉, 어린이 시집 〈사랑과 규율의 가정교육〉, 중역 〈깊은 밤의 횃불〉, 넌픽션 〈꽃 안 핀 봄〉, 옥중 시집 〈자연의 힘으로 병이 낫는다〉, 〈세계의 단식 건강법〉 편역, 〈과도기의 론저 – 우리 민족의 살 길〉과 옥중시집 〈어머니 조국〉은 출판 준비를 하고 있습니다."

"기혁에 대해서 말씀해 주시지요."

나의 요청에 기세문 동지는 가슴에 묻고 있는 자식이 떠오르는 듯,

"그 애가 조선대의대 4학년 때 5.18 항쟁이 있었습니다. 학생운동을 했거든요. 어느 날 무등산에서 시체로 발견되었습니다."

몇 마디 하고는 입을 다물었다. 얼마나 아플 것인가? 기혁은 5.18묘역에 있다.

기세문 동지의 말이 끝나자 우리는 곧 잠자리에 들어갔다.

다음날 일찍 일어나서 이부자리를 개고 세수하고 우리는 떠났다. 홍농 초입에 있는 식당 문이 잠겨 있는 것을 보고 최공식 동지는 오늘이 일요일인 것을 미처 몰랐다고 했다. 밥집마다 문이 잠겨 있었다. 법성포로 갔다. 작은 포구로 조기를 엮어서 줄줄이 늘어놓은 가게는 열어놓았는데 밥집은 닫혀 있었다. 물어서 딱 한 곳 밥집을 찾아갔다.

"바닷가에 왔으니까 해물탕을 먹어야지."

정부영이 조기탕을 시켰다. 아침을 잘 먹고 곧 법성포를 떠났다.

피에 젖은 용천사 골짜기

김영승 동지가 앞자리에서 안내했다. 얼마를 달렸을까? 골짜기 좁은 길로 들어갔다. 용천사가 나왔다. 차에서 내리자 영승 동지가 주위를 가리키며 "여기는 참 원한이 쌓인 곳입니다. 1951년 3월 놈들의 대공세 때 불갑산에서 우리 동지들, 유가족, 투쟁 인민들 수백 명이 살해당했는데 이곳에서만 450여 명이 학살당했습니다. 증인들에 의하면 온통 시체로 뒤덮였다고 하데요. 나는 용케도 그날 빠져 나갔습니다. 누님은 다리에 총을 맞구요. 박승민 동지도 이틀 후인가 이곳에 왔는데 마치 빨래를 널어놓은 듯 시신이 사방에 널려 있었대요. 달이 밝은 밤인데 그 처참한 광경에 울었대요."

언젠가 박승민 동지로부터 들은 내용이 떠올라서 나도 한마디 거들었다.

"9.28 후퇴 후에 영광, 함평 이 지역 인민들을 2,000여 명이나 학살했습니다. 인민 학살에 대한 복수 투쟁으로 1951년 9월 28일에 전북 407연대가 영광읍과 불갑산 주변의 몇 개 면 소재지를 들이쳤습니다. 해방은 못 시켰지만 놈들에게 큰 타격을 주었습니다."

내 말이 끝나자 김영승 동지는 이 절도 그 때 놈들이 불 질렀어요. 다 타버린 절터 위에 새로 지은 집들입니다. 김영승 동지와 나, 정부영, 김영진은 산에 오르고 최공식 동지, 이복순 동지, 기세문 동지, 김은정은 세 시간 이상 여유가 있기 때문에 바닷가를 둘러본다고 했다. 절에서 3-400미터 올라가자 철모, 나무로 만들어서 칠한 소총, 물통, 고무신짝 등이 바위에 걸려 있었다. 큰 바위 전면에 총탄 자국이 벌집처럼 패여 있었다. 한 눈에 격전지였음을 알아볼 수 있었다. 김영승 동지는,

"나주로 빠져나간 무장부대 30여 명은 참모장 동지의 인솔 하에 이곳에 와서 불갑산 탈환 작전을 수행하다가 거의 전원이 전사한 곳입니다."

김영승 동지의 설명을 듣고 있던 우리는 바위의 총 자국을 만져보면서 동지들을 추모했다. 그곳을 뒤돌아보며 떠났다. 꽤 가파른 곳으로 숨차게 올라갔다.

소총과 석전으로 적을 매번 물리친 천연의 요새

산상에서 김영승 동지가 설명을 했다.
"불갑산으로 입산한 분들은 3,000여 명이 넘는데 무장은 고작 5-60정에 불과했습니다. 이 능선은 양 측면이 급경사라 마치도 성벽처럼 방어하기는 좋고 적의 공격은 어려운 지형적 조건을 갖추고 있습니다. 우리 무장부대는 능선을 따라서 배치되었고 지휘부는 중간에 있었습니다. 여기서 여러 번 전투가 치열했어요. 동무들은 적을 접근시켜 놓고 묘준사격에 큰 돌을 굴려서 물리쳤습니다. 그런데 밑에서 말한 바와 같이 1951년 3월에는 무력이나 수적인 면에서 우리 무장보다 몇 십 배나 되는 적들이 공격해 왔습니다. 우리 부대가 인민들 때문에 먼저 철수하지 못하고 목숨을 내놓고 싸웠습니다만 많이 전사하고 남은 동무들이 당과 기관동지들을 호위하고 나주로, 유치지구로 빠져나갔습니다."
김영승 동지는 당시의 처절했던 정경이 떠오르는 듯 얼굴이 찌그러졌다. 우리는 불갑산 빨치산이 수없이 다닌 능선으로 십리쯤 걸은 것 같다.

학살지 1

앞서 가던 영승 동지가 걸음을 멈추었다.
"여기서 2010년에 과거사 진상규명위원회가 유골 154구와 유품 수백점을 발굴했어요. 나도 발굴 작업에 참가했고 비디오 카메라에 담아놓았지만 예산 관계로 중단했습니다. 주로 아이들의 뼈와 여성들의 뼈가 많았어요."

학살자들은 사람이 아니다. 아이들과 어머니들이 무슨 죄가 있어서 구덩이에 넣어놓고 살해했는가? 놈들의 용서할 수 없는 범죄행위를 기록에 남기고 돌에 새겨서 영원히 후대들에게 알려야 한다. 우리는 묵념을 올리고 떠났다. 오른쪽에 용천사 옆 인민의 시신이 널려 있었던 골짜기가 내려다 보였다. 부글부글 끓었다. 산을 내려오면서 정부영이 김영승 동지에게 불갑산에 얽힌 아름다운 이야기를 들려주시라고 한마디 했다.

"많을 텐데 무장부대에 있지 않아서 특별히 기억나는 것이 없구만. 시신 발굴 작업을 하면서 유가족으로부터 들은 이야기인데 학살지에서 엄마는 죽고 아기가 강보에 쌓인 채 살아 있었대요. 불갑산을 빠져나가던 동무들이 아기를 안고 가다가 불갑산 골짜기 첫 번째 부락 어느 집에 맡겼는데 부락 인민들이 돌아가면서 키웠답니다. 어려서 성을 모르는 아이로 불렸답니다. 지금 서울에 산다는데 아직 못 찾았어요. 그 날 적의 포위망이 좁혀지자 여성 동무들이 치마폭에 돌을 싸안고 호수에 몸을 던졌답니다."

감옥에 있을 때 장씨 성을 가진 장성 동지로부터 들은 내용이 떠올라서 나도 한마디 했다. 어느덧 광한리 마을에 이르렀다. 김영승 동지가 입을 열었다.

"저 밑에까지 모두 해방구였어요. 이 마을에 함평 군당이 있었습니다. 그날 밤 12시에 적군 1,500여 명이 들어오고 있으니 산으로 이동하라는 지휘부 지시가 왔고, 2시에는 적군 1,500명이 아니라 2,000명이 오고 있다. 빨리 불갑산을 빠져나가라는 지시문을 가지고 내가 이곳에 왔습니다. 대밭 아랫집에 군당이 있었어요. 그때까지 오락회를 하고 있데요. 술 한 잔씩 걸치고요. 나는 네포를 전달하고 나왔는데 동지들은 굼뜨게 움직이다가 적의 기습을 받고 거의 다 희생되었답니다."

구름이 잔뜩 끼여 있고 빗방울이 떨어졌다. 아픔은 쌓여만 갔다.

학살지 2

우리는 두 번째 발굴 작업을 했던 곳으로 골짜기를 타고 올라갔다. 가시밭길이었다. 인민들이 줄줄이 묶여서 걸어갔던 그 길로 30여 분 올라가자 평평한 곳에 땅을 파헤친 장소가 나왔다.

"이곳에서 유골 5,6구와 유물 수백 점이 나왔습니다. 학살당한 수백 명이 이미 흙으로 변했대요. 호를 따라서 까만 흙이 나왔습니다."

김영승 동지가 설명을 했다. 우리는 구덩이 안에 들어가 보고 사진을 찍었다. 김영진은 훗날 장소를 정확하게 찾을 수 있도록 주위를 카메라에 담았다. 인민들, 아기들까지 구덩이에 처넣고 학살하는 장면을 상상하며 묵념을 올렸다. '천하에 악독한 놈들' 되돌아 내려오면서도 말을 잃었다. 정부영이 은정이에게 오라고 연락을 했다. 큰 길에 나와서 우리는 차에 타고 식당에 갔다. 오도치 이 마을도 그 때 놈들이 불을 질러서 한 채도 없이 다 탔는데 그 후에 지은 집들이라고 영승 동지가 설명을 했다. 폐교 한쪽을 개조한 식당인데 산나물 등 음식이 깔끔했다. 늦은 점심을 먹고 떠났다.

학살지 3 해보면 산내리 입구

재를 넘어서 차가 오른쪽 공터로 들어갔다.

"여기도 무고한 인민을 놈들이 학살한 곳입니다. 땅을 파서 구덩이에 몰아넣고 살해한 것이 아니라 평지에서 기관총으로 학살하고 시신을 쌓아 놓고 휘발유를 부어서 태워버린 곳입니다. 몇 년 전까지 잡초만 우거져 있었는데 지금은 주차장으로 활용하고 있어요. 골짜기 건너 능선에도 100명이 넘게 살해당한 학살지가 있습니다. 요 밑에 저수지가 있는데요. 6.25 당시에 놈들이 우리 동지들을 수장했답니다."

아! 능선마다 골짜기마다 피에 젖은 불갑산!

"당시에는 산내리 이 골짜기가 해방구였어요. 지방 인민, 투쟁 인민, 면암면당, 해보면당, 장성 3개 면당이 있었고 불갑지구당 연락 분트가 있었습니다. 여기에 있을 때 특히 기억에 남는 것은 각 면당에 생산유격대가 있었는데 총은 고작 3,4정뿐이고요, 못 쓰게 된 총신을 잘라서 개머리판을 만들고 못 토막을 중간에 고정시킨 고무줄을 달아놓은 총이 2-30 정이 있었어요. 총알을 총신에 박고 고무줄을 힘껏 당겼다가 놓으면 못 토막이 뇌관을 때려서 총알이 나가는데 멀리는 못가도 총알이라 맞으면 사람이 죽습니다. 총을 쏘고는 철사를 거꾸로 넣어서 탄피를 빼기 때문에 시간이 좀 걸리지만 2-30명이 함께 쏘면 기관총처럼 총성과 위력이 대단했습니다. 놈들이 왔다가도 총성에 겁을 먹고 골짜기 안으로 들어오지 못했어요."

김영승 동지의 설명을 듣고 우리는 떠났다. 위로 문장면 소재지에서 기세문 동지와 이복순 동지가 광주행 버스를 타고 떠났다. 우리는 호남고속도로를 타고 일요일인데 차가 막히지 않아서 8시 전에 서울에 도착했다. 김영승 동지, 정부영, 김영진, 김은정이 수고했다. 집에 와서도 불갑산에서 커진 응어리와 아픔이 가시지 않았다.

전남 전적지 2(유치지구, 백운산)

출 발

    2012년 3월 17일 오전 7시에 양재 구민회관 앞에서 박정덕 동지, 나, 정부영, 김영진이 출발했다. 김은정은 한 시간 가까이 늦을 것 같은데 고속버스로 내려가다가 도중에서 만나자고 했다. 하늘에 구름이 잔뜩 끼어 있었다. 오늘 내일 비가 온다는 일기예보가 있었지만 높은 산은 오르지 못할 것이고, 계획하기가 수월한 것이 아니라서 그냥 답사를 떠나는 길이었다. 정부영은 전화로 손경수 동지에게 주소를 물어서 길 안내판에 입력시키고 차를 몰았다. 김은정으로부터 전화가 왔다. 광주 버스표가 매진되어 전주행 버스를 탔단다.
    박정덕 동지가 배낭에서 책 한권을 꺼내 주었다. 꽃이 그려 있고 〈바람에 꽃잎은 져도〉 '박정덕 저' 라는 표지가 눈에 들어왔다. 첫 장을 넘겼다. 글도 잘 못 쓰고 큰 공로가 있는 것도 아니지만 흔적을 남기고 싶어 글을 썼다는 대목에서 시선이 멈추었다. 20대 초반에 입산하여 깊은 낭떠러지에 굴러 떨어져서 불구된 몸으로 징역을 살고 재혼하여 아들, 딸을 낳아서 키웠지만 말년에 의지할 곳 없는 노파와 함께 봉천동 공영주택에서 살아가고 있고 요즈음은 날마다 노인정에 나가서 붓글씨를 익힌다고 한다. 박정덕 동지의 생애가 떠올라서 아파왔다.

　차는 어느덧 논산에 접어들었다. 손경수 동지와 오영애 동지가 큰 길가에 나와 있었다. 오영애 동지만 차 안에 들어오고 건강 때문에 함께 못 가는 손경수 동지는 딸기 한 상자를 밀어넣었다. 무정한 차는 동지만 떼어놓고 속력을 냈다. 함께 가면 좋을 것을. 전주에 갔다. 김은정이 먼저 와 있었다. 솔개가 참새를 채 듯 차에 싣고 떠났다. 광주에 갔다. 이복순 동지가 반가워했다. 기세문 동지도 오고. 아직 점심이 이르지만 음식 잘하는 식당이 근처에 있는데 먹고 가자고 이복순 동지가 이끌었다. 우리는 식사를 마치고 곧 떠났다.

유치지구

　유치지구에 들어갔다. 첩첩산중이었다. 산이 높지 않지만 겹산에 사방으로 능선이 뻗어 있었다. 장흥군, 나주군, 해남군 경계에 자리 잡고 있는 유치지구는 바닥이 넓어서 적들이 공세를 취해도 7개 면이 짜고 함께 들어와야지 제각기 들어오면 이리저리 빠져서 말짱 헛일이라고 들었다. 소부대가 유격전을 하기에 좋은 지형적 조건을 갖추고 있었다. 임진조국전쟁 당시에 의병이 싸웠고 갑오농민전쟁 시기에 농민군이 싸웠으며 이조 말엽에 의병이 싸운 곳이다. 애국집안의 후손인 정길상 선생이 있었으면 이 지역 유적지에 가서 설명을 듣고 조국을 지키기 위해서 목숨을 바친 선열들의 애국의 혼과 숨결을 느낄 수 있었을 것인데 외국에 나가 있어서 아쉬웠다.

청주보안감호소에서 함께 살았던 윤기남 동지가 떠올랐다. 86세라 살아 있을 나이인데 암으로 20여 년 전에 돌아가셨다. 유치지구 사령관으로 있었던 윤기남 동지가 함께 왔으면 많은 이야기를 들려주었을 것이다. 안개가 상봉을 가려버린 화학산에 윤기남 동지의 모습이 어려 왔다. 차는 고개를 넘어서 내려갔다. 오영애 동지가 차를 세웠다.

500여 명이 살해당한 화학산 전투

"여기 같은데 전에 없던 저수지가 생겨서 그런지 헷갈리네요. 아닌 것도 같고요. 제가 1951년 3월 공세 때 여기서 발에 부상을 당했습니다. 우리는 쫓겨서 이곳에 왔는데요. 능선에 있던 군인들이 집중사격을 했습니다. 총알이 비 오듯 날아왔어요. 순간 엎드렸어요. 어찌나 무섭던지 죽는 줄 알았습니다. 몇 분은 이곳에서 희생당하고 많은 분들이 오른쪽으로 빠져나갔습니다. 뒤처진 우리 몇 사람은 왼쪽으로 이 산을 돌아나갔어요. 먼저 간 동지들은 다 죽고 우리만 살아남았습니다."

열여섯 어린 시절에 빨치산 활동을 했던 유치지구. 동지들이 돌아가시고 자신이 부상당한 곳을 61년 만에 찾아온 오영애 동지는 그 옛날이 떠오르는 듯 눈가에 이슬이 맺혀 왔다.

"3월 공세 때 군경이 얼마나 동원되었는지는 모릅니다만 아무튼 수천 명의 무력이 유치지구를 에워싸고 포위망을 좁혀왔습니다. 마치 토끼몰이를 하듯 이 화학산에 몰아넣고 살해했습니다. 500여 명의 동지들이 희생되었답니다."

오영애 동지가 설명을 마치자 우리는 묵념을 올렸다. 화학산을 배경으로 사진을 찍었다. 화학산 상봉에 올라가면 좋을 것을. 아쉬움을 남겨

두고 떠났다.

의무과 트

오영애 동지가 위생병으로 환자들을 치료했던 골짜기로 차를 몰았다. 화학산에서 멀지 않은 곳이었다. 차에서 내린 오영애 동지는 사방을 둘러보았다.

"이상한데. 층층에 다랑논이 있고 내도 이보다는 넓은 것 같아요."

기억과 현실이 다른 듯 위아래를 다니며 살펴보았다. 십년이면 강산이 변한다는데 어찌 60년 전 그대로 있을 것인가.

"아! 비자나무가 있네요. 여기가 맞아요. 위 골짜기에 의무과 트가 있었어요. 우리는 사업나갈 때마다 저 비자나무 밑으로 다녔어요. 화학산에서 부상당한 이야기를 했습니다만 총에 맞은 나를 오십대 아저씨가 업고 위험지구를 빠져나갔습니다. 낮에는 숨고 밤으로만 멀리 돌아서 3일 만에 이곳으로 왔어요. 나는 부상당한 그날 아저씨가 아니었으면 죽었을 것입니다. 밥도 못 먹고 지쳐 있는데도 늘어진 나를 업고 치료할 수 있도록 의무과 트까지 업어다 주신 성도 이름도 모르는 아저씨가 이따금 눈물이 나게 회상됩니다. 아저씨는 세상에 안 계시겠지요. 나는 다행히 경상이라 언니들의 지극한 간호로 10여 일 만에 완치되었습니다. 밥도 하고 후방사업을 도우면서 언니들로부터 환자 치료하는 방법을 배웠어요. 의무과 소속 간호원으로 잡힐 때까지 일했습니다. 1951년 여름에 의무과 트에만 30여 명의 열병 환자가 있었습니다. 미국놈들이 세균을 뿌려서 수많은 동지들과 인민들이 죽어갔어요. 마파싱은 지하선을 통해서 입수했고 증류수를 구할 수 없었던 우리는 큰 용기에 물을 종일 끓여서 그 물로 증류수를 대신했습니다."

여성 빨치산 이복순 동지와 박정덕 동지는 앞서서 듣고, 어둠발이 골짜기에 드리웠다. 대담을 마친 김영진은 주위를 카메라에 담느라 바쁘게 움직였다. 우리는 골짜기를 빠져나왔다. 조선반도 남단에 있는 유치지구는 외래침략군이 조국을 유린할 때마다 애국 인민의 거점으로 적들과 최후 결전을 전개한 곳이다. 선열들이 묻혀있고 애국의 얼을 대대로 이어가는 곳. 유치지구를 뒤로 하고 차는 광주로 달렸다. 이복순 동지의 집에 갔다. 정성껏 차린 저녁을 먹고 차분하게 앉아서 정담을 나누고 싶었지만 내일 일정 때문에 곧 세 개의 방으로 나누어 들어갔다.

오영애 동지의 이력

나와 영진은 오영애 동지와 대담을 했다.
"오영애 동지의 경력을 간략하게 말씀해 주시지요."
"제 고향은 전남 남해군 계곡면 법곡리고요. 아버님은 오용기, 어머님은 현남순, 1935년 4월 29일이 생일입니다. 오형제 중 장녀로 태어났어요. 학교는 집안 형편으로 얼마 다니지 못했습니다. 소학교 4년 중퇴를 했어요. 1950년 우리 고향이 해방된 후 9월에 계곡면 면 여맹에 나가서 일을 도왔습니다. 10월 말에 유치지구에 입산했고 후방부 보급과에 배치되었습니다. 저는 일찍감치 열병에 걸렸는데 용케도 살아남았어요. 그리고 낮에 말씀드린 바와 같이 1951년 3월 화학산 공세 때 부상을 당했구요. 4월에 유치지구 의무과 소속 간호사로 9월까지 활동하다가 10월 1일에 지리산으로 떠났어요. 지리산에 가서도 도의무과에 배치되어 간호사로 환자들을 치료하다가 12월 공세 때 12월 15일 수도사단 군인들에게 체포되었습니다. 12월 18일에 광주수용소로 수송되었어요. 1952년 7월 고등군법회의에 회부되어 7년형을 받았습니다. 광주 감옥에서 대전 감옥을 거쳐 전주 감옥으로 갔습니다. 전주에서 2년을 살고 경북 안동 감옥으로 갔어요. 1959년 1월 말에 안동 감옥에서 만기 출소를 했습니다.

저는 감옥에서 컸습니다. 수준 높은 선배 동지들, 언니들로부터 이론 학습은 물론 국어, 수학, 역사, 지리 등 여러 과목을 배우고 익혔습니다. 소학교도 못 나온 저에게 감옥은 학교요, 제 인생의 기초를 구축한 도장이었습니다. 출소 후 고향에 갔다가 4월에 서울로 갔지요. 만기가 엇비슷한 언니들의 주소를 기억하고 있었기에 수소문해서 찾았습니다. 존경하는 선배 동지의 도움으로 제품공장 시다로 들어갔어요. 그 후 보세공장 등 밑바닥 일을 닥치는 대로 하다가 언니의 소개로 대전 감옥에서 얼마 전에 출소한 손경수님을 만나게 되었고 1964년에 동지와 결혼을 했습니다. 딸 하나를 두었는데 시집보내고 논산에서 둘이 살고 있습니다."

"간단하게 들려주셨네요. 여사(女舍) 생활도 궁금하고 묻고 싶은 내용이 많습니다만 시간이 없어서 뒤로 미루고 이만 끝냅시다."

우리는 대담을 마치고 거실로 나왔다. 정부영은 고단했던 것인지 드렁드렁 코를 골고 있었다. 나도 곧 잠에 떨어졌다.

오영애 동지의 고향, 그리고 아버지와 어머니

다음 날 아침에 눈을 떴을 때는 일찍 일어난 여동지들이 식사준비를 끝낸 후였다. 얼른 식사를 마치고 정부영은 여동지들이 얼씬도 못하게 혼자 설거지를 하면서 출발 준비를 하시라고 다그쳤다. 집 밖에 나갈 때는 여성들이 얼굴을 다듬고 머리빗질도 하고 남자보다 일이 많나 보다. 뒤따라 나올 줄 알았는데 주차장에서 한참을 기다려서야 아파트 출입문에 나타났다. 우리는 다시 한 번 점검을 했다.

오늘은 오영애 동지의 고향을 거쳐서 백운산에 가기로 했다. 정부영은 전남 해남군 계곡면 법곡리를 안내판에 입력시키고 떠났다. 가다가 정부영은 배를 수북이 쌓아놓은 상점 앞에 차를 세워놓고 배 한 상자 사과 몇 알에 막걸리 한 병을 사들고 왔다. 해남은 광주에서 꽤 먼 거리였

오영애 동지가 어머니 묘소에 참배하고 고향 옛집을 둘러보다.

다. 열시 반경에 계곡면 법곡리에 도착했다. 밖에서 보기에는 십여 채의 작은 마을인데 안으로 큰 집 여러 채가 대밭 속에 숨어 있었다. 1950년에는 60호가 넘는 큰 부락이었다고 한다. 오영애 동지는 말도 없이 산 속으로 들어갔다. 산모퉁이를 돌자 吳氏 문중의 묘가 나타났다. 오영애 동지가 서 있는 상석 위에 정부영이 과일을 놓고 술을 따랐다. 오영애 동지의 어머님 묘라고 했다. 우리는 절을 올렸다. 1949년에 남편을 잃고 혼자 사신 어머님. 피투성이가 된 남편 시신을 땅에 묻고 큰 딸을 감옥에 두고 어린 것들을 키우신 어머님. 직접 당해보지 않고 그 큰 고통을 누군들 헤아릴 수 있으랴.

"아버님 묘는 어디 있습니까?"

"아버님은 시신까지도 선산에 못 오시고 정상 밑에 계십니다. 멀어서 못 갑니다."

오영애 동지의 목이 메었다. 우리는 돌아나왔다. 여기까지 왔으니까 어려서 살던 집에 가보자고 오영애 동지가 앞장섰다. 대밭 속으로 뚫린 고샅길과 수백년 되어 보이는 돌담을 지나서 올라가자 큰 기와집이 보였다.

"계십니까? 계세요?"

토방에 고무신이 보이는데 사람이 없었다.

"여기가 제가 살던 곳인데 옛 집은 헐리고 새로 지은 집입니다."

"아버님에 대해서 말씀해 주시지요."

"우리 할아버님은 한학자로 당신 아들을 학교에 보내지 않고 한문만 가르쳤답니다. 학교에 가고 싶었던 아버님은 몰래 댕기를 잘라버리고 학교에 입학하셨고 워낙 완강하셔서 할아버님이 허락하셨대요. 소학교를 졸업하고 독학으로 실력을 쌓았으며 교원양성소를 나와서 소학교 선생으로 아이들을 가르쳤습니다. 해방 후 아버님은 일찍 우리 전선에 투신하셨고요. 여러 날 만에 집에, 그것도 밤으로만 왔다 가셨습니다. 1949년 정월에 아버님은 놈들의 매복에 걸려서 총을 맞고 돌아가셨어요. 당시에 아버님은 지구당위원장으로 지하사업을 하셨답니다. 세상이 엄혹한 때라 몇 분이 밤에 시신을 지게로 옮겨다가 안장하셨어요. 아버님의 활동에 대해서는 제가 어렸을 때라 자세히 모릅니다."

오영애 동지의 설명을 듣고 우리는 떠났다.

전남 빨치산 사령관 김선우 동지와 백운산

차는 백운산으로 달렸다. 가다가 점심을 먹고 백운산 한재에 도착한 시간이 3시 30분이었다. 우리는 차에서 내리자 수목장을 한 정운찬 동지와 손영심 동지가 묻혀 있는 잣나무를 찾았다. 정운찬 동지의 석관은 곧 찾았는데 손영심 동지의 석관은 주위의 나무 밑마다 헤쳐보았으나 끝내

이복순 선생이 백운산 밑에서 김선우 동지를 회상하며 당시 상황을 설명해 주었다.

못 찾고 말았다. 우리는 정운찬 동지가 묻혀 있는 곳에서 묵념을 올렸다. 기세문 동지가, "저 골짜기 좀 위에서 김선우 동지가 1954년 4월에 격전 끝에 전사하셨답니다. 기왕이면 거기에 가서 동지들을 추모할 것인데 아쉽네요." 하지 않는가. 나는 모르는 일이었다. 다시 내려가서 골짜기를 타고 그곳까지 다녀오기에는 시간이 없었다. 이복순 동지에게 "동지는 김선우 동지로부터 각별한 신뢰와 사랑을 받았다고 들었습니다. 김선우 동지에 대해서 말씀해 주시지요."

이복순 동지는 김선우 동지가 전사한 곳, 백운산 골짜기와 상봉을 바라보며 아픔이 북바치는 듯 눈가에 눈물이 고여 왔다. 백운산이 김선우 동지인 양 산을 바라보던 이복순 동지는 이윽고 입을 열었다.

"전남 동지들은 하나같이 김선우 동지는 당성이 강하고 역량이 있고 작풍이 훌륭한 당 간부요, 군사간부(도당 부위원장 및 도 유격대 사령관)

로 존경했습니다. 동지들이 지금도 만나면 화제에서 김선우 동지가 제외되는 일이 없습니다. 저는 돌아가신 윤기남 동지와 저들의 기록에 나와 있는 전사하신 장소와 시신이 묻혀 있는 묘를 찾기 위해서 백운산에 여러 번 왔습니다. 저들의 기록에 트가 발견되자 안에서 최후까지 항전했고, 트 안에 책이 수북이 쌓여 있었고 모두 수준 높은 책이었답니다. 국방군 지휘관은 김선우 동지의 시신을 백운산 상봉에 옮겨다가 고이 묻었다고 나와 있습니다. 우리는 기어이 김선우 동지가 전사하신 트 위치와 백운산 상봉에 김선우 동지의 묘를 찾았습니다. 몇 년 전에 김선우 동지의 유골을 수습하여 선산에 이장했어요."

이복순 동지가 말을 마쳤다. 저런! 김선우 동지의 묘가 백운산 상봉에 그대로 있었으면 얼마나 좋았을까? 안타까운 정서가 스쳐갔다. 기세문 동지와 그 점에 대해서 이야기를 나누었다. 일치했다.

우리는 고개를 넘어갔다. 비포장 도로 표면 위에 돌이 박혀 있어서 힘들게 내려갔다. 산자락에 구례읍이 보였다. 버스정류장에 가자 정부영이 광주행 버스표 두 장을 끊고 어느새 준비했는지 나주배 꾸러미를 하나씩 들려드렸다. 정부영의 자상하고 따뜻한 정에 떠나는 두 동지와 보내는 동지들이 좋아했다. 광주행 버스가 떠나자 우리 차는 서울로 달렸다. 날이 어두워졌다. 임실군 오류역을 지날 때 기차 습격 장면이 어제 일인 양 선하게 스쳐갔다. 논산에 가서 오영애 동지를 내려드렸다. 휴게소에 들러서 저녁을 먹고 서울에 10시경에 도착했다. 동지들과 헤어져서 3호선에 몸을 부린 나는 2차 전남전적지 답사를 돌아보았다. 500여 명이 살해당한 화학산 오영애 동지의 어머님 묘, 김선우 동지가 최후를 마친 백운산이 떠올라서 아파왔다. 이복순 동지, 오영애 동지, 박정덕 동지의 지원으로 경비에 여유가 있었으며 정부영, 김영진, 김은정의 노고 등 흐뭇한 정이 함께 흐르고 있었다.

전남 전적지 3

봉두산으로 떠나다

2012년 4월 27일 오후 5시에 마장동에서 저녁을 먹고 박정덕 동지, 나, 박소연 작가, 정부영, 김영진, 김은정이 출발했다. 박정덕 동지는 60년 만에 100여 미터의 낭떠러지에 굴러떨어져서 다리가 부러졌던 장소와 사랑하는 남편과 함께 빨치산 활동을 했던 봉두산을 찾아가는 길이라 흥분을 감추지 못했다. 약속 장소에 2시간 전에 나와 있었고 차 안에서도 호기심 많은 소연 작가의 질문에 빨치산 이야기, 고향 이야기에 감정이 흠뻑 묻어 나왔다. 날씨가 좋았다. 산 여기저기에 아카시아 꽃, 철쭉 꽃이 무늬를 박아놓은 듯 눈 안에 들어왔다. 어느덧 날이 저물어갔다. 고속도로를 달리던 차는 전남 곡성군 죽곡면으로 빠져나갔다. 정부영은 어느 여관 앞에 차를 세워놓고 안으로 들어갔다. 한참 후에 돌아온 부영은 빈 방이 없고 주인이 몇 군데 민박집을 알아보았으나 잘 곳이 없다고 했다. 여수로 갈 수밖에 없었다. 차는 되돌아나와서 고속도로를 달렸다. 30여 분 만에 여수 어느 여관에 들어갔다.

박정덕 동지의 약력

우리는 두 개의 방에 짐을 풀고 곧 박정덕 동지와 대담을 했다. 옷 매무새를 고치고 카메라 앞에 앉은 박정덕 동지에게 정부영이, "선생님이 살아오신 경위를 간략하게 들려주시지요." 하고 여쭙자,

"그러지요. 내 고향은 아까 들렀던 곡성군 죽곡면 당동리 1구고요. 아버님 박양래, 어머님 정아지, 두 분은 1남 3녀를 두셨는데, 나는 막내로 1930년 1월 25일에 태어났습니다. 내가 어렸을 때 집안 살림은 중농으로 넉넉했습니다. 죽곡국민학교에 다녔고요. 선생님이 되는 게 어려서의 내 꿈이었는데 깨지고 말았습니다.

일제 말엽에 왜놈들이 조선 처녀들을 정신대로 끌어가자 아버님은 나를 정신대에 안 보내려고 친구분 아들하고 혼인 언약을 했거든요. 해방 후에 신랑감이 일본에서 돌아왔는데 좌익 활동을 열심히 했습니다. 미군정 하에서 그 분이 피해다니자 아버지와 시아버님이 언약을 했으니 이름이라도 지어놓자고 혼인을 서둘렀고 1947년 가을에 우리는 결혼식을 올렸습니다. 내 남편은 피해다니는 몸이라 하룻밤 자고는 떠났어요.

1948년 10월 여순 군인 봉기가 있자 시숙, 남편, 오빠는 모두 입산했습니다. 그후로 남편을 찾아내라고 경찰로부터 모진 고문을 당했습니다. 추운 겨울에 지서 뜰 안에 움막을 쳐놓고 입산자 가족들을 수용했는데 그곳에 끌려가서 날마다 주먹과 몽둥이로 얻어맞았습니다. 먹지도 못하

고 거의 죽어가는 나를, 아버님은 전답을 팔아서 마련한 돈을 놈들에게 주고 꺼냈습니다.

아버님은 나를 데리고 전북 김제에 사는 언니 집에 맡겨놓고 가셨어요. 언니 집에서 또 경찰에게 잡힌 나는 전주경찰청 지하실에 가서 죽도록 고문을 당했습니다. 남편이 왔다 갔다는데 지금 어디 있는지 대라는 거예요. 악마 같은 놈들은 옷을 다 벗기고 알몸인 나를 고문 의자에 묶었습니다. 주전자 물에 고춧가루를 풀어서 머리채를 뒤로 제치고 코에 들이부었습니다. 손목을 천장에 매달아놓고 몽둥이로 치고요. 손가락 사이에 연필을 끼워놓고 비틀었습니다. 또한 자궁을 몽둥이로 짓이기고, 수치심과 그 고통을 어찌 말로 다 할 수 있겠습니까. 그뿐만이 아닙니다. 손가락 끝에 전선을 감고 전기고문을 했는데 몇 번이나 기절했는지 모릅니다. 날짜가 며칠이 지났는지 가늠이 안 가는 어느 날 유치장 간수가 나오라고 하데요. 가까스로 벽을 짚고 밖에 나갔더니 아버님이 와 계셔요. 부녀는 부둥켜 안고 울었습니다. 아버님은 또 얼마나 많은 돈을 놈들에게 주고 나를 빼냈는지 모릅니다.

봉두산 밑에서 박정덕 선생이 그 지역 유격활동에 대해서 설명하고 있다.

나는 그날로 형부 친구분 집에 가서 숨어살다가 전쟁을 맞이했습니다. 어느 날 오빠가 나를 데리러 오셨어요. 나는 고향에 가서 그리도 보고 싶던 남편을 만났어요. 많이 울었습니다. 남편은 석곡면당 위원장으로 있었고 나는 석곡면 여맹 선전부에 있다가 9.28을 맞이했습니다. 나는 남편과 함께 입산했지요. 입산 초기에는 산 밑의 마을에서 생활했어요. 여맹원들은 주로 의복을 만들어서 부대에 보냈습니다. 1950년 12월로 기억되네요.

　하루는 군여맹에서 소환장이 날아왔습니다. 군여맹에 갔더니 도당학교에 가래요. 선 요원을 따라서 화순군 평지 양지 마을에 갔어요. 당시에 전남도당이 화순군 백아산에 있었어요. 다음 날 나는 도당학교에 입학했습니다. 교수님들은 다 김일성대학 교수였어요. 영광이었습니다. 2주 동안 공부를 열심히 했습니다.

　소정의 과정을 마치고 곡성군 군여맹에 돌아오자 오곡면 여맹위원장으로 배치하데요. 말골 골짜기에 갔더니 오곡면 일꾼 네 명이 있었습니다. 그곳은 백아산에서 지리산으로 가는 길목에 있었기 때문에 말골을 거치는 동무들에게 편의를 제공하고 미제의 세균전으로 열병에 걸린 동무들과 총상 환자들을 보살피는 게 주된 임무였어요. 1951년 봄과 여름에 많은 일들이 있었습니다. 개인적으로 아이를 가졌다가 사산하기도 하고, 사업차 나오셨던 도당조직부장과 압록강 골짜기에서 함께 뛰다가 머리에 총탄을 맞고 돌아가시는 것도 목격하고 죽을 고비를 여러 번 넘겼습니다.

　1951년 12월 대공세가 시작되면서 우리에게 고통은 몇 곱으로 다가왔습니다. 식량이 떨어져서 굶주리던 우리가 곡성군당위원장 정운찬 동지의 고향인 반내골에 갔다가 기미를 챈 경찰에게 포위되어 동무들이 경사가 급한 곳으로 뛰었습니다. 나는 100여 미터가 넘는 빙판으로 굴러 떨어지다가 그만 다리가 부러졌어요. 그 날이 1952년 2월 9일로 기억되네요. 저녁에 찾아온 동무들이 나를 업고 석굴에 갔습니다. 두 끼 밥과 식량을 털어서 나에게 주고 입구를 막아버렸어요. 밥 생각은 없고 물만 먹고 싶었습니다. 그런데 이틀인가 삼일 후에 살 썩는 냄새를 맡고 온 것인지 들쥐 한 마리가 굴 안에 들어왔어요. 밥데기를 던져주면서 그놈하고 노는데 웬걸 쥐들이 떼거지로 몰려왔습니다. 밥도 식량도 쥐들이 다 먹어버렸습니다. 며칠이나 지났을까요. 밤에 의무과장하고 면민청위원장이 밥과 식량을 짊어지고 찾아왔습니다. 얼마나 반가웠는지 모릅니다. 동무들을 붙들고 울었습니다. 갈 길이 먼 동무들은 치료를 해주고 곧 떠났어요. 혼자 남은 나는 공세 때라 사방팔방에 적들이 진을 치고 있는데 그 사선을 뚫고 찾아온 동무들, 친형제인들 할 수 있겠습니까? 형제보다 더한 동무들의 뜨거운 사랑을 심장 깊이 깊이 느끼며 울었습니다. 쥐들이 이제 밤낮으로 떠나지 않고 나와 함께 지냈어요. 밥도 나누어 먹고 식량도 조금씩 나누어 먹었습니다. 먹을 것이 떨어졌는데도 쥐들이 떠나지 않데요. 가까이 오면 썩은 살을 뜯어먹을까봐 나뭇가지로 휘저었는데 나중에는 그 힘마저 없었어요. 살 것 같지 않고 쥐들도 숨 떨어지기를 기다리는 것 같았습니다. 눈을 떴다가 감고 비몽사몽하는 게 자는 거지요. 머리가 빠개지게 지끈거리는데 부모형제와 고향, 남편과 동무들이 그립고 미치게 보고 싶었습니다. 어쩌면 그렇게 목이 타던지 입술에 막이 생겨서 윗입술과 아랫입술을 붙여놓아요. 뜯어내면 또 생기고요. 더는 도저히 참을 수가 없어서 물이나 실컷 마시고 죽자고 입구를 막아놓은 큰 돌을 죽을 힘을 다해서 흔들었습니다. 돌을 허물고 기어나가서 개울물을 얼마나 마셨는지 모릅니다. 날이 희미하게 밝아오데요. 냇물 속에 대사리가 있어서 주워 먹었습니다. 죽어도 굴로 돌아가기는 싫고 기어서라도 봉두산에 갈 결심을 하고 냇가 빈집에 몸을 숨겼어요. 사람 썩는 지독한 냄새 때문에 길가던 농부한테 발각되어 그대로 경찰에게 체포되었습니다. 그날이 3월 28일. 50일간의 석굴 생활은 말이나 글로는 도저히 표현할 수가 없습니다. 너무 길었어요. 며칠 후에 다리 하나를 절단하고 감옥에서 7년을 살고 1959년에 출소했어요. 불구된 몸으로 밑바닥 생활을 하다가 재혼했어요. 영감이 몇 년 전에 죽었어요. 아들을 두었는데 생활이 어려워 함께 못 살고 봉천동 시 공영주택에서 살고 있습니다. 매일처럼 봉천동 노인복지관에 나가서 붓글씨를 익히고 있어요."
"수고하셨습니다."
모두 잠자리에 들어갔다.

박정덕 동지의 고향

4월 28일 아침에 일찍 일어나서 세수하고 출발했다. 차는 어젯밤에 왔던 고속도로를 달리다가 죽곡으로 빠져나갔다. 가게에서 사과, 배, 바나나, 술을 사고 식당에 들어가서 추어탕을 시켰는데 맛이 좋고 특히 도토리묵이 푸짐했다. 9시가 지나서 식당을 떠났다. 죽곡초등학교 운동장에 차일이 쳐 있고 고깔 쓴 풍물패가 보였다. 사람들이 웅성거리는 것으로 보아 무슨 행사가 있는 듯싶었다. 어려서 다닌 학교라 차를 세울까 하고 물었는데 박정덕 동지는 그냥 가잔다. 부영은 차를 천천히 몰았다. 산모퉁이를 돌아나가자 오른쪽으로 제법 큰 강이 흐르고 있었다. 보성강이란다. 사방이 산인데 높지 않고 운치가 좋았다. 큰 길가에 당동이라고 쓴 돌이 서 있고 차는 왼쪽으로 굽어 들어갔다. 박정덕 동지가 어려서 살던 마을이란다. 널찍한 공터에 차를 세웠다. 박정덕 동지는 차에서 내리자마자 불편한 다리에 지팡이를 짚고 부산하게 마을 위쪽으로 걸어갔다. 옛날에 쌓은 돌각담이 아직도 남아 있는 고샅길을 빠져나가자 제법 넓은 들이 나타났다. 층층이 논둑마다 돌로 쌓아놓았다. 수백 년 세월이 돌에 묻어 있었다.

"앞산 기슭에 아버님 묘가 있습니다."
박정덕 동지의 발걸음이 빨라졌다. 그런데 이게 웬일인가. 산기슭 여기저기를 다 뒤져도 박양래라고 쓰여 있는 묘비를 찾지 못했다. 김영진은 훨씬 위쪽에 가보고 아래에 내려가서 찾았지만 끝내 못찾고 말았다. 박정덕 동지는 모자를 벗고 깊숙이 절을 하면서 "아버님! 불효 여식은 여

산에서 전사한 남편의 가묘에 술을 따르는 박정덕 선생.

기까지 왔다가 아버님 묘를 못 찾고 갑니다. 살아 생전에 집안 어른들을 납골당에 모시게 되면 꼭 오겠습니다. 편히 계세요."

거듭 절을 올렸다. 우리는 돌아나와서 잠깐 박정덕 동지의 육촌 언니를 만나보고 마을을 빠져나왔다.

삼남매가 구 빨치산 남편 가묘에 술을 따르다

이웃 화산 마을에 갔다. 박정덕 동지의 시작은어머니를 모시고 시가댁 선산에 갔다. 동지는 시할아버지, 할머니, 시아버지, 시어머니, 시숙 내외분 묘 앞 상석에 과일을 놓고 집에서 가져온 술을 따라놓고 절을 했다. 마지막으로 시신이 없는 가묘지만 남편이 떠오르는 듯 물끄러미 묘를 바라보다가 절을 했다. 우리도 함께 묵념을 올렸다. 모두 양지바른 잔디 위에 앉아서 과일을 들고 술도 한잔씩 돌리면서 박정덕 동지의 설명을 들었다.

"옆에 계시는 이동수 우리 시숙님은 해방 후에 일본에서 나오셨는데 맑스주의 사상가로, 내 남편도 같습니다만 열렬히 싸웠습니다. 곡성군당 조직부장으로 일찍이 입산하셨고 1949년에 전사하셨습니다. 시숙 밑에 이정님 시누이도 오빠와 동생과 함께 입산한 구 빨치산인데 살아서 합법을 맞이했고 승주군 여맹위원장으로 있다가 9.28. 후에 또 입산, 산에서 전사했습니다. 내 남편 이병관은 내가 잡힌 후에 말골에서 적의 매복에 희생당했다고 들었습니다."

"삼남매가 구 빨치산이고 최후를 영예롭게 마쳤네요. 혁명가 집안입니다."

내가 한마디 하고 그곳을 떠났다.

건모마을 학살지

정부영은 박정덕 동지에게 물어서 다음 목적지 건모마을을 길 안내판에 입력시키고 차를 몰았다. 보성강 강둑에 나있는 포장도로를 시원스럽게 달리던 차가 오른쪽으로 굽어 들어갔다. 왼쪽 능선과 오른쪽 능선 사이에 꽤 넓은 들이 위로 이어졌다. 드문드문 산기슭에 마을이 보이고 밭에 보리가 모개를 내놓고 있었다. 9.28. 이후 1951년 3월까지 이곳이 모두 해방구라고 했다. 건모마을 들머리에 차가 섰다. 박정덕 동지는 밭 매는 노인한테 다가갔다. 이 마을이 고향인가 하고 묻자 고개를 흔들면서 50여 년 전에 시집 와서 살고 있다고 했다. 전쟁 때 경찰들이 마을 청년들을 죽여서 한 구덩이에 묻었다는데 혹시 알고 있느냐고 묻자 들어서 알고 있단다.

"큰 길로 올라가면 버스정류장이 나오고 좀 더 가면 왼쪽에 밤나무가 있어요. 그 위에 사과밭이 있고요. 사과밭 맨 앞 왼쪽이랍니다."

자세하게 알려주었다. 고맙다는 인사를 하고 돌아오는데 노인이 밭에서 나왔다. 직접 가서 알려주겠다고 했다. 차에 함께 타고 갔다. 밤나무 위로 올라갔다.

"여깁니다. 이 사과밭을 몇 년 전에 우리가 샀어요. 전 주인이 알려주데요. 젊은 사람들이 많이 죽었대요. 혹 그 중 어느 분의 가족인가요?"

"아닙니다. 역사를 연구하는 사람들인데 어느 문헌을 보고 찾아왔어요."

"여기에 수십 명이 묻혔다는데 찾아온 가족들을 한 분도 못 보았어요."

"지금은 무서워서 그럴 겁니다."

그렇다. 학살당한 분들이 이 근방에 살았을 테고 누구의 아들이나 형제 아니면 남편이었을 것인데 시신을 수습하지 못한 것도, 이곳에 못 오는 것도 학살자들이 무섭기 때문일 것이다. 가슴이 아팠다.

봉두산

우리는 돌아나와서 노인을 밭머리에 내려드리고 태안사에 갔다. 절 입구에 경찰 위령탑이 있고 돌로 둥글게 쌓아올린 돌탑이 있고 작은 연못이 있었다. 우리는 싸목싸목 절 안으로 들어갔다. 노승과 합장하고 산 높이를 물었다. 753미터라고 알려주었다.

"좋습니다."

"산이 봉황새 머리처럼 생겨서 봉두산이라고 하구요. 이곳이 명당자리랍니다."

나는 빨치산을 생각하고 스님은 명당자리에 초점을 맞췄다. 스님이 어찌 내 속마음을 알 것인가. 김영진은 부지런히 봉두산을 카메라에 담

앉다. 절에서 나온 나는 땅 위로 불거진 바위 끝에 앉아서 쉬고 있는 박정덕 동지에게 봉두산에 얽힌 이야기를 들려달라고 부탁했다.

"봉두산은 높지 않지만 능선과 골짜기가 많아서 구 빨치산이 활동을 했고 곡성군당, 특히 죽곡면당이 활동한 곳입니다. 입산 초기에는 4–50명이 있었어요. 산 아래 부락에 있다가 적의 공세가 심해지면서 봉두산으로 들어왔지요. 무장은 없었구요. 503부대가 자주 왔습니다. 100여 명의 부대원이 완전 무장을 하고 전투도 많이 하고 혁혁한 전과를 올렸다고 들었는데 다 잊고 기억을 못합니다."

더 물을 것이 없었다. 살아남은 부대원이 없어서 안타까웠다.

다리가 부러지고 석굴에서 들쥐와 함께 살았던 반내골

도로 안내판에 반내골을 입력시키고 우리는 태안사를 떠났다. 중간에 박정덕 동지는 왼쪽을 가리키며, "저기가 말골입니다." 한마디 했다. 내가 뒷자리에 있어서 동지의 표정을 못 읽었지만 자신이 한동안 있었던 거점이며 남편이 적에게 살해당한 곳이라 님이 떠오르고 동무들이 겹쳐와서 눈물을 삼켰으리라. 차는 어느덧 반내골에 들어갔다. 어느 식당 앞에서 박정덕 동지는 노인에게 이 부근에 돌샘이 있는데 혹 아시는가 하고 물었다. 요 밑에 다리를 건너서 내려가면 오른쪽에 개천이 보이고 그 골짜기로 2–30미터 올라가면 샘이 나온다고 알려주었다. 우리는 가다가 개천가에 차를 세워놓고 모두 내렸다. 박정덕 동지는 내를 굽어보면서 내가 이렇게 크지도 않고 깊지도 않다고, 여기가 아니라고 했다. 60년 전 내하고 지금의 내가 어찌 같을 것인가. 김영진은 카메라를 메고 올라갔다. 한참 만에 돌아온 김영진은 위에 돌샘이 있다고 했다. 불구가 된 박정덕 동지는 산을 못 타지, 들쥐와 함께 지냈던 석굴하고 발이 부러진 낭떠러지에 가보지 못한 아쉬움을 남긴 채 우리는 떠났다.

이상률 동지의 묘에 찾아가다

정부영은 구례 화엄사를 안내판에 입력시키고 차를 몰았다. 이상률 동지가 누워 있는 묘소에 가기 위해서였다. 두 번 가본 곳이라 찾을 것 같았다. 샛길을 지나쳤다가 돌아오고 공동묘지에 가서도 약간 헤맸지만 비석이 있는 이상률 동지의 묘를 찾았다. 석상에 과일과 잔에 술을 부어 놓고 함께 절을 올렸다. 이상률 동지에 대해서 간략하게 설명을 했다.

"이상률 동지는 해방 후 일찍 당에 입당하여 조직부에서만 일해 온 조직통입니다. 1948년에 입산하여 구례군당 조직부장으로 활동하다가 합법을 맞이했고요. 합법 시기에는 승주군당위원장으로 밤낮없이 일했고 9.28. 후에 조개산에 입산하여 1954년까지 당사업을 했습니다. 비트에서 체포된 이상률 동지는 15년 징역을 살고 나와서 결혼했고요. 두 아들을 두었습니다. 전향을 안 했기 때문에 사회안전법으로 재구금되어 청주보안감호소에서 한동안 한 방에서 나하고 같이 지냈어요. 언행은 물론 일상생활에서 당 일꾼으로 본이 되었고 고결한 풍모가 몸에 배여 있었습니다. 우리가 나오기 몇 해 전에 이상률 동지는 독방에서 의식을 잃은 채 사경을 헤매다가 석방되었는데 감호소 문 밖에서 숨을 거두었다고 들었습니다. 적들이 살해한 것이지요. 동지와 한 방에 있을 때 집에서 편지가 왔는데요. 둘째 광희가 홍시를 따러 감나무 높이 올라갔다가 그만 가지가 부러져서 떨어졌대요. 바닥은 돌인데 마침 집에서 키우던 개가 돌 위에 있다가 박살이 나고 광희는 살았다는 내용을 읽으면서 오금이 저렸고, 지금도 생각하면 아슬아슬하게 여겨집니다. 비석 뒤에 적혀 있는 광희 이 녀석 두 세상을 삽니다. 아들을 살리고 죽은 개를 잘 묻어주었다고 아주머니는 편지 말미에 적었대요."

말을 마치고 우리는 떠났다.

조개산

화엄사 옆에서 점심을 먹었다. 계획은 송송학 동지와 경남 남부지구를 돌기로 약속이 되어 있는데 내일은 짬이 없다고 연락이 왔다. 아직 시간이 남아 있어서 이상률 동지가 활동했던 조개산으로 방향을 틀었다. 정부영은 선암사를 안내판에 입력시키고 차를 몰았다. 얼마나 지났을까? 차는 선암사 앞까지 들어갔다. 절은 거의 다 큰 산 밑에 있고 숲에 쌓여서 아늑하지만 특히 선암사는 자연과 어우러져서 운치가 있었다. 500년 된 매화나무가 담 옆으로 열지어 있고 경내와 주변에 수령 500년이 넘는 고목이 수두룩했다. 꽃도 많고 언뜻 보면 아무렇게나 서 있는 것 같지만 자세히 보면 수백 년 동안 사람이 가꾼 흔적이 보였다. 쓰러진 소나무 한 그루를 살리기 위해서 받침대를 여러 개 세워놓고 둘레에 돌로 담을 쌓아 놓았다. 이끼 낀 돌담은 수백 년 흘러간 세월을 알려주고 있었다.

거목이 된 소나무는 가지가 위로 뻗어 있고 본래의 모습인 듯 이름도 와송(누운 소나무)이라 부르고 있었다. 김영진은 자리를 옮겨가며 조개산의 모습을 카메라에 담았다. 조개산 지구에서 싸운 동지가 있어야 대담을 할 것인데 아쉬움을 남겨놓고 우리는 조개산을 떠났다.

인민을 구하고 1개 중대 70여 명이 장렬하게 전사한 여분산

내일은 여분산에 오르기로 했다. 남원을 지나면서 오수 한일석 동지에게 전화를 걸었다. 몇 번 걸었는데 응답이 없었다. 토요일이라 부부가 나들이를 간 것인지? 우리는 순창을 거쳐서 회문산 자락에 민박을 겸하고 있는 식당에 들어갔다. 저녁을 시켜서 먹고 곧 잠자리에 들어갔다.

다음 날 냇물에 세수하고 아침식사를 하고 떠났다. 민재에 간 우리는 박정덕 동지가 산에 오르지 못하기 때문에 여성들은 차로 순창 고추장 마을을 구경하고 가마골에 다녀오든지 주변에 아름다운 곳을 둘러보고 오후 1시에 민재에 오라고 했다.

나, 정부영, 김영진은 신발끈을 조여매고 떠났다. 여분산은 찻길이 없고 걸어서 올라가야 한다. 꽤 높은 산이라 마지막 길일지도 몰라서 어려움이 있을지라도 오르기로 작심하고 떠나는 길이었다. 잡목을 헤치고 오르다가 쉬고 또 쉬고 여러 번 쉬었다가 올라갔다. 1시간 반 넘게 걸어서 정상에 이르렀다. 20년 전에 왔을 때는 전호 흔적이 뚜렷했는데 많이 훼손되었다. 5~6년 전만 해도 전호 자국들이 연결되어 있었는데 메꿔져서 몇 군데나 끊겨 있었다. 동무들의 뼈가 묻혀 있는 곳이다. 1951년 6,7월 경에 이곳에 왔을 때 탈육이 된 70여 명의 뼈가 전호 안에 흩어져 있어서 동무들이 눈물을 흘리며 묻은 전호다. 울컥 핏덩이가 넘어오는 것 같았다. 1951년 3월 적들의 춘기 공세 때 금산골 일대에 몰려온 인민들이 쌍치 안전지대로 빠져 나갈 수 있도록 종일 1개 중대가 싸웠다. 적들의 13차에 걸친 돌격에 반돌격으로 물리치고 전호 안에서 중기부사수 한 명이 살아남고 전원이 전사했다. 자신들의 죽음으로 만 명이 넘는 인민들을 사지에서 구출한 불 같은 애국애민의 혼을 싸안고 있는 여분산이다. 상봉에 저들이 헬기장을 만들어 놓았기 때문에 전호는 거의 없어지고 아래 부분만 남아 있다. 산상에서 주위를 둘러보며 설명을 하고 연대본부가 있었던 곳으로 내려갔다.

벌통산으로 이어진 능선 위 평평한 곳은 멧돼지가 몇 군데 파헤쳤을 뿐 예나 다름이 없었다. 집회와 출정식, 오락회를 가졌고 중대간부 이상 고급 세미나와 중대 단위의 집체학습을 가졌던 곳이다. 우리 연대가 남원 기차 습격 후 노획한 총과 총탄을 전남에 보냈는데 답례로 전남 예술단원 동무들이 능선을 타고 멀리 돌아와서 축하공연을 가졌던 자리이기도 하다. 노래하고 춤추고 나뭇가지를 꺾어서 곰방대인 양 허리춤에 꽂고 곱사춤을 추던 동무의 모습이 선하게 떠올랐다. 연대 본부, 대대, 중대 본부가 있었던 곳은 거의 다 사라지고 대여섯 곳에 트 흔적만 남아 있었다. 이 지역에 얽힌 이야기를 들려주고 우리는 떠났다. 전에 다녔던 길이 산죽에 완전히 묻혀버렸다. 칙칙한 산죽을 헤치며 내려갔다. 살이 찐 정부영이가 애먹었다. 미끄러져서 눈가에 상처를 입었다. 삼분의 이쯤 내려오자 산죽밭이 끝나고 오솔길이 나타났다. 옛날에 다니던 길이다. 민재부락에 내려와서 차를 타고 밤재를 넘어갔다.

귀 로

종암식당에 들렀다. 세 시가 되어서 먹는 점심이라 게눈 감추듯 배를 채우고 쌍치를 떠났다. 추억이 켜켜이 쌓여 있는 쌍치. 김정근 동지, 김광호 선생, 신우현 선생을 못 본 아쉬움을 뒤로 하고 차가 달려갔다. 박소연 작가에게 두 여성 동지가 오기로 했다가 못 와서 얻은 바가 적었을 것이라고 하자 아니란다. 우리가 산에 올라갔을 때 박정덕 선생과 김은정과 많은 대화를 나누어서 좋았다고 흐뭇하게 여겼다. 날이 어두워질 때 서울에 도착했다. 모두 고생했다. 나는 여느 때와 같이 3호선 전철 안에 몸을 부려 놓고 이번 답사를 돌아보았다. 생각만으로도 투지에 불을 붙이는 여분산, 박정덕 동지의 굴곡 많은 생애가 아프게 다가왔다.

경남 전적지 1

경남 동지들을 만나다

    2011년 4월 23일 양재에서 9시 40분에 김은정은 목디스크가 악화되어 못 오고, 김교영 동지, 나, 정부영, 김영진, 네 명이 출발했다. 화창한 봄 날씨였다. 대전 톨게이트에서 허찬영 동지, 이창근 동지를 반갑게 만나서 차에 태우고 통영고속도로를 달렸다. 함양에서 남원으로 빠지는 길로 굽어 들어갔다. 올해는 예년과는 달리 봄꽃이 늦게 피었다. 산 여기저기에 벚꽃이 활짝 피어 있고 진달래가 보이고 개나리도 아직 남아 있었다. 남원에서 구례로 가는 길목에서 박현희를 만났다. 현희 차에 타고 온 박순자 동지, 한창우 동지, 민경옥 동지, 그리고 희숙이가 나와서 서로가 반갑게 인사를 했다. 2시가 넘어서 출출했지만 우리를 기다리는 동

경남지역에서 활동했던 빨치산 한창우 동지, 송송학 동지, 이창근 동지, 허찬영 동지, 김교영 동지, 정희숙, 민경욱 동지, 박현희, 박순자 동지.

지가 있기 때문에 머뭇거리지 않고 달렸다. 3시가 넘어서야 화개장터에서 송송학 동지를 만났다. 나무 그늘 밑에 깔개를 깔아 놓고 현희가 가져온 점심을 맛있게 먹었다.

이현상 동지가 돌아가신 빗점골

동지들과 잠깐 일정을 의논하고 떠났다. 대성골로 들어가는 길은 양옆으로 수십 년 된 가로수가 하늘을 덮고 있었다. 내를 따라서 구불구불 나무 굴 속으로 달리는데 운전하는 정부영은 처음 길이라 감탄하면서 이야기에 팔려 있는 우리에게 저것 좀 보시라고 했다. 가본 길이지만 새 잎이 나와서 더욱 운치가 있었다. 우심부락을 지나서 얼마를 달렸을까? 울퉁불퉁한 비포장 길이 나왔다. 길이 끝나는 곳까지 차가 들어갔다. 등산로로 조금 올라가자 너덜겅이 있고 이현상 동지가 적의 매복에 돌아가신 빗점골이 나왔다. 초봄에 비가 많이 와서 내를 건너기가 힘들어보였다. 위로 올라가다가 큰 돌을 하나 놓고 뛰어서 내를 건넜다. 김영진만 카메라를 메고 따라왔다. 한 번 가본 길인데 사람 왕래가 없어서 희미하지만 더듬어갔다. 길을 잃은 곳에서 짐작으로 산죽을 헤치며 두 능선을 넘었다. 위에 바위가 보였다. 올라가자 세 바위가 있고 안이 널찍한 트 자리가 나왔다. 옆에 빨치산 사령관 이현상이 있던 트 자리라고 쓰여 있는 푯말이 두 곳에 꽂혀 있었다. 숨차게 올라와서 속옷이 땀에 젖어버렸다. 지퍼를 풀고 이현상 동지와 남부군 사령부 지도 일꾼들이 한때 머물렀던 트에 앉았다. 내가 있던 곳은 아니지만 지리산이라고 다를까? 60년 전에 이곳에서 트 생활을 하던 동지들을 상상해 보았다. 지리산 빗점골 첩첩산중이라 짐승소리만 들릴 뿐 고적했을 이곳! 트 안에도 붉은 전사들이 투쟁을 기획하고 지시하고, 조국애와 투지와 열정이 가득했으리라! 빗방울이 떨어졌다. 김영진은 트 안팎을 카메라에 담느라고 부산했다. 밑에서 동지들이 기다리고 있기 때문에 우리는 트를 뒤로하고 떠났다. 갈 때와는 달리 내려올 때는 길을 제대로 찾았다. 이현상 동지가 최후를 마친 장소를 바라보며 너덜겅을 가로질러서 차 있는 곳으로 왔다. 이현상 동지는 적구에서 전사하였다. 잡히기보다는 적탄에 잘 가셨다고 한마디 했다.

대성골의 참사

우리는 차에 흔들리며 내려왔다. 의신부락에서 좌로 굽어 들어갔다. 공터에 차를 세워놓고 대성골로 가는 능선 하나를 넘고 또 한 능선을 넘었는데 한창우 동지가 다리가 아파서 더는 못 걷겠다고 했다. 우리는 앉아 쉬면서 한창우 동지의 설명을 들었다.

김교영 동지가 설명하고 있다.

"능선 둘을 더 넘어야 대성골이 나옵니다. 여기도 대성골에 포함되고 동지들이 돌아가셨어요. 이인모 동지가 쓴 글에서 경남 빨치산이 2,000여 명 있었는데 대성골에서 3분의 2가 희생되었다고 적고 있습니다. 참 많은 동지들이 대성골에서 돌아가셨습니다. 경남도당위원장 남경우 동지와 부위원장 허동욱 동지를 비롯하여 경남도당 간부들이 돌아가시고 비무장 동지들은 물론 수백 명의 무장부대도 최후까지 싸우다가 전사했습니다. 나는 어깨 부상으로 환자 트에 있다가 바위틈으로 기어서 포위망을 빠져 나왔어요. 대성골에서 살아나온 동무들은 몇 명 안 됩니다. 환자 트가 여러 곳에 있었는데 동무들은 환자를 두고 차마 못 가고 환자들을 지키다가 모두 전사했어요. 능선마다 기어오른 적들이 총탄을 퍼붓고 포 사격에 비행기로 폭탄을 떨어뜨리지……."

한창우 동지는 그날의 처절했던 광경이 떠오르는 듯 분노와 아픔을 토해냈다. 김교영 동지가 보충을 했다.

"이인모 동지는 대성골에서 도당 간부부장(전 하동 군당위원장) 심상태 동지가 복부에 총을 맞고 피를 흘리면서 '나는 아무래도 죽을 것 같다'고 권총을 꺼내 주어서 받았답니다. 이인모 동지는 총을 맞고 놈들에게 체포되었는데 권총을 차고 있는 것으로 보아 높은 지휘관으로 알고 들 것에 실어서 운반했답니다. 권총이 없었으면 눈 쌓인 험한 산에서 운반하지 않고 죽였을 것이라고 말씀하시데요. 제가 이인모 동지로부터 직접 들었습니다. 심상태 동지가 이인모 동지를 살렸지요. 그 당시 놈들은 환자들을 현장에서 다 사살했습니다."

피아골 산장 김교영 동지

우리는 날이 저물어서 돌아 나왔다. 박순자 동지가 전화로 예약해 놓은 피아골 산장 숙소로 갔다. 식당에서 저녁을 먹고 숙소로 옮긴 우리는 짐을 풀어놓고, 김영진은 카메라 장치를 했다. 김교영 동지가 대성골에서 못다 한 내용을 보충했다.

"전날 경남도당은 거림이골에서 도당조직위원회를 소집했습니다. 소조편성, 비상선 1,2,3,4선 및 군호 정하는 문제를 다루었습니다. 도당 일꾼들이 공세가 끝날 때까지 함께 몰려다닐 게 아니라 2개 조로 나누어서 활동하기로 결정을 보았습니다. 제가 1조 조장을 맡게 되었어요. 우리 1조는 그 날 대성골로 들어가지 않았기 때문에 살아남을 수 있었습니다. 그리고 도 인민위원회 사무장 허규왈 동지로부터 도당부위원장 조정래 동지가 소나무에 매달려 있다는 가슴아픈 소식을 들었습니다. 우리는 능선으로 올라갔습니다. 아! 조정래 동지 외 네 동지를 소나무에 목을 달아놓고 밑에 불을 질렀대요. 반쯤 탔더군요. 분노에 치가 떨렸습니다. 우리는 눈물을 삼키며 동지들의 시신을 묻었습니다."

방안에 찬 물을 뿌린 듯 숨소리마저 들리지 않았다. 얼마 후에 김영진은 김교영 동지께 그대로 앉아서 경력을 간략하게 들려주시라고 했다.

"나는 함경남도 영흥군 인흥면 포하리가 고향입니다. 아버지 김순삼, 어머니 방방화, 두 분의 5남매 중 장남으로 태어났습니다. 1927년 12월 19일생입니다. 인흥초등학교를 졸업하고 영흥 명륜중학교에 다니다가 중퇴하고 북청공업학교에 다니다가 또 가정형편으로 중퇴했습니다. 아버님은 일제 때 25년을 지주집에서 머슴살이를 하셨고 농조에서 활동하셨습니다. 해방 후 가정환경이 좋았기 때문에 46년 6월에 공산당에 입당했어요. 2대 면민청위원장으로 있다가 1950년 7월에 하동군 민청부위원장으로 남파되었어요. 9.28 후퇴 후에 입산하여 1951년 1월에 도민청 선전부장으로 있었습니다. 2월에 황매산 블록책으로 잠깐 나가 있다가 돌아와서 도민청 선전부장으로 복귀했고요. 52년 도당 직속 정치문화공작대 대장, 57사단이 기동투쟁을 나갔을 때 구국연대 연대장을 했습니다. 52년 2월에 도민청부위원장으로 다시 민청사업을 하게 되었어요. 3월에 도민청위원장으로 있다가 52년 5월에 독립8지대 정치부 선전부장으로 있었고, 53년 3월에 박문학 부대 정치위원으로 있다가 그 해 9월 1일에 경남 북부지구당 선전부장으로 덕유산에서 활동했습니다. 박찬봉 동지가 지구당 위원장이고 당시에 도당위원장은 조병하 동지입니다. 1953년 11월말에 노영호 부대가 창설되었어요. 덕유산에서 당 중앙위원회 111호 결정서를 가지고 지리산 도당연락부에 전하고 돌아오다가 분산되었어요. 함양군 서상면인가, 어느 바위틈에서 자다가 수색대에게 체포되었습니다. 코를 몹시 곯았던 모양입니다. 수색대원이 코고는 소리를 듣고 왔답니다. '당신은 코를 곯아서 살았다.' 고 하데요."

우리는 밤이 늦어서 곧 잤다. 다음날 일찍 일어나서 아침식사를 하고 떠났다. 피아골 산장 주인 내외분이 극진했다.

화개장터

화개장터에 가서 차를 세웠다. 허찬영 동지가 설명을 했다.
"1951년 8월 15일 57사단 창설 직후에 기념투쟁으로 이곳 지서를 깠습니다. 십자가가 보이지요? 그곳에 지서가 있었습니다."
송송학 동지가 이의를 제기했다.
"지서는 내 동쪽이 아니라 서쪽 여기에 있었습니다."
허찬영 동지는 아니라고,
"내 동쪽이 분명합니다. 저 뒷 고지에 보루대가 있었고 보루대를 먼저 까고 지서를 점령했구요. 지서를 불질러버렸습니다."
그때 지팡이에 의지한 노인 한 분이 지나갔다. 정부영이 인사를 하고 고향이 이곳인지 여쭈었다. 그렇단다. 82세인데 평생을 고향에서 살고 있다고 했다. 옛날에 지서가 어디 있었느냐고 물었다. 내 동쪽에 있었는데 타 버려서 이쪽에 지었다고 했다. 우리는 화개장터를 떠났다.

악양 전투

악양면 소재지에 갔다. 지서 앞에서 한창우 동지가 설명을 했다.
"1951년 11월 말입니다. 우리 경남유격대는 57사단에서 불꽃사단으로 개편을 하고 첫 전투를 악양으로 나왔습니다. 악양은 들이 넓고 하동군에서 제일 풍족한 면입니다. 겨울 식량을 마련하기 위해서 불꽃사단 3, 5, 7, 9연대까지 경남무력이 총동원 되었어요. 이 지서를 겹겹으로 싸고 정규군처럼 싸웠습니다. 3일 동안 싸웠지요. 사방에서 총을 쏘았습니다. 특히 옆에 있는 학교 지붕 위에 올라가서 사격을 많이 했어요. 동무들은 산에서 만든 지뢰를 지서 담 밑에 갖다놓고 폭발시켰습니다. 그때는 지서라고 해야 건물이 아니고 보루대 안에 있었어요. 소리가 얼마나 크던지 한쪽이 무너지는 듯했습니다. 불길이 솟고 위력이 대단한데요. 겁에 질린 적들이 보루대에서 기어 나오는데 그만 정면에서 사격을 했습니다. 내놓고 쳐야 하는 것을, 경찰들이 보루대로 달아났습니다. 나는 담을 넘다가 어깨에 총을 맞았어요. 외각에 있던 동무들은 반동들의 창고에 쌓아놓은 벼를 농민들을 동원시켜서 지리산으로 수백 가마를 운반했습니다. 지서 보루대만 못 먹고 3일 후에 철수했어요. 1951년 12월 공세가 이미 시작된 것을 모르고 큰 작전을 했습니다. 지리산까지 운반한 식량을 다 뺏겼습니다. 악양 농민들은 지리산에 식량을 지고 갔다가 국방군에게 많은 분들이 학살당했습니다. 정확한 숫자는 모르는데 우리 동지들도 여러 명이 전사하고 부상을 당했습니다."

설명을 마친 한창우 동지는 다 변해버린 주위를 둘러보았다.

청학동 삼성궁 뒤 무덤

우리는 하동읍을 거쳐서 묵계리에 갔다. 한동안 불꽃사단 사단 본부와 몇 개 연대가 주둔하고 있었던 곳이라고 송송학 동지가 설명했다. 되돌아 나와서 청학동으로 들어갔다. 기와집 여러 채가 보였다. 불교와 토속종교가 어우러진 곳이다. 유교도 한 몫 하고 있는 듯 서당에서 아이들을 가르치고 있었다. 우리는 삼성궁 주차장에 차를 세웠다. 7,8년 전에 왔을 때와는 몰라보게 달라져 있었다. 노인 외에는 입장료를 5,000원씩 받고 있었다. 들어가는 길과 나오는 길을 별도로 만들어놓고 돌로 길 양편을 쌓아 놓았다. 꼬불꼬불 들어가는 길 옆에 조형물이 있고 작은 굴도 만들어놓았다. 꽤 큰 피라미드형의 탑이 돌담 안에 있고 재를 넘어가자 삼성궁이라는 현판이 작은 문 위에 걸려 있었다. 문을 열고 토굴을 지나서 밖으로 나가자 눈 아래 여러 채의 기와집이 보이고 크고 작은 탑이 수없이 늘어서 있었다. 우리는 삼성궁 위 산비탈을 올라가서 빨치산 7명

한창우 동지가 설명하고 있다.

이 묻혀 있는 돌무덤 앞에 갔다. 비문이 없는 표지석이 묘 옆에 서 있었다. 우리는 그곳에 묻혀 있는 동지들은 물론 지리산에서 전사하신 전체 동지들의 명복을 빌었다. 내려오다가 한풀이 민속종교 교주와 만났는데 흰옷에 머리와 수염을 기른 교주는 동지들을 알아보고 반가워했다. 박순자 동지가 소개했다. 인상이 좋았다.

중산리 견벽청야

점심을 먹고 시천면 내대리 거점이골 중산리에 갔다. 이 일대에 경남도당부와 무장부대와 기관들이 있었다고 한다. 골이 어지간히 깊었다. 위에 관광버스 몇 대가 있고 넓은 주차장에 승용차 여러 대가 있었다. 층 높은 콘도도 있고 집마다 거의 민박이었다. 천왕봉에 오르는 길목이라 사람들의 왕래가 많다고 했다. 위쪽 산기슭에 빨치산 전시관이 있어서 들어가 보았다. 저들의 선전용이라 그렇고 특히 1963년 11월 12일까지 산에 있다가 이홍이 동지는 즉사하고 적탄에 다리뼈가 부서져서 체포되었던 정순덕 동지의 사진이 걸려 있어서 마음을 아프게 했다. 또 하나 눈길을 끈 것은 백선엽이 빨치산 토벌사령관으로 있을 때 堅壁淸野 전술로 승리했다고 뻔뻔스럽게 액자를 걸어놓았다. 남쪽 큰 산 골짜기 골짜기마다 사람이 사는 집에 불 지르고 아이, 어른 가리지 않고 학살한 견벽청야 전술을 지금도 자랑하는가. 제 놈들은 발에 가시만 박혀도 아파하면서 혈육을 잃고 살림살이와 집이 불타고 삶의 터전에서 쫓겨났던 그 많은 사람들의 피맺힌 고통을 알기나 하는가? 그에 대한 죄의식이 없다면 그는 사람이 아니다. 우리는 중산리를 떠났다. 정순덕 동지의 고향에 가보자고 의견이 모아졌다. 가는 도중에 외공리 민간인 학살현장에 가기 위해서 길가에 차를 세웠다. 어린이를 포함하여 400여 명이 군경에 의해서 학살된 곳이라는 푯말이 있었다. 막 올라가려는데 과수원 쪽에서 아주머니 두 분과 남자 한 분이 내려왔다. 이장이라고 했다. 학살지를 묻자 위쪽에 있는데 구덩이를 파서 유골을 경남대에 옮겨놓았다고 했다. 어른들에 의하면 1951년 2월경에 진주, 진양 지역에서 싣고 온 분들과 이 근방에서 살던 분들이 죽었다고 들려주었다. 아기들에게 총을 쏘다니, 한 핏줄인 것을. 짐승만도 못한 놈들이다.

달뜨기산을 바라보며

우리는 그곳을 떠났다. 덕교리 다리 옆 웅석봉(달뜨기산)이 보이는 곳에 차를 세웠다. 김교영 동지가 설명을 했다.
"우리 동지들이 북부로 갈 때나 야지투쟁을 나갈 때 달뜨기산에서 하루나 이틀씩 쉬었다 가곤 했습니다. 현희 아버지 박판수 동지가 진양군당위원장, 진주시당위원장을 겸직하고 계실 때 달뜨기산에 거점을 두고 활동 하셨습니다."

달뜨기산을 바라보며 "아버지! 아버지!" 현희가 울음을 터뜨렸다. 우리 현희가 왔구나 하고 달려오실 것만 같은 아버지. 달뜨기산에 아버지 모습이 겹쳤으리라. 현희가 서럽게 울어서 눈물이 넘칠 뻔했다.

정순덕 동지가 살았던 귀틀집

정순덕 동지가 살았던 마을로 구불구불 골짜기를 따라서 차가 달렸다. 그리도 깊은 산중에서 살았던가? 아마 3,40분 달린 것 같다. 차가 멈췄다. 안내원리에 왔단다. 새로 지은 집들이 고급스럽다. 별장인 듯. 박순자 동지가 마을에 갔다가 와서 안내원리는 더 가야 나온단다. 우리는 차에 탔다. 차 한 대가 다닐 수 있는 좁은 길로 산모퉁이를 돌아가자 마을이 나타났다. 마을 분이 정순덕 동지의 옛 집을 알려주었다. 잘 지은 집 옆으로 좀 올라갔다. 마루는 찌그러지고 녹슨 자물쇠가 걸려 있는 문살 틈으로 방안을 들여다보았다. 벽지가 너덜거리는 방 한 칸짜리 귀틀집이었다. 통나무를 엇쌓아 놓고 흙을 바른 작은 집인데 둘러보아야 문은 하나밖에 없고 밖에 아궁이가 있었다. 얼마나 가난하게 살았는가 짐작이 갔다. 동지들은 더러 앉고 서서 정순덕 동지에 대한 이야기를 했다.

"1951년 초로 기억됩니다. 어느 날 보초가 한 여성을 데리고 왔어요. 머리를 뒤로 질끈 맨 작은 여성인데 소녀 같기도 하고 몇 마디 물어보았습니다. 남편이 산에 있는데 함께 싸우려고 왔대요. 체구는 작은데 당차게 보였습니다. 정순덕 동지는 신원이 확실했기 때문에 사령부 취사부에 배치했습니다. 어려운 때 잘 싸워서 그 후 무장부대에 배치되어 총을 들었습니다. 대원으로 있다가 분대장으로, 내가 구분대장으로 있을 때 정순덕 동지가 부구분대장으로 있었습니다. 날쌔고 용감했습니다."

정순덕 동지가 살았던 귀틀집.

한창우 동지가 정순덕 동지와 함께 싸웠던 이야기를 들려주었다.
"편의투쟁을 할 때 동무들이 국군복으로 갈아입고 노획한 트럭을 타고 가는데 정순덕 동지가 하도 작아서 적들이 의심할까봐 앉도록 했답니다. 정순덕 동지는 산에서 우리글을 배웠습니다."
김교영 동지가 보충했다. 박순자 동지도 정순덕 동지와 산에서 감옥에서 석방된 후에 가깝게 지낸 동지요. 민경옥 동지도 잘 알지. 송송학 동지, 허찬영 동지, 이창근 동지도 경남부대에 있었기 때문에 정순덕 동지와 아는 사이이다. 나 또한 정순덕 동지와 응암동 악세사리 가공공장에서 함께 일했던 사이이다. 다 정순덕 동지와 각별했던 동지들이다. 정순덕 동지가 살았던 귀틀집을 배경으로 사진을 찍었다. 나보다 두 살이나 적은 것을. 아직 살아 있을 나이인데, 가버린 정순덕 동지가 눈 앞에 어렸다. 귀틀집을 돌아보며 떠나왔다. 사람이 태어나서 정순덕 동지처럼 고

생한 분이 세상에 몇 사람이나 있을까? 아픔이 파고들었다. 동지들 모두가 정순덕 동지를 생각하는 듯 차 안이 조용했다.

손광일 부대장의 최후

우리는 갔던 길로 되돌아 나와서 대포리에 갔다. 한창우 동지가 마을 위로 안내했다.

"1953년 8월이에요. 손광일 부대장이 돌아가셔서 시신을 이곳에 묻었는데 놈들이 파갔습니다. 동지의 시신을 빼앗기고 말았습니다. 손광일 동지를 생각하면 가슴이 미어지게 아픕니다. 밤에 저 큰 길 양쪽에 부대를 매복시켜 놓고 한밤중에 매복부대를 점검하기 위해서 불쑥 나타났다고 합니다. '누구야? 군호 대라! 군호 대라!' 자신이 정해서 알린 군호를 깜빡 잊은 듯 군호를 못 대고 머뭇거리다가 '나요, 나, 나!' 라고 하면서 다가오자 동무가 총을 갈겼습니다. 그날따라 구름이 꽉 끼어 있어서 먹뿌린 듯 깜깜했대요. 손광일 동지는 동지의 총에 맞아서 희생되었습니다."

원통한 일이었다. 날이 저물어가고 있었다.

대원사 골짜기 위의 식당

차는 불을 켜고 달렸다. 저녁식사는 정한 곳이 없었다. 가다가 적당한 식당이 나오면 먹고 잘 판이다. 불빛에 민박집은 보이는데 식당이 없었다. 얼마나 달렸을까? 식당이 나타났다. 들어가려는데 현희가 아는 식당이 있단다. 앞장섰다. 겨우 차 한 대가 다닐 수 있는 좁은 길로 대원사를 지나서 한없이 올라갔다. 골짜기로 한 시간 가까이 올라간 듯싶다. 재 위에 식당이 나타났다. 우리는 들어가서 짐을 풀어놓았다. 식당 겸 민박집이었다. 전화도 없이 손님들이 들이닥쳐서 찬을 마련하는데 시간은 좀 걸렸지만 산나물에 저녁을 맛있게 먹었다. 널찍한 식당에서 밥상을 치워놓고 인터뷰를 시작했다.

"살아오신 경력을 간략하게 들려주시지요."

정부영의 요구에 박순자 동지는 자세를 바로하고 입을 열었다.

"제 고향은 경남 하동군 경천면 진대리입니다. 위로 오빠 세 분이 있고, 넷째로 태어났습니다. 경천국민학교에 다녔구요. 해방 후에 오빠들이 좌익에서 활동하셨는데 작은 오빠의 주선으로 심상태 동지와 결혼하기로 1947년 3월 11일 날까지 받아놓았다가 동지가 야산대를 조직하여 입산하는 바람에 식도 올리지 못했습니다. 저도 47년 말에 야산대에 들어갔구요. 48년 초에 부산으로 파견되었습니다. 처음에 과자공장에서 일했고 베 짜는 방직공장에서 노동을 하다가 1950년 4월에 진주로 갔어요. 며칠 동안 친척집에 있다가 경계가 삼엄한 때라 길 아닌 곳으로 밤에 걸어서 고향으로 갔습니다. 이웃집 골방에서 6.25를 맞았어요. 그 해 7월 20일 하동에 인민군대가 들어왔어요. 얼마나 기뻤는지 모릅니다. 말로는 못해요. 심상태 동지도 살아서 돌아왔구요. 심상태 동지는 하동군 군당위원장으로, 나는 50년 8월 초에 입당하고 하동군 여맹 조직지도원으로 눈코 뜰 새 없이 일하다가 9.28 후 지리산으로 입산했습니다. 1952년 하동군 여맹조직부장, 52년 말에 군여맹위원장, 53년 도연맹지도원으로 있다가 54년 1월 13일에 변절자(도 조직부 부부장)에 의해서 체포되었습니다. 54년 3월에 사형구형에 15년 언도를 받고 감옥에서 11년을 살았습니다. 65년에 출소했고 66년에 박판수 동지의 소개로 최상원 동지와 결혼했어요. 딸 둘을 두었습니다. 많이 부족합니다만 쉬지 않고 일했어요. 범민련 결성 후에는 범민련에 몸 담고 있습니다."

하문석 동지는 돌아가시고 말 못하는 아내만 사는 집

다음 날 25일에 일찍 일어나서 김교영 동지는 가까운 곳에 산에서 함께 싸웠던 하문석 동지의 집이 있다고 했다. 동지는 돌아가시고 부인이 혼자 살고 있는데 잠깐 다녀온다며 현희 차를 타고 떠났다. 얼마 후에 동지들이 돌아왔다.

"옛집이 없어지고 새집을 현대식으로 잘 지어놓았더군요. 하문석 동지의 부인이 말을 못하는 벙어립니다. 손짓몸짓으로 의사를 교환했는데 사위가 지어주었대요. 흐뭇했습니다. 하문석 동지는 여수 14연대 출신으로 구 빨치산입니다. 입산 초기에 충남 가야산 부대 참모장으로 있다가 경남으로 와서 북부지구당 조직부장으로 있었어요. 내가 선전부장으로 있었구요. 참 가깝게 지냈습니다. 적탄에 왼팔을 잃고 외팔인데요, 매사에 본이 되었고 적극적인 동지였습니다. 공주형무소에서 징역을 15년인가 살고 나와서 요 밑에 대원사 절에서 정식 총무는 아닌데 총무 일을 맡아보았답니다. 빨치산에 징역을 살았지, 불구에다가 돈 없고 이 사회에서 장가를 제대로 가겠습니까? 말 못하는 여성과 결혼을 했는데 부인이 부지런하고 억척이었답니다. 산나물을 뜯고 약초를 캐다가 팔아서 육남매를 다 가르쳤습니다. 하문석 동지는 정신이 멀쩡한데 살아가자니 오죽했겠어요. 술을 자주 마셨고 술이 과해서 일찍 가신 듯합니다."

김교영 동지의 말 속에 그리운 정이 묻어나왔다. 귀를 기울이고 있던 동지들 모두가 애석하게 여겼다.

대원사와 골짜기의 매복전

우리는 아침을 먹고 떠났다. 대원사 앞에 차를 세웠다. 경내에 들어갔다. 여승들만 있는 절이라고 했다. 6.25전에 박판수 동지가 이 절에 몸을 숨기고 여러모로 도움을 받았단다. 깨끗한 절 여기저기를 둘러보았다. 허찬영 동지가 카메라 앞에서 설명을 했다.

"산기슭에 기와집이 있지 않습니까? 1951년 1월 말에 그곳에 천막을 쳐놓고 노영호 부대 사령부가 20여 일 동안 있었어요. 무장부대들은 앞뒤 능선에 있었구요."

우리는 대원사를 떠났다. 버스정류장까지 갔는데 송송학 동지가 매복전을 통해서 전과를 올린 곳을 지나쳐 왔다고 해서 차를 돌렸다. 왔던 길로 1킬로미터쯤 올라가서 차를 세웠다.

"내 이쪽 저쪽에 손광일 부대가 매복하고 있었어요."

내가 굽어 돌아가는 곳이다. 길 또한 굽어 있어서 매복하기에 좋은 지형이었다.

"선두를 보내놓고 때렸는데 지리산 밑이라 경각성을 높이고 왔을 테지만 불시에 매복에 걸려든 놈들은 맥을 못 추고 길 아래로 구르데요. 도망갈 곳이 내밖에 더 있어요? 그때는 산죽이 조금 있고 나무가 거의 없었어요. 국방군인데 중경기가 불을 뿜고 내 양쪽에서 퍼붓는 총탄에 무더기로 쓰러졌습니다. 동무들은 일제 사격을 하고 돌격을 했습니다. 속전속결은 빨치산 전법의 기본이 아닌가요? 벼락같이 치고 수습해서 신속하게 빠졌지요. 그날 M1 30여 정을 노획했어요. 큰 전과지요."

한창우 동지의 설명을 듣고 차가 돌아나왔다.

여섯 살 난 현희가 엄마 따라서 입산한 평촌마을

한참 달리다가 차를 세웠다. 김교영 동지가 설명을 했다.

"여기가 산청군 삼장면 평촌부락입니다. 현희! 기억나나? 현희가 어머니랑 여기에 있었어. 여섯 살 난 현희를 이 마을에서 처음 보았구만."

"예! 기억납니다. 이 마을이에요. 소도 많이 있었습니다. 전쟁이 무엇인지 철없던 나는 어른들 모두가 사랑해 주셨구, 눈구덩이에 뛰어다니던 기억이 납니다. 곶감도 먹구요. 그 해 눈이 많이 왔어요. 한번은 어머니와 어른들을 따라서 높은 산에 올라가는데 그만 미끄러져 낭떠러지로 떨어지다가 가랑이가 나무에 걸려서 살아난 기억도 납니다. 무서워서 많이 울었어요."

우리 가족들은 아이들도 무척 고생을 했다. 우리는 평촌에서 떠났다.

덕교리 매복 작전

덕교리 앞에 차를 세웠다. 김교영 동지는 여기저기를 둘러보고 매복 장소가 아니란다. 차를 타고 1킬로미터쯤 더 갔다. 여기도 아니라고 차를 돌렸다. 이곳 매복전에서 부상당한 한창우 동지도 모르기는 매일반이었다. 몇 년 전에 와본 곳인데 길이 새로 나고 길 양쪽에 집들이 들어서서 영 모르겠다고 김교영 동지는 머리를 젓다가 무슨 표적을 본 것인지 차를 세웠다. 동지들이 언덕으로 올라갔다. 큰 산에서 뻗어 내린 작은 능선을 보고 매복했던 곳이 여기라고 했다.

"1952년 길 위쪽으로 동무들이 길게 매복을 했어요. 그때에도 저 마을이 있었습니다. 길 가 집에 지휘부가 있었어요. 들 건너 저쪽 산기슭에도 병력을 얼마간 배치했구요. 길을 따라서 들어오던 적의 선두가 지휘부를 지났을 때 이영회 부대장이 쏜 총성을 신호로 일제히 퍼부었어요. 저들은 길 밑으로 굴러서 도망쳤습니다. 국방군인데 그날 엄청나게 많은 병력이 들어오고 있었어요. 들이 넓지 않습니까? 일부 병력이 들로 들어오고 건넛마을 뒷산으로 올라가데요. 이쪽 산으로도 오르고요, 화력이나 수적으로 비교가 안 되는 우리는 호랑이처럼 덮치고는 철수했습니다. 유리한 위치에서 매복하고 있다가 쳤기 때문에 적에게 심대한 타격을 안겨주었습니다. 1951년 초까지 이 지역 일대가 해방구였습니다. 밀리고 밀고 크고 작은 전투를 여러 번 했어요."

한창우 동지의 설명을 듣고 그곳을 떠났다.

하문석 동지의 딸

가다가 당천면 소재지에서 하문석 동지의 딸이 운영하는 미장원에 들렸다. 말 잘하고 빠진 구석이라고는 없는 어엿한 여인이었다. 동지의 딸이요, 아버지의 동지들이라 처음인데도 어색한 점이 없이 집안인 듯 모두가 반가워했다. 박현희는 외가 동생이 생겼다고 좋아하면서 수첩에 전화번호를 적었다. 동지의 딸은 아버지의 동지 분들인데 이렇게 가시면 서운해서 어떻게 하느냐고 매달렸지만 갈 길이 먼 우리들은 아쉬움을 뒤로하고 떠났다.

희숙이 아버지(정철상) 전 부산시당위원장 묘에 성묘하다

서울로 가는 길 초입에 비합시기 부산시 당 위원장이던 희숙이 아버지(정철상) 묘가 있어서 몇 가지 제물을 샀다. 우리 차는 산청에서 고속도로로 진입했다. 함양을 지나서 지곡면으로 들어갔다. 함양군 지곡면! 문상구의 고향이 아닌가? 숨을 거두면서 내 이름을 그렇게도 부르던 상구! 상구는 나의 동지요, 절친한 벗이었다. 상구가 죽었을 때 깊이 간직하고 다녔던 인민공화국기를 상구 가슴에 덮어주고 묻었다. 출옥 후에 두 번 가서 부근을 더투었지만 상구 묘를 못 찾고 말았다. 함양이 고향인 몇 분에게 상구 가족이 있는지 알아봐 달라고 부탁했는데 아직도 모르고 있다. 다만 지곡면에 문씨가 많다는 말만 들었다. 어제 일인 양 상구가 눈 앞에 어려왔다. 큰 길에서 좁은 길로 접어들었다. 산 속 외딴집 뜰에 차를 세워놓고 걸었다. 소나무밭 양지 바른 곳에 묘가 있었다. 제물을 차려놓고 먼저 희숙이가 잔에 술을 따랐다. 모두가 함께 절을 하고 내가 한 말씀 드렸다. 희숙이가 주부라 전선에 뛰어들지 못하고 있지만 항상 아버지를 생각하고 아버지 뜻을 이어가기 위해서 애쓰고 있습니다. 희숙이 아니었으면 우리가 이곳에 찾아올 수 있겠습니까? 정세도 발전하고 있고 당신의 절절한 바람이 수삼년 내에 이루어질 것입니다. 딸이나 세상일 잊으시라고 생시인 듯 위로의 말씀을 드렸다. 햇볕 따사로운 묘위에 주변에 이름 모르는 작은 꽃들이 활짝 피어 있었다. 우리는 집안이 성묘 온 듯 다정하게 앉아서 음복도 하고 음식을 나누었다. 차는 온 길을 되돌아서 지곡면 소재지로 나왔다. 동지들은 '정희숙' 정씨 가문이 살았던 지금은 문화재단이 관리하고 있는 여러 채의 기와집 중에서 처마 끝에 풍경소리 은은한 큰 기와집을 둘러보고 나왔다. 들 가운데 식당으로 갔다. '메기탕 전문집'이란 간판이 걸려 있었다. 이 고장에서 음식을 제일 잘하는 집이란다. 희숙이가 점심 대접을 했다. 얼큰한 메기탕에다가 맛있게 먹었다.

간략한 총화

식사 후에 동지들이 밖에 나와서 쉬는데 정부영이, 이제 헤어지는데 전적지 답사에서 느낀 점을 짧게 말씀해 주시라고 말문을 열었다. 동지들이 한 분, 한 분 발언했다. 송송학 동지는 전적지 답사 계획이 잘못되었다고 시정대책도 없이 불만을 드러냈다. 다음으로 희숙이가 좋았던 점들을 말하고 한 가지, 의견이 있으면 제기해서 해결하려 하지 않고 핏대를 올리고 큰 소리를 지른 것은 뜻밖의 일이며 실망했다고 고쳐야 할 핵심을 제대로 지적했다. 나는 일을 하다보면 결함이 나타나고 결함은 시정하면 되고 나이 먹으면 아이가 된다는 말이 있는데 우리는 그렇게 되지 말자고, 수많은 동지들이 목숨을 걸고 싸운 역사적인 사실을 되도록 많이 정확하게 모으는 작업은 살아남은 우리들의 의무라고, 이 일에 개개인이 어떻게 이바지할 것인가 찾아보자고 했다. 우리가 살면 얼마나 살 것인가? 다 팔십이 넘었는데 인생의 최후를 뜻있게 장식하자는 말로 마무리 발언을 했다.

    우리는 서로가 손을 꼭 쥐고 아쉽게 작별인사를 했다. 차 한 대는 서울로 한 대는 부산으로 떠났다. 정부영은 아버지 제삿날이라고 함양에서 떨어졌다. 허찬영 동지, 이창근 동지를 대전에 내려놓고 8시가 지나서 차가 양재역에 도착했다. 영진은 가고 김교영 동지와 나는 전철 3호선을 탔다. 동지들 모두 연세가 많은데 2박3일 동안 고생하셨다. 부영이와 영진은 운전을 하고 사진 찍고 일을 추리느라고 애썼다. 현희와 희숙이, 김교영 동지, 대전의 두 동지가 지원해서 경비를 절약했다. 3일 동안 차를 타고 또 걸어서, 피곤할 것 같은데 아니다. 지리산 골짜기마다 봉우리와 능선에서 영웅적으로 싸우다 전사하신 동지들을 느끼고 와서 그런 것인지 머리는 맑고 팔팔한 기운이 남아 있었다.

경남 전적지 2

의령에서 부산 일행을 만나다

2011년 5월 27일 밤 9시 30분이 넘어서 김교영 동지, 나, 정부영, 김영진, 김은정은 봉고차로 용산철도 웨딩홀을 떠났다. 대전 톨게이트에서 기다리고 있던 허찬형 동지를 태우고 가다가 산청에 어느 모텔을 찾았다. 새벽 1시가 지난 시각이라 우리는 곧 잠자리에 들어갔다. 다음날 28일 8시에 모텔을 떠났다. 의령에서 부산 일행과 만나기로 약속이 되어 있기 때문에 핸드폰으로 연락하면서 달렸다. 현희는 차를 몰고 약속 장소에 갔는데 박순자 동지가 안 왔다고 곽재우 장군 동상이 있는 곳에서 기다리라고 했다. 우리는 고목 밑에 차를 세워놓고 공원 경내에 들어갔다. 곽재우 장군이 백마를 타고 비상하는 조각상이 있었다. 임진조국전쟁 당시에 왜적을 물리치기 위해서 분연히 궐기한 장군은 사방에 격문을 날렸으며 의병을 모집하여 왜적의 전후방에서 유격전을 전개했다. 특히 왜적의 전라도 침입기도를 좌절시켰으며 적의 보급로를 교란 또는 차단시킴으로써 왜적에게 심대한 타격을 주었다. 우리 또한 미제를 이 땅에서 몰아내기 위하여 총을 거머쥐고 유격전을 전개하였다. 400여 년의 시대적 간격이 있지만 조국을 침범한 외세와 목숨을 걸고 싸운 애국애족의 얼은 혈맥을 통해서 이어지고 있다. 역사적인 사실은 그 어떠한 방법으로도 지울 수가 없다. 의병을 상징한 조형물을 보고 있는데 벨이 울렸다. 현희였다. 지금 가고 있다고 시장할 텐데 의령에 이름난 곰탕집을 찾아가라고 알려왔다. 물어서 장터 옆 곰탕집을 찾았다. 시장한데다가 이름값 하는 곰탕을 게눈 감추듯 먹어치웠는데 한창우 동지, 박순자 동지와 현희가 들어왔다. 서둘렀다. 아침 겸 점심을 먹고 현희 차는 의령에 두고 모두 봉고차에 타고 떠났다.

화정면 유수 고개

의령투쟁에 참가했던 한창우 동지와 박순자 동지는 방향만 알 뿐 길을 모르고 몇 년 전에 와 본 김교영 동지가 차를 안내했다. 김교영 동지 또한 이 골짜기인지 저 골짜기인지 헷갈리는 모양이었다. 두 번 물어서 유수 고개에 갔다. 차를 고개 위에 세워놓고 한창우 동지가 설명을 했다.

"그러니까 1953년 우리가 지리산에서 출발했습니다. 그 당시에 경남 빨치산 무장 대오는 4개 소부대로 60여 명이 살아 있었고 이영회 동지가 사령관으로 부대를 지휘했습니다. 2개 소부대는 지리산에 남겨두고 이영회 사령관, 이춘봉 참모장, 양기출 의무과장, 박소부대, 안소부대 합해서 30여 명이 쌀 두 되에 3일분 밥을 해서 짊어지고 전에 노획한 국방군 모자에 계급장이 달린 군복에 공병삽을 꽂은 배낭 항고와 물통을 차고 워커를 신고 M1을 멘, 보기에 영락없는 국방군으로 변장한 동무들이 밤으로 음밀성을 보장하면서 걷고 낮에는 숲속에서 자고 3일 만에 이곳에 왔지요. 신입대원 서너 명을 제외하고는 모두가 4년 동안 크고 작은 전투를 수백 번 치러낸 범 같은 동무들이 저 언덕, 요 아래 움푹한 곳에 몸을 숨기고 있었습니다. 오후 2시쯤 되었을 것입니다. 5–6명이 바로 우리가 서 있는 이곳에 나왔어요. 아래에서 올라오는 트럭을 세웠습니다. 총을 멘 군인들이 손을

의령해방투쟁에 직접 동원됐던 박순자 동지..

드는데 안 설 수가 없지요. 마침 그 날이 의령 장날이라 장군들이 트럭 위에 타고 있데요. 모두 내리라고 지시했습니다. 사람들이 짐을 지고 내리는데 차 한 대가 또 올라오더군요. 군 트럭이었습니다. 운전수 옆 자리에 헌병 한 명이 타고 있었어요. 군 트럭도 세웠습니다. 동무들은 신속하게 트럭 두 대에 갈아타고 떠났습니다. 헌병 옆에 이영회 동지가 앉아 있는 군 트럭이 앞으로 나갔습니다. 지서 앞을 지날 때 보초가 경례를 부치데요. 검문소에서 서지도 않고 거침없이 통과했습니다. 장마당에 사람들이 북적거려서 차가 천천히 이동했어요."

박순자 동지는, "내 나이 스물네 살에 위생병 차림으로 동무들과 함께 이곳에 왔네요. 감개가 무량합니다."

젊은 날의 자신이 떠오르는 듯 주위를 둘러보았다.

우리는 봉고차에 타고 갔던 길로 되돌아 나왔다. 의령읍 초입에 이

르자 한 동지가 차를 천천히 몰라고 했다.

"이 부근에 지서가 있었습니다."

우리는 경찰서를 좀 지나서 차에서 내렸다.

의령 해방

한창우 동지는, "이영회 사령관은 하차하라는 명령을 하면서 차에서 내렸고 동무들도 동시에 차에서 뛰어내렸습니다. 연락병 동무가 정문 보초 총을 낚아챘는데 옆에 있던 상이군인 몇 명이 덩달아서 보초를 쥐어 팼습니다. 순식간에 벌어진 의외의 사태에 당황한 신병이 그만 총을 쏘았습니다. 그 총성을 신호로 동무들이 경찰서 안으로 진입했습니다. 영문을 몰랐던 것인지 경찰들의 저항이 없었습니다. 서장 이하 경찰 전원을 생포했어요. 망대에 있던 경찰도 끌어내리고요, 사이렌이 길게 울려 퍼졌습니다. 의령경찰서를 점령한 동무들은 일부가 남아서 노획한 무기와 총탄과 식량을 트럭에 싣고 2개 삼인조는 은행과 약국에 가서 맡겨진 과업을 집행했습니다. 그 외 동무들은 학생, 읍민, 그리고 장꾼들을 학교 운동장에 집결시켰어요. 군중대회를 가졌습니다. 누가 사회를 봤는지 정치연설을 누가 했는지 기억에 없습니다만 꽤 많은 사람들이 참가했고 일대 시위를 했습니다."

박순자 동지가 입을 열었다.

"나는 의무과장 동지와 몇 개 약국에 가서 환자 치료용 의약품을 한 짐 공작했습니다. 배가 몹시 고프데요. 돈이 있겠다, 식당에 가서 식사를 했어요. 의령읍을 해방시킨 3시간 후 우리는 어둠이 짙어갈 때 전리품을 만재한 트럭 위에 타고 의령을 출발했습니다."

1953년 11월이면 정전협정이 발효된 지 4개월 후가 아닌가. 우리의 희생은 없고 경찰 전원을 대낮에 생포한 의령투쟁은 남반부 유격전에서 전형이 아닌가싶다. 의령투쟁을 학교 운동장에서 군중대회로 결속했기 때문에 의령투쟁의 전모가 세상에 알려지게 되었고 군사적 성과보다 정치적 성과가 큰 것으로 평가할 수 있겠다. 어려운 시기에 의령투쟁을 계획한 경남 도당 일꾼들, 현지에서 부대를 지휘한 이영회 동지, 군인으로 변장한 동무들이 민첩하게 움직이는 듯 한창우 동지의 설명을 들으면서 여러 장면이 눈앞에 스쳐 갔다. 가신님들. 자랑스러운 동지들이여!

한창우 동지가 1953년 가을에 있었던 의령해방 투쟁의 전모와 이영회 사령관이 전사한 곳에서 최후 장면을 설명하고 있다.

생비량 전투

우리는 의령을 떠났다. 산청군 생비량에 갔다. 허찬형 동지가 설명을 했다.

"남부군이 지리산에 도착한 후에 경남 부대는 57사단으로 편성되었습니다. (말씀드린 바와 같이 1951년 8월 16일로 기억됩니다만, 첫 투쟁(8.15기념투쟁)으로 화계지서를 택했습니다. 2일간의 포위 작전으로 지서를 점령했습니다. 승리한 57사단은 거점에 돌아와서 3~4일 휴식을 취하고 기동투쟁에 나가게 됩니다. 57사단은 1,3,5,7,9,11 6개 연대로 그 중 1,3,5,7 4개 연대와 직속정찰대, 여성근위대, 청년근위대, 소년근위대, 중화기연대, 후방예비대 등 1,000여 명이 장정에 나섰습니다. 우리는 거점인 장판을 출발하여 원리, 백운, 단성으로 해서 생비량 이곳에 왔습니다. 대부대가 이동하고 있었기 때문에 적들이 알고 있었던 것 같습니다. 여기까지 오는데 거침새가 없었어요. 1951년 9월 12일 저녁에 생비량 지서를 포위했습니다. 2개 연대가 주공을 맡고 2개 연대는 적의 지원부대를 때리기 위해서 매복을 했습니다. 다음날 13일 아침 7시에 60mm 박격포 2발을 지서에 명중시키자 일부는 도망가고 항복했습니다. 싱겁게 전투가 끝났어요. 무기 50여 정에 많은 탄약과 군용품을 노획했습니다. 우리 희생은 없었구요. 경남 경찰국 발행 '경찰연역사' 1958년 6월호에 다음과 같이 발표했습니다. '적이 지학 단성에서 승리한 여세를 몰아 이현상 부대 남부군 57사단 이영회부대는 박격포, 미식, 소련식 경기, M1 따발총 등 우수한 장비로 무장, 13일 오전 11시를 기하여 지서주임 구회조 외 한청원 100여 명이 24시간 사투 끝에 실탄 부족은 물론 응원부대 미 도착 적에게 점령당함.' 이라고 쓰여 있고 '경남경찰국 발행 연역사' 에서도 '공비 대부대들이 응석봉에서 출발하여 신안면 일대의 구역으로부터 문태리 침공 후 1951년 9월 13일 아침 관하 생비량 지서를 완전 포위 일제 공격함에 제하여 당 지서 주임 경사 구회조 외 직원과 한청원 100여 명은 24시간에 선하여 필사 맹렬한 공격을 가했으나 실탄 결핍 중과부적은 물론 응원 부대 미도착 적에게 점령당함. 피해 경사 구회조 외 특공대 4명이 전사하고 총기 20여 정과 탄약, 기타 군 장비를 탈취 당함' 이라고 쓰여 있습니다. 오후 네 시까지 정치사업과 전리품 처리를 끝내고 전 부대가 '삼가' 로 출발했습니다.

이영회 동지가 최후를 마친 연산 마을

허찬형 동지의 설명을 듣고 우리는 떠났다. 삼가로 가는 도중에 이영회 동지가 전사한 신죽면 간곡리 연산 마을에 갔다. 마을 입구에 수백 년 되어 보이는 정자나무 옆에 차를 세웠다. 한창우 동지가 설명을 했다.
 "요 앞에서 이영회 동지가 전사했습니다. 그날 밤 달이 참 밝았어요. 의령을 해방시킨 우리는 차로 좌골산 골짜기로 들어갔습니다. 밤에 전리품을 비장하고 한잠 잤는데 국방군이 진격해 왔어요. 정전협정이 발효된 후에 국방군 전방부대가 빨치산 토벌을 위해서 각 유격지구에 내려왔습니다. 그 중 합천에 와 있던 대부대가 공격해 왔습니다. 동무들은 아침밥도 못 먹고 산으로, 들로 뛰었어요. 후퇴하면서도 큰 길가 전봇대를 톱으로 썰어서 넘어뜨리고 갔어요. 원래 계획은 의령을 해방시키고 이어서 합천을 해방시키기로 되어 있었는데 계획을 변경시켜서 지리산 쪽으로 빠졌습니다. 안소부대가 선두로 앞산에 올라가는데 적들도 반대쪽에서 올라오고 있었어요. 포사격 거리는 가깝고 수류탄 투척거리는 먼 지점에서 놈들이 착류탄을 어찌나 퍼붓던지 동무들은 눈을 못 뜰 정도로 흙먼지를 뒤집어썼습니다. 급경사라 엎드려 있어도 거의 서있는 거나 다름이 없었어요. 뜸할 때 연발총으로 갈기고 큰 돌을 굴리고 두어 시간 치열하게 싸웠습니다. 결국 놈들이 물러났어요. 우리가 고지를 점령했습니다. 세시 반 쯤 되었을 것입니다. 이영회 동지가 따르라고 해서 연락병과 셋이 다음 고지에 갔는데 너머에 군인들이 누렇게 깔려 있데요. 자동총으로 갈겨댔습니다. 겨울이라 해가 짧아서 다섯 시쯤 어두워지데요. 부대를 빼다가 부상당한 동무들을 음폐시켜 놓고 산을 넘었는데 마을이 있더군요. 마을을 끼고 돌아가다가 저녁밥을 짊어지고 부대로 가던 국군 병사를 만났습니다. 그로부터 밥을 접수하고 부대 위치와 군호를 알아냈습니다. 불도 안 때고 밥이 생겼어요. 재를 오르는데 "누구야?" 하지 않아요? 이영회 사령관이 군호를 대고 위험지구를 유유히 통과했습니다. 고개를 내려가자 지서가 나오데요. 사람이 없어요. 그래서 불을 질렀는데 실수였습니다. 큰 길을 가다가 부락이 나와서 마지막 보급투쟁을 했어요. 음력으로 19일입니다. 적들이 마을 뒷산에서 사격을 하데요. 우리는 금호강 강둑을 타고 나갔습니다. 두 내가 합쳐지는 위쪽에 징검다리가 놓여 있는데 그곳에 척후 7,8명이 막 당도했을 때 건너편 20-30미터 앞에서 국방군이 일렬로 오고 있지 않겠어요. 엄호조가 불을 뿜고 동무들 전원이 무사히 빠져 나왔습니다. 나는 옆 능선에 올라가서 지형을 살피다가 적탄에 어깨 부상을 당했습니다. 금호강 저쪽으로 손에 손을 잡을 듯 횃불이 연결되어 있데요. 지방 인민들을 동원해서 우리가 지리산으로 못 들어가도록 진을 치고 있었습니다. 지서에 불을 지르고 왔던 그 길로 되돌아 나오는데 트럭들이 헤드라이트를 켜고 꼬리를 물고 들어오데요. 우리는 뛰었습니다. 골짜기 안으로 들어갔습니다. 밤 10시가 넘으면 찬바람이 산에서 아래로 부는 것인데 바람 속에 훈기가 느껴지데요. 직감적으로 위쪽에 민가나 군인들이 있다고 여겼습니다. 이영회 사령관은 위험할 때 언제나 그랬던 것처럼 나를 뒤로 돌리고 앞서 나갔습니다. 달빛을 안고 가는 우리는 "그늘진 산기슭이 안보여요?"고도로 경각성을 높이고 나가는데 "바로 저기네요. 가깝지 않습니까?" "누구야?" 하데요. 사령관 동지는 초저녁 군호를 댔습니다. 적의 보초가 당황한 것인지 몇 초간 틈이 있었는데 낌새를 챈 이영회 사령관이 손으로 빼라는 신호를 보냈습니다. 그 때 "누구야?" 고함 소리와 동시에 '팡' 총성이 들렸으며 우리 사령관 이영회 동지가 쓰러졌습니다."

한창우 동지의 목이 메었다. 부대를 살리고 전사한 동지여! 경남 최고의 군사간부로 지용을 겸비했을 뿐 아니라 덕장으로 동무들의 존경과 사랑을 한 몸에 받던 이영회 사령관을 떠올리며 우리 일행은 경건하게 묵념을 올렸다.

"그 때는 내에 지금처럼 돌 축대가 없었어요. 이 고목도 산기슭에 있었구요. 우리는 내 저쪽으로 걸어갔습니다. 적의 매복에 걸린 우리는 이영회 사령관의 지시로 적의 사격 2,3초 전에 행동 개시를 했기 때문에 무사히 이 내를 타고 뛰었습니다. 아마 삼사십 분 달렸을 것입니다. 밋밋

한 야산을 오르다가 움푹 패인 곳에 몸을 숨겼습니다. 날이 밝아오자 능선으로 오고 가는 적들이 보이데요. 하루 낮을 죽은 듯이 보냈습니다. 이영회 사령관이 전사하자 참모장 이춘봉 동지가 부대를 통솔하게 되었는데 참모장 동지가 회의를 가졌습니다. 토의를 통해서 참모장 이춘봉 동지의 인솔 하에 안소부대가 의령투쟁의 성과물을 가지고 지리산에 들어가고 우리 박소부대는 남아서 교란작전을 하도록 결정을 보았습니다. 그날 밤에 2개 소부대는 헤어졌어요. 살아서 다시 만나자고 서로가 굳게 포옹하고 안소부대가 떠났습니다. 우리 박소부대는 적의 포위망을 뚫고 다니며 적을 급습하고 매복하여 적을 치고 빠지면서 때로는 하룻밤에 백리도 더 걸었습니다. 치열하게 싸웠지요. 적이 몇 개 연대나 퍼부어 놓았는지 적군이 우글거리는 곳을 한 달 동안 헤집고 다니다가 8명이 살아서 지리산에 갔습니다. 이춘봉 참모장과 안소부대는 어느 대밭에서 전원이 총격전 끝에 전사했다는 비보를 지방선을 통해서 들었습니다. 지리산에 남아 있던 2개 소부대도 거의 마사졌데요. 내가 1954년 2월에 체포되었는데 그 무렵이 경남 유격대의 마지막이 됩니다. 덕유산에서 활동하고 있던 노영호 부대도 몇 개월 후에 깨졌다고 들었습니다. 유일하게 정순덕 동지의 3인 소조가 63년 말까지 지리산에 있었대요."

　설명을 마친 한창우 동지는 이영회 사령관이 전사한 곳을 응시했다. 정전 조인 무렵에 무전을 통해서 서해안으로 배를 보낼 테니 올라오라는 당의 요구가 있었는데 방준표 동지는 수많은 동지들이 전사한 곳 남조선 인민들이 있는 이곳에서 최후를 마치겠다는 답변을 올려 보냈다고 감옥에서 전해 들었다. 그렇다! 전사한 전체 동지들은 인민을 위해서 조국통일을 위해서 한 몸을 온전히 바친 것이다. 의령투쟁으로 남조선 빨치산 투쟁의 최후를 빛나게 장식한 이영회 사령관이 전사한 곳을 우리는 아픈 마음을 안고 떠나갔다.

삼가 해방 작전

1951년 가을 경남 57사단이 기동투쟁에서 두 번째로 해방시킨 삼가로 갔다. 차는 시내에 들어갔다가 지서 앞을 지나 교외에서 멈췄다. 우리는 허찬형 동지를 따라 언덕 위 시내가 보이고 진입로가 보이는 노송 그늘 밑에 자리를 잡았다.

"서남쪽으로 들 끝에 흰 집이 있고 능선이 보이지 않습니까? 그 너머가 생비량입니다. 생비량을 떠날 때 이영회 사령관은 "5연대와 7연대가 생비량을 해방시켰으니까 삼가는 1연대와 3연대가 담당하고 1연대는 진주에서 오는 방향, 3연대는 거창에서 들어가는 방향에서 공격하라." 는 전투 과업을 주셨습니다. 우리 3연대는 네 시 경에 저 흰 집이 있는 그곳으로 넘어왔어요. 3연대 작전참모였던 나는 적의 매복이 예상되기 때문에 일렬종대로 가지 말고 횡대로 진격하도록 각 중대에 지시했습니다. 아니나 다를까 적들은 이곳에 매복하고 있었어요. 논이고 밭이고 온 들을 덮고 진격하는 빨치산을 본 적들은 겁을 먹었던 것인지, 총 한 발을 안 쏘고 지서로 도망쳤습니다. 우리는 전투 없이 이곳까지 왔지요. 7시에 전투를 개시했습니다. 먼저 요 뒤 보루대를 공격했어요. 얼마 동안 저항하던 놈들은 모두 도망가고 동무들은 보루대에 불을 질렀습니다. 이 과정에서 우리 분대장이 전사하고 경찰 한 명을 잡았습니다. 분노한 이승호 중대장이 포로에게 칼빈총을 들이대고 사살 명령을 기다리고 있데요. 나는 총을 옆으로 밀면서 흥분을 가라앉히고 적공과장에게 보내라고 지시했습니다. 야간전투는 혼란과 희생을 낼 수 있고, 또 우리 병력이 압도적으로 우세했기 때문에 휴식하면서 날이 밝기를 기다렸습니다. 그런데 트럭 두 대가 진주로 나가는 산모퉁이까지 여러 번 갔다가 와요. 갈 때는 불을 끄고, 올 때는 라이트를 켜고 왔습니다. 마치 지원 부대가 계속 들어오는 것처럼 위장 전술을 쓴 것이지요. 우리 정찰병으로부터 그 사실을 보고받고 모두가 적의 잔꾀에 웃었습니다. 당시에 적의 병력은 경찰관, 의용경찰, 한청원, 합천에서 차출한 경찰을 합해서 170여 명이 있었으며 합천 경찰서장이 직접 지휘했습니다. 다음 날 날이 밝아오자 7시에 전투 개시를 했어요. 우리는 포위망을 압축하면서 시내로 진입했습니다. 담을 넘고 고샅을 지나서 지서에 육박했습니다. 여기서 희한한 일이 벌어졌습니다. 지서 문 옆에 76밀리 직사포가 있었는데 여성근위대 여동무가 은밀하게 접근하여 포에 밧줄을 걸고 나와 동무들이 잡아당기고 안에서도 당기는 별난 전투를 했습니다. 10시 경에 서장이 달아나다가 사살되자 지서 안에 있던 120여 명이 손들고 나왔습니다. 정치부 사단장의 입회하에 적공과장이 심사해서 8명을 우리 부대에 편입시키고 그 외 전원을 두 번 다시 총을 안 든다는 서약서를 받고 집으로 돌려보냈습니다. 총과 탄약 등 노획품을 트럭 두 대에 가득히 싣고 자골산으로 들어갔습니다."

자골산 전투

"삼가 작전 후에 산청 거창 합천 의령 등의 경찰은 물론 206, 207 전투 경찰들이 달라붙었습니다. 이영회 사령관은 이들 경찰병력을 분산시키기 위해서 1연대, 5연대, 7연대를 이끌고 가회, 대병, 봉산 방면으로 진격해서 오도산으로 가겠다. 3연대 작전 참모는 5연대 1개 중대와 함께 전리품 처리와 비무장 후방부대가 지리산 방면으로 무사히 빠질 수 있도록 놈들의 공격을 견제하다가 오도산 비상거점에 오라고 지시했습니다. 자골산에서 두어 시간 동안 격전이 벌어졌습니다. 지방 경찰들은 별것이 아닌데 206, 207 전투 경찰대는 강원도 최전방에서 조직되었으며 서북청년 변절자, 친일파로 구성되었고 남부군의 꼬리를 물고 전투하면서 지리산까지 따라온 전투력이 있는 경찰부대입니다. 하지만 나 또한 38

허찬영 동지가 설명하고 있다.

경비대 시절에 백선엽, 이범석, 이형근 등과 맞붙어 보았고 낙동강에서 미군과 흑인과도 대판 싸워 본 경험이 있습니다. 더욱이 항일유격전술을 모태로 한 현대전법을 교육받은 초급지휘관입니다. 우리 부대는 고지를 장악하고 있고 놈들은 밑에서 기어 올라오지, 지형상의 이점도 있었습니다. 자신만만했습니다. 놈들이 까맣게 올라오데요. 우리는 고지에 사람이 있는지, 없는지 적들이 가늠하지 못하도록 전투태세를 취한 채 대기하고 있었습니다. 상봉에 인기척이 없자 마음이 놓인 것인지 서서 올라오데요. 2-30미터 접근했을 때 일제히 불을 뿜었습니다. 중기와 경기, 연발총에 소총이 콩 볶듯 볶아댔습니다. 놈들은 쓰러지고 넘어지면서 들고 뛰데요. 노획한 탄알이 많이 있어서 마음껏 쏘아댔어요. 돌격은 안했습니다. 적이 워낙 많고 일단 돌격을 하면 주력부대가 옆으로 빠져야 하는데 시간을 벌기 위해서 놈들을 붙들고 있어야 하지 않습니까?

저들이 골짜기로 사라져서야 총성이 멎었습니다. 일단 후퇴했던 적들은 대오를 수습하여 또 진격해 왔습니다. 총탄을 엄청나게 퍼붓데요. 포탄도 날아오고요. 탄우라는 말이 있지요. 그런 현상을 적절하게 나타낸 말이 아닌가 싶습니다. 아무튼 총알을 안 맞은 나무가 없었을 겁니다. 나뭇가지가 부러지고 나뭇잎이 뿌옇게 떨어졌어요. 우리는 이따금 대응 사격을 했습니다. 7-80미터 접근했을 때 왕머슴 명사수가 총을 조준하면서 나보고 보래요. 탕! 총소리와 거의 동시에 한 명이 나가 떨어졌습니다. 탕! 또 한명이 넘어지고요. 탕! 탕! 방아쇠를 네 번 당겼는데 네 명이 고꾸라졌습니다. 탄복했어요. 그러자 겁에 질린 놈들은 나무 뒤에 숨어서 허공에 총질을 할 뿐 꼼짝 않데요. 어느 간 큰 놈이 제 몸을 드러내겠어요. 그랬다가는 총알이 뚫을 텐데. 총탄만 위 아래로 오고갈 뿐 전투는 소강상태로 접어들었습니다. 시간을 벌고 있었습니다. 그 때 문응보(인민군 막심 중기 중대장) 동지가 막심 중기를 양손으로 거머쥐고 갈겨댔습니다. 중기 다루는 솜씨가 대단하데요. 적을 일시에 제압했습니다. 놈들은 배를 깐 채 비실비실 뒤로 움직이데요. 그 짬에 나는 부대를 뺐습니다. 비상선까지는 큰 길을 두 번 넘어야 하는데 우리는 밤에 산길을 걷고 놈들은 트럭으로 이동하기 때문에 먼저 가서 앞을 막고 있을 것 같데요. 안내원과 중대장들을 모아놓고 "지금 정면 돌파는 안 된다. 우측과 후면에 적의 매복부대가 있다고 보아야 한다. 좌측은 강이다. 강둑을 이용하는 방법밖에 없다. 5-6명으로 두 개 조를 편성하여 50여 미터 간격을 두고 앞서 나가고 전부대원이 뒤를 따른다. 적과 맞붙으면 육박전을 해야 한다." 위기 극복을 위한 작전 설명을 하고 구체적인 과업을 주었습니다. 동무들은 작전에 충실했고 일차 도로 횡단을 완벽하게 해 냈습니다. 우리는 밤새 행군했습니다. 밤에 2차도로 횡단을 해치우려고 계획했는데 날이 밝아 버렸습니다. 척후가 달려와서 요 아래 마을에 막쓰리코타 한 대가 도착했다고 보고하데요. "적의 선발대다. 우리가 아직 여기까지는 못 왔을 것으로 보고 우리의 진로를 차단하기 위해서 아침 일찍 놈들이 움직이고 있는 것이다." 뒤에 주력부대가 온다는 판단이 가데요. 나는 중대장에게 "3,4명의 따발총수와 경기사수를 인솔하고 바짝 접근해서 때리시오. 중대장 동무의 공격 총성을 신호로 우리는 적의 주력부대를 치겠소." 내 말이 떨어지자마자 중대장은 4,5명을 데리고 달려 나갔습니다. 우리는 적이 마을에 들어가지 못하게 선두를 막기 위해서 8부 능선을 달렸습니다. 그 때 총소리가 들렸어요. 적의 본대와 거리가 있었습니다만 어쩔 수 없이 일제 사격을 하고 돌격했습니다. 적들이 길을 따라서 들어오고 있었기 때문에 우리와 접전할 인원은 적지 않습니까? 놈들은 죽어라 하고 도망갔습니다. 위에서는 쓰리코다에서 연기가 피어오르고 우리는 트럭 두 대에 불을 질렀습니다. 적의 주력을 요절내지 못해서 아쉬웠습니다만 중대장 동무는 권총 1정에 소총 네 자루를 노획했습니다. 동무들의 희생은 없고 그게 어딘가요. 동무들은 큰 길을 지나서 안전지대로 들어갔습니다. 천천히 오도산 능선에 오르는데 적정이 나타났어요. 위에서 부대가 내려왔습니다. 꼼짝없이 당했데요. 엄폐물을 최대한 이용해서 전투태세를 취하라고 명령했습니다. 그 때 아군 신호를 보내지 않아요. 두 사람만 내려 보내라고 했습니다. 이영회 사령관이 우리를 기다리다가 한 개 중대를 마중 보냈어요. 동무들은 서로가 얼싸안고 그렇게 좋아할 수가 없었습니다."

해인사

오도산을 바라보면서 허찬형 동지의 실감나는 설명을 듣고 우리는 떠났다. 가조에 가다가 조금만 들어가면 해인사란다. 여기까지 왔으니까 절에 들렀다 가자고 의견이 모아졌다. 차가 녹음이 우거진 골짜기로 구불구불 올라갔다. 해인사 경내에 들어가서 멎었다. 요금을 내고 절에 가서 구경하고 나오기에는 시간이 없었다. 우리는 매표소 위 언덕에 올라갔다. 한창우 동지는 해인사 주위를 가리키면서,

"절은 거의 다 큰 산을 등지고 있는데 해인사만은 뒤가 트여 있습니다. 그래도 경치가 그만입니다."

운해에 가려서 희미한 높고 낮은 봉우리, 좌우 산세도 좋고 아래 노송이 한 눈에 들어왔다. 아름다웠다. 허찬형 동지가 설명했다.

"1951년 가을 1차 기동투쟁 때 날짜는 기억나지 않네요. 이 해인사에 우리 부대가 와서 3일 동안 있다 갔습니다. 그냥 휴식한 것이 아니라 가야산 들머리에 1연대를 배치해 놓고 밤낮으로 싸웠어요. 낮에는 해인사를 적들이 차지하고 밤에는 우리가 차지했습니다. 주지스님은 큰 방에 불을 때서 우리가 따뜻하게 자도록 배려했습니다. 정치부에서 해결했기 때문에 자세히는 모릅니다만 현직 국회의원을 잡았는데 주지스님의 간곡한 말에 집으로 돌려보냈답니다. 마지막 날 전투가 크게 벌어졌어요. 상대는 국방군이고 양쪽 무력이 맞붙었는데 큰 전투치고는 적아 간에 희생이 적었습니다. 다만 군인 두 사람이 내 옆의 바위 뒤로 가는 것을 보았는데 기척이 없어요. 그래서 공포를 쏘고 그곳으로 가자 한 사람이 손들고 나오데요. 어느 동무에게 후방으로 데리고 가라는 지시를 하고 돌아서는데 총소리가 들리데요. 가봤더니 한 사람이 자살했어요. 포로에게 물어보았더니 훈련 받을 때 빨치산에게 잡히면 그냥 죽이지 않는다. 차라리 스스로 죽는 것이 낫다고 가르쳤대요. 우리야 국경을 포로하면 무기만 접수하고 다 집으로 돌려보내지 않았습니까?"

거짓말을 밥 먹듯 거짓으로 일관하는 놈들!

우리가 떠나려고 하자 차에서 내릴 때 50대 아주머니가 자기 가게에 가서 한잔 하라는 것을 시간이 없다고 거절했는데 그때까지 기다리고 있다가 도토리묵이나 전이 먹을 만하다고 막걸리 딱 한잔만 하고 가란다. 우리 일꾼들은 정에 약하지 않은가. 무던하게 보이는 아주머니를 따라

갔다. 도토리묵에 막걸리 두어 잔 씩 걸치고 떠났다.

가조 지서 해방 작전

해가 설핏할 때 가조 지서 옆에 차를 세웠다. 들 한편에 자리잡고 있는 가조면 소대지는 지금도 가난한 듯 허름한 집들이 붙어 있었다. 허찬형 동지가 설명을 했다.

"우리 부대는 16일 아침에 민주부락에 도착해서 17일까지 휴식을 취했습니다. 이영회 사단장의 작전 지시를 받고 17일 아침 7시경에 출발했네요. 지서가 보이자 동무들은 돌격! 돌격! 일제히 함성을 지르며 돌격했습니다. 순식간에 지서를 에워쌌습니다. 전투가 붙었어요. 돌격조는 나가고 이영회 사령관과 나는 지서에서 50여미터 떨어진 후방에 있었는데 오두막 집들이 가려서 전방이 안 보이데요. 3,40분 지났을 것입니다. 이영회 사령관이 빨리 끝내자며 나가려고 하는 것을 위험하다고 만류해 놓고 내가 대신 나갔습니다. 흙으로 쌓은 보루 총구에서 총탄이 날아오데요. 지서에 바짝 다가갔습니다. 지서 담과 닿아 있는 디딜방앗간 벽을 메로 쳐서 크게 구멍을 뚫었습니다. 중대장 동무에게 솜과 석유를 구해 오라고 지시했습니다. 얼마 후에 가져 온 솜을 장대 끝에 비끄러 메고 석유를 뿌려서 불을 붙였어요. 장대를 뚫어놓은 구멍을 통해서 보루대 지붕에 댔습니다. 볏짚을 엮어서 만든 보루대 지붕이라 불꽃이 닿자마자 활활 타데요. 놈들은 지서 안으로 달아나고 돌격조 동무들이 담을 넘었습니다. 그때 다리를 치데요. 총에 맞았습니다. 나는 동무의 등에 업혀 가다가 정신을 잃었습니다. 눈을 떴어요. 다음날 아침이더군요. 가야산 어느 능선에 모닥불을 피워놓고 동무들이 앉아 있데요. 순이가 쫓아와서 "오빠! 정신이 들어? 죽으면 안돼." 그때의 순이의 시선이 지워지지 않습니다."

허찬형 동지는 순이가 떠오르는 듯 먼 산을 바라보았다. 잠깐 숨을 몰아쉬고 이어갔다.

"의무과장 동지가 출혈이 심해서 위태로운데 순이가 달려와서 혈액이 O형이라고 팔을 내밀데요. 순이의 피를 수혈해서 동지가 살아났습니다. 어제 두 동무가 전사하고 세 동무가 중상을 입어서 철수했다고 들려주었습니다. 이영회 사령관은 다음 날 지서를 박살내고 불 질러 버렸답니다."

허찬형 동지의 설명이 끝나자마자 차가 출발했다. 해가 얼마 남지 않았다.

용암리 매복 작전

용암리 개금마을까지 차로 갔다. 새로 지은 집들이 있고 크고 반듯한 집이 여러 채 보였다. 돌로 조형물도 만들어놓고 가야산 등산객을 상대로 장사를 하는 것인지, 여느 산골 마을과는 달라보였다. 어두움이 짙어가고 있었다. 김교영 동지가 설명을 했다.

"마을 뒤가 가야산에서 단지봉(수도산)으로 가는 능선이고 이 동네가 마지막 부락입니다. 이 너머에 해인사가 있고 저 산이 매화산입니다. 1953년 6월에 우리 부대가 6.25를 기해서 이곳으로 진출했어요. 가북면에서 국방군 한 개 대대가 우리를 토벌하기 위해서 이곳으로 온다는 정보를 입수하고 대밭에 잠복하고 있었어요. 척후는 통과시키고 주력이 이 골짜기로 깊숙이 들어왔을 때 부대장의 공격 신호와 함께 일제히 사격했습니다. 중경기가 불을 뿜고 놈들이 삼대 쓰러지듯 넘어졌어요. 다 잡아놓고도 돌격을 못했어요. 접근전을 하다가 분산하여 철수했습니다. 나는 저쪽으로 뛰었지요. 그날 놈들의 인적 손실은 엄청났습니다. 밤 9시까지 불을 밝혀놓고 이 아래에 매장을 했으니까요. 나는 적들이 빠진 후에 산에서 내려왔습니다. 요 앞에 물레방앗간이 있었어요. 송재영 동무와 나는 감자밭에서 감자를 캤습니다. 점심도 못 먹고 배가 고파서 생감자로 배를 채웠어요. 다음 날 동무들을 만났는데 거창군 군여맹위원장 신옥경 동무가 보투에 나갔다가 적의 매복에 걸려서 한 여동무와 함께 희생되었다고 하데요. 신옥경 동무는 오빠가 구 빨치산이고 싸움도 아주 잘한 동문데 애석했습니다. 매복전은 박문학 부대가 했고, 나는 부대 정치위원으로 작전에 참가했어요. 그 무렵 박문학 부대는 가야산 우두령재 잠복투쟁, 덕유산 삼봉투쟁, 단지봉 투쟁 등 규모가 큰 전투를 했습니다."

가로등 밑에서 김교영 동지의 설명이 끝나자 우리는 곧 떠났다. 식당에서 저녁을 먹고, 잠만 자는 숙소에 들어갔다. 짐을 부려놓자마자 김영진은 카메라 장치를 했다. 허찬형 동지가 카메라 앞에 앉았다. 정부영이,

"선생님이 태어난 고향과 부모형제, 그리고 살아오신 경력을 간단하게 들려주시지요."

허찬형 동지는 머리를 끄덕이며 입을 열었다.

"내 고향은 평북 삭주군 외남면 수령골입니다. 아버지는 허용주, 어머니는 박찬경. 두 분이 7남 3녀를 낳았는데 그 중 막내로 1929년 4월 16일에 태어났습니다. 학력은 별로 없어요. 글방에 1년 다니고 간이학교에 4년 다녔습니다. 1942년 3월에 일제에게 강제로 보국대에 끌려갔다가 7월에 탈출했습니다. 송탄유를 짜내는 작업장에서 소년 노동을 했습니다. 1945년 8월 15일에 해방이 되고 1946년에 민청에 가입했습니다. 1947년 8월 7일에 군 보안대에 자원 입대했습니다. 1949년 5월부터는 38경비대에서 복무했어요. 1949년 10월에서 50년 4월까지 공병 기술 교육을 받고 보위성 9사단 공병대대 1중대 1소대장으로 발령을 받았습니다. 1950년 6.25를 최전방에서 맞이했고 6월 27일에 화선 입당했습니다. 낙동강 전투에 참가했다가 부상을 당했습니다. 1950년 9월에 입산했구요. 경남도당 산

하 지도사령부에서 일하다가 1951년 8월 57사단이 편성될 때 3연대 작전 참모로 있었고 1952년 1월 2일에 수도산 환자 트에서 체포되었습니다. 광주 포로수용소에 있다가 군법정에서 구형 사형에 언도 15년을 받고 대전형무소에서 살았습니다. 1965년에 만기 출소했습니다. 1970년에 2차로 투옥되었다가 3년 집행유예로 풀려났습니다."

"선생님 살아오시면서 아름다운 이야기나 감동적인 이야기가 있었을 법한데 들려주시지요."

정부영이 요구하자 빙긋이 웃으면서,

"있지. 61년 전에 있었던 일입니다. 내가 낙동강 전투에서 다리 부상을 당했어요. 거창 야전병원에 있다가 후퇴했지요. 지팡이를 짚고 북상하다가 영동이 막혀서 옥천군 군북면 서대산 밑에 안보광리에 갔습니다. 수바우(별명) 아저씨댁 사랑방에서 2사단 포 참모장 김덕진 동지와 호위병, 나, 임순이 간호원이 함께 먹고 자고 40여 일 동안 순이 치료를 받았습니다. 당시에 수바우 아저씨는 일찍 상처를 해서 17세 장남을 장가보냈답니다. 신부는 17세 어린 나이지만 농사일이나 가사에 손색이 없어 보였습니다. 우리는 모두 한 가족처럼 지냈어요. 감옥 안에 있을 때 문득문득 그 식구들이 떠오르데요. 보고 싶었습니다. 지금 어떻게 살고 있을까? 15년 동안 감옥살이를 하고 출옥한 후에도 잊혀지지 않았습니다. 한 번 가본다는 것이 여의치 않았습니다. 그러다가 1998년으로 기억되는데 안보광리에 갔다가 못 보고 왔습니다. 그 후로도 두 번 갔다가 못 보았네요. 2005년 가을에 네 번째로 이창근 동지와 아는 분 차를 타고 갔습니다. 우리가 지냈던 옛집에 찾아가자 30대 여성이 어떻게 오셨느냐고 물었습니다. 대전에서 왔는데 마을에 연세 많은 어른을 뵈러 왔다고 하자 저의 시아버님이 80센데 사랑방에 계신다고 알려주었습니다. 우리 네 사람이 40여 일 지냈던 그 방입니다. 문 앞에 가서 "계십니까?" 하고 여쭈었더니 문을 열면서 뉘시냐고 물었습니다. 손으로 다리를 받치고 있데요. 옆에 있던 손부가 할아버지는 관절염이 심해서 바깥출입을 못하신다고 했습니다. 방 윗목에 곰팡이가 슬어 있고 요강이 놓여 있고, 할아버지는 홑옷을 걸치고 있었습니다. 집은 헐어빠지고 가난에 찌들어 있었습니다.

"할아버지! 6.25때 이 동네에 사셨어요?"

"그럼 살고말고."

"이 집에 수바우란 별명을 가진 분이 살았지요?"

"그래 그 분이 내 숙부인데 벌써 죽었어. 그의 아들이 앞집에서 살지."

"고맙습니다. 이거 약소합니다만 담배 값이라도 하시지요."

만 원짜리 석장을 손에 쥐어드리고 우리는 돌아나와서 앞집 뜰 안으로 들어갔습니다. "계십니까?"

하고 주인을 찾자 현관문을 열고 나오던 70대 노파가

"어머머머 저 양반."

너무도 뜻밖이라 말을 잇지 못했습니다. 한참 후에야,

"저 양반 우리 집에 있었던 인민군 양반이 맞아요. 그 때의 모습이 아직 남아 있습니다. 틀림없어요."

옆에 있던 이창근 동지가,

"아주머니 무슨 말씀이세요? 인민군 하고는 상관없는 사람입니다. 글을 쓰기 위해서 자료를 찾아다니는 사람입니다."

"변명은 어쨌든 어서 방으로 들어오세요. 참말로 반갑구만요."

우리는 방안에 들어가서 앉았습니다. 아주머니는 노인에게,

"여보! 영감. 이분 기억이 납니까?"

노인은 머리를 설레설레 흔들며

"기억이 안 나."

라고 하자

"아이고 나는 첫 눈에 알아보겠던데."

창근 동지는 기억나는 추억들을 말해보시라고 했다.

"내가 열일곱 살에 시집와서 여섯 달 만에 전쟁이 일어났는데요. 그 해 9월말에 큰 보광리와 작은 보광부락에 인민군대들이 자고 갔습니다. 그 때 우리 집 사랑방에 네 분이 40여 일 동안 있다 가셨습니다. 평복에 권총을 차고 못 걷던 어른이 제일 높은 분이고 이 양반은 인민군 장교복을 입고 있었는데 스물두 살이라고 하데요. 다리에 총상을 입고 절뚝거렸습니다. 따발총을 메고 다니던 분이 이 양반들을 보살펴 주었구요. 두 분을 치료하던 예쁜 순이가 같이 있었습니다."

창근 동지가

"50년이 더 지났는데 생생하게 잊지 않고 있는 것을 보면 아주머니가 이 양반을 무척 사모했던 모양이네요."

농담을 던지자,

"내가 사모했다면 짝사랑이구요. 40여 일 간 밥상을 들고 들락거려도 내 얼굴 한 번 쳐다보는 것을 못 봤어요. 뚜렷하게 기억나는 것은 이 양반이 지팡이를 짚고 밖에 나와서 탈곡기에 탈곡하고 도리깨질하고 보리방아 찧던 모습입니다. 어찌나 일을 매끄럽게 하시던지. 군인이 아니라 순 농사꾼이데요. 우리 신랑은 언제 저렇게 일하나 하고 생각했습니다. 우리 시아버님이 혀를 차더만요. 아버님이 살아 계셨으면 나보다 더 기억하실 걸요. 떠나신 후 몇 해 동안은 '어디에 있을까? 죽었는가? 살았는가? 살았으면 한번 쯤 찾아왔을 텐데.' 먼 산을 바라보며 한숨을 쉬곤 하셨습니다."

어느덧 술상이 들어왔다.

"어서 한잔씩 드십시다. 정말 반갑습니다."

"네 번째 와서야 뵙네요. 저희들로 인해서 많은 양민들이 죽임을 당했는데 그 고비를 어떻게 넘겼나요?"

"온 부락사람들이 지서에 불려가서 실컷 두들겨 맞았어요. 나도 갈비가 부러져서 고생을 좀 했지요."

"고생하셨습니다. 그 고통을 다 당하고도 이렇게 반겨주시니 고맙습니다. 정말 고맙습니다. 자제는 몇 분이나 두셨습니까?"

"아들 둘에 딸 둘을 낳아서 다 대학 나오고 결혼해서 잘 살고 있습니다."

"대단하십니다. 참 반갑습니다."

"높은 양반과 순이는 어떻게 되었나요?"

"저만 살아남았습니다."

"저런, 높은 양반 훌륭한 분이시던데. 순이도 착하고 예뻤어요. 함께 왔으면 얼마나 좋았을까요? 시대를 잘못 타고 났어요. 빨리 통일이 되어야 그분들의 한이 조금이나마 메워질 텐데. 자! 잔을 비워요."

우리는 두어 시간 동안 술잔을 기울이며 옛이야기를 하고 정을 나누다가 그곳을 떠났습니다. 그 해 말 민가협 망년회에 두 분을 모시고 갔어요. 여러 단체 일꾼들, 학생, 후원회원들이 세배를 올리고 선물도 덤으로 드렸습니다. 흐뭇하게 여기시데요. 그 후 추석이나 설 명절이 오면 고향의 부모형제를 찾아가듯 적지만 십만원을 쥐고 보광마을을 찾았습니다. 두 분은 형제인 양 반가워하셨고 떠날 때는 아주머니가 정성껏 가꾼 고추나 고구마, 깨, 콩 등을 한아름 안겨주었습니다."

이야기가 길었지만 감동적이었다. 두 분과의 아름다운 인연이 일생 동안 이어지기를 아니, 이어지리라고 믿는다. 한창우 동지는 살아온 내력을 써가지고 왔다. 시간이 자정을 넘었기 때문에 대담을 생략하고 잤다. 써온 내용을 여기에 옮긴다.

한창우 동지

한창우 동지의 고향은 경남 하동군 금남면 고포리. 아버지는 한현수, 어머니는 박원순 두 분은 4남 5녀를 두었는데, 그 중 여섯 번째로 1931년 4월 9일에 소작농의 가난한 집에서 태어났다. 일제 말엽 1945년 봄에 초등학교를 졸업하고 상급학교에 진학할 수 있는 형편이 못되어 부산으로 갔다. 해방된 후에 집으로 돌아왔다. 고향 마을에서 아버님을 리인민위원회 위원장으로 선출했다. 형님과 나는 가사를 돌보며 형님은 민청에, 나는 소년단에 가입하여 활동했다. 1948년 여순사건 후에 아버님과 형님이 체포되어 하동경찰서에 구금되자 나 혼자 농사를 지었다. 1950년 7월 중순에 인민군에 의해서 하동이 해방되자 마을 소년단원 5명과 함께 하동군 내무서에 가서 1차로 의용군에 입대했다. 사천비행장에서 일주일 동안 훈련을 받고 6사 659부대 1대대 2중대 2소대에 배치되어 마산 방면 전선에 나갔다가 659부대 후방부 운수부로 옮겨가서 활동하다가 후퇴했다. 1950년 9월 하순에 경남 함양군 마천면에서 인민군 군관 동무와 헤어졌고 곧 하동군당과 연결이 되어 하동군 유격대에서 활동했다. 1951년 여름에 57사단이 창설될 때 1연대 2중대 1소대장으로 배치되었으며 대공세 후에 52년 3월경 박건실 소부대 1구분대장으로 매 전투에 참가했다. 54년 2월 하순에 체포되어 남원 포로수용소에 있다가 군법에서 사형 선고를 받고 2심에서 무기로 확정되었다. 1960년 4.19 이후 무기에서 20년으로 감형되었다. 전주감옥에서 8년 가까이 살고 박정희 정권 때 비전향 좌익수를 대전으로 집결시킬 당시에 대전 감옥으로 갔다가 68년에 다시 분산시킬 때 대구 감옥으로 이감 갔다. 1974년에 대구감옥에서 만기 출소를 했고 그 해에 권순달과 결혼하여 아들 기태, 딸 영숙과 미영을 낳았다.

이창근 동지

이창근 동지.

(전적지 답사에 함께 했던 이창근 동지가 시간관계로 대담을 못했는데 이번에 못 오고 허찬형 동지에게 이력을 써서 보냈기에 여기에 옮긴다. 나는 다섯 살 때 아버지가 만주 간도성 화룡현 면사리란 지방으로 일제와 3년 계약을 맺고 농노(농업노동자)로 이주할 때 따라갔다. 이 지방이 망명지사들과 사회주의자들의 집단촌임을 나중에 알게 되었다. 그 후 3년의 기한이 다 되어 흑룡강성 밀산현 양목강촌 명산으로 또 3년간 계약을 맺고 이사하는 바람에 우급학교 8학년제 3학년을 다니다가 중퇴하고 가족들을 따라갔다. 그 후에 흑룡강성 밀사시로 자유롭게 이사했는데 8.15 해방 덕분이었다. 해방이 되자 조선독립을 위해서 싸운 정치세력이 전면에 나섰다. 이 애국세력은 분단된 조국통일과 새사회건설은 중국혁명과 직결되어 있으며 조선과 중국은 순치의 관계에 있음을 인식하고 있었다. 중국혁명 완수는 곧 조선혁명이란 신념에서 홍군에 입대하게 된다. 나는 1946년 4월 16일 홍군소속 야전군 산하 조선의용군 독립부대에 입대하였다. 조선의용군은 제4야전군에서 어려움에 처할 때마다 그를 돌파한 선봉부대로 혁혁한 전공을 세운 부대다. 중국혁명을 완수한 후 1949년 7월에 조국에 돌아와서 조선인민군 6사 15연대 661부대에 배속되었다. 1950년 6월 25일 이른 아침 반격명령과 동시에 남진하여 (서해안 쪽은 9사단, 그 다음이

6사, 동해안쪽은 2사가 담당) 서울 해방은 물론 낙동강까지 파죽지세로 전진하는 데 주력부대로서의 임무를 수행하였다. 하동전투를 승리로 결속하고 함안전투에서 포로가 되었다. 거제도 포로수용소에서 같은 중대 소속 라삼룡 특무장을 만나 의견을 나누었으며 화장실에서 탈출계획을 세웠다. 1951년 7월 5일 밤에 작은 배를 탈취하여 라삼룡 동지가 노를 능숙하게 다뤄서 수월하게 육지에 상륙했다. 밤으로만 북두칠성을 바라보며 북상길을 강행하다가 의령군당 소속 동무들과 선이 닿아 유격투쟁을 시작했다. 2,3개월 후 경남 빨치산 57사단이 기동투쟁할 때 의령군당 관할지역인 자굴산에서 적의 공세에 상선이 끊겼다. 의령군당은 함양군당과 합류하여 지리산에 들어갔다. 경남 도당위원장 남경우 동지로부터 새로운 당사업 지시를 받아 가지고 의령군당 거점으로 돌아와서 활동하다가 대공세 때 체포되었다. 1951년 12월 초로 기억된다.

허찬형 동지가 체포된 곳

우리는 숙소에서 아침 일찍 출발했다. 수도암이 좋다고 가보자는 의견이 있어서 차는 산 굽이굽이를 감돌아갔다. 차 한 대가 다닐 수 있는 좁은 길인데 포장이 되어 있고 차 왕래가 없어서 거침새가 없었다. 길만 뚫려 있을 뿐 양쪽으로 우거진 숲 푸른 잎사귀가 하늘을 가리고 있었다. 차창을 열었다. 향긋한 공기, 상쾌한 아침이었다. 어느덧 경 내에 들어갔다. 기와집이 여러 채 보이고 돌층계 위에 대웅전은 전쟁 때 피해를 모면한 듯 기둥과 처마에 오랜 세월이 새겨져 있었다. 옆으로 비바람에 풍화된 돌탑이 예스럽고 뜰 앞에 붉은 꽃이 흐드러지게 피어 있었다. 뒤는 물론 옆에도 산 앞에도 산이다. 산으로 에워싸여 있는 수도사 뜰에 서서 역사와 자연의 품에 안겨 있는데 가잔다. 정부영이 시간이 없다고 재촉해서 천천히 내려갔다. 여승들만 있는 절이란다. 가을에 단풍이 들면 더 아름답겠다.' 잔잔한 정서를 접고 차에 탔다. 아랫마을 수도리에 가서 식당에 들렀다. 밥하는 동안에 허찬형 동지가 설명을 했다.

"가조 전투에서 부상당한 나는 가야산에 있다가 이곳 수도산 단지봉 밑에 중환자 트로 옮겨 왔습니다. 10월 말경에 경환자들과 미제의 세균전으로 열병을 앓던 수많은 환자들이 회복되어 부대에 복귀하고 9명만 위아래 트에 남았습니다. 아래 트에 중상을 입은 불꽃사단 정치위원과 불꽃사단 참모장, 부대원 2명이 있었고 위 천막 트에는 나와 김선옥 광주도립병원 간호사, 여성근위대원, 강원도 고성군 고등학생 이철이, 함양 출신 이재기 5명이 있었습니다. 연락이 끊긴 지 20여 일 무로 연명하다가 1952년 1월 5일 아침 8시경에 경북금천 경찰의 기습을 받았어요. 움막에 있던 정치위원과 참모장은 두 동무에게 손들고 나가라고 하고 자살했습니다. 천막 트에서는 이재기 동무가 도망갔다가 뒤에 체포되고 나는 밑으로 뒹굴다가 체포되었으며, 이철이 동무와 여성근위대원은 김선옥 간호사가 지니고 다니던 수류탄으로 함께 자폭했습니다. 김천경찰서 유치장에 가서 합천군유대 정치위원 변용희 동지를 만났습니다. 변 동지에 의하면 강병준과 같이 환자 트에 연락임무를 맡고 덕유산에서 나오다가 변절자 일당에게 체포되었고 강변준 그자가 변절하여 경찰들을 끌고 와서 환자 트를 기습했다고 합니다. 강병준 그놈은 일주일에 한 번씩 환자 트에 왔던 연락원입니다."

밥상이 들어왔다. 밥을 먹고 있는데 노인 한 분이 찾아왔다. 허찬형 동지가 반가워했다.

"내가 이곳에 두 번 왔습니다. 동지들이 최후를 마친 장소를 찾기 위해서 이 할아버지와 함께 골짜기 여기저기를 찾아다녔지요. 아직도 못 찾았습니다."

노인은 동지들의 시신을 묻은 이웃마을 할아버지가 돌아가셨는데 그분으로부터 위치를 자세히 들어서 알고 있는 사람이 있다고 나뭇잎이 지거든 가을에 한번 오라고 했다. 식사를 마치고 차에 오르는데 노인은 어린 손녀 손을 잡고 나왔다. 허찬형 동지가 지폐 몇 장을 아이 손에 쥐어 주었다. 우리는 좋아라하는 아이와 노인의 배웅을 받으며 떠났다.

황점 마을

우리는 거창군 북상면 월성리 신동마을에 갔다. 차를 세운 허찬형 동지가 설명했다.

"내가 1950년 12월 초순에 이곳에 왔어요. 낙동강 전선에서 부상당한 동지들이 많이 있었습니다. 남해 여단 여단장 동지는 전북으로 가고 연대장 이춘봉 동지는 여기에 남았지요. 105연대도 왔다가 신원 쪽으로 가고요. 그 해 동짓날입니다. 전북 동지들이 적의 대공세에 밀려서 이곳에 왔어요. 덕유산 상봉을 넘다가 일곱 동무가 얼어 죽었답니다. 일주일 동안 못 먹고 걸었어요. 1951년 1월 5일에 당과 행정기관이 지리산에서 합류할 때 나도 거기에 있었습니다."

그 때 한 노인이 바지게에 풀을 한 짐 지고 힘겹게 올라오고 있었다. 우리가 서 있는 옆에 지게를 받쳐 놓았다. 김교영 동지가 부근의 마을 이름을 묻고 나이가 몇인지, 고향은 어디인지, 전쟁 때 이곳에 있었는지, 이것저것을 묻고 있는데 현희가 와서 혹시 박자 판자 수자 어른을 아시느냐고 묻자,

"무어라고?"

대뜸 되물었다.

"박판수 어른을 아세요?"

"암! 알제. 대단한 어른이셨어. 빨치산 대장이제. 말 잘하고 인품도 좋으셨지."

"박판수 어른을 직접 보셨어요?"

"그럼. 우리 마을에도 더러 오셨으니까."

현희가 감격한 듯. 60년이 지났는데 인민이 아버지 이름까지 잊지 않고 있으니 감격하지 않을 것인가. 그 당시의 상황을 더 물었으나 오래 되어서 다 잊었단다. 우리는 황점 마을에 갔다. 허찬형 동지는,

"이 마을에 이춘봉 연대장과 군의관(소좌) 호위병과 나, 순이도 함께 있었습니다. 하루는 연대장 동지의 지시에 의해서 포탄 셋을 묶어서 폭발시켰는데 그 위력이 대단했습니다. 이춘봉 동지는 칭찬하면서 만족하게 여겼습니다. 며칠 후에 포탄 묶음을 걸머지고 고개를 넘어서 60령재에 갔네요. 길이 15여 미터의 작은 다리를 폭파하여 끊어놓았습니다."

김교영 동지가 설명을 했다.

"앞에 보이는 큰 산이 남덕유산이고 그 밑에 60령재가 있습니다. 1953년 1월에 경남도 인민 위원장이자 북부지구당위원장 박참봉 동지가 마을 뒷산 너머에서 전사했어요. 5지구당 때 유격지도부장으로 있었습니다. 멀리 보이는 산이 시루봉이고 시루봉 너머가 송치골입니다. 6개 도당회의를 가졌던 곳이지요. 입산 초기에 블록책인 박판수 동지는 월성에 있으면서 이 마을에 자주 왔습니다. 도당 선전부장 이인모 동지와 뛰어다니며 유격부대를 조직했지요. 여기에 노영호부대도 있었어요. 노영호 동지는 부대장 겸 북부지구당 위원장직을 맡고 있었는데 책임이 과중하다고 하여 부대원들을 박문학 부대에 편입시켰습니다."

우리는 일렬로 서서 묵념을 올렸다. 현희 볼에 눈물이 주르르 흘러내렸다.

신원면 양민 학살

우리는 거창읍을 거쳐서 신원면 양민을 집단 학살한 곳에 갔다. 재를 넘어서 첫 번째 마을 두 곳에 위령비와 위패를 모신 건물이며 묘를 돌

아보고 묵념을 올렸다. 감옥살이를 할 때 신원면이 고향인 김윤회 동지로부터 거창 양민학살에 대한 전모를 들었다. 보통 사람들은 상상할 수도 없는 잔혹한 학살지 신원면을 가봐야 할 텐데. 젖 먹는 아기나 노인을 가리지 않고 700여 명의 지역 인민을 학살하고 그 위에 휘발유를 붓고 태운 놈들. 짐승만도 못한 놈들의 잔인한 학살에 치를 떨었던 곳. 처참하게 살해된 분들을 현지에 가서 추모해야 할 텐데 못 가서 죄스럽게 여기던 곳이다. 추모공

김교영 선생이 신원면 양민학살에 대해서 구체적으로 설명해 주었다.

원에는 조형물도 만들어 놓고 시신이 없는 빈 묘 앞 묘비에 나이와 이름, 가족관계가 새겨져 있었다. 두 살, 세 살, 14세 미만의 아이들이 반을 차지하고 있었다. 칠십대 노인이 있고, 당시의 처참했던 광경이 어려왔다. 김교영 동지가 설명했다.

"거창학살 일주일 후에 도당에서 조사 임무를 맡고 거창군당, 신원면당 일꾼들과 함께 이곳에 왔어요. 그 때까지도 휘발유 냄새, 사람 타는 냄새, 사람 썩는 역겨운 냄새가 골짜기를 메우고 있었습니다. 학살한 시체에 불을 질러놓고 흙으로 얇게 덮어놓았데요. 차마 눈뜨고 볼 수가 없었습니다. 국방군 11사단, 소위 화랑사단에서 자행했는데 2월 초에 여기서 산청으로 가는 도중에 생초면이 나오고 지리산 쪽이 금서면인데 금서에서 590여 명을 학살하고 놈들이 신원면으로 넘어와서 마을마다 어른 아이 할 것 없이 걸을 수 있는 사람은 다 학교에 모이라고 했답니다.

환자와 극노인을 제외하고는 아기들은 업고 제 발로 걸어서 학교에 갔답니다. 군인, 경찰, 우익 가족들을 가려내고 모두 기관총을 쏘아서 살해했대요. 꿈틀거리는 사람을 총으로 쏘구요. 그 속에서도 살아남은 사람이 있었답니다. 신원면이 산중 아닌가요. 상대현, 중대현, 하대현 등 골짜기에 있는 집들을 불질렀대요. 내가 와서 확인했습니다. 노인들과 환자는 방에서 타 죽고요. 빠뜨린 게 있네요. 집이 비니까 집집마다 귀중품을 가지고 나왔대요. 놈들은 학살하기 전에 가져온 물품을 다 내놓으라고 했고, 그것을 바지게에 짊어지고 생초면에 가서 장날 팔았답니다. 지휘관 놈들이 차지했겠지요. 또 하나 거창학살 사건이 내외에 유엔에까지 알려지자 거창 출신 현직 국회의원이 발의하여 특별조사단이 꾸려졌다고 합니다. 신원면에 국회조사단이 온다는 정보를 사전에 입수한 김종원은 국방군을 빨치산으로 위장시켜서 매복했다가 차 행렬이 다가오자 기습했답니다. 국회의원들은 달아나구요. 국회의원이 죽으면 큰 일 나겠지요. 그 점을 우려한 김종원은 먼 거리에서 공포 사격만 하도록 지시했답니다. 김종원의 그 잔꾀를 누가 모르겠어요. 결국은 들통 나고 말았습니다. 거창으로 가는 고갯마룬데 오늘은 시간이 없고 다음 기행 때 가보도록 하지요."

　　김교영 동지가 실감나게 설명을 해서 60년 전의 현장에 온 듯 가슴이 저려왔다. 우리는 묵념을 올리고 뒤돌아보고 또 돌아보며 떠나갔다. 먼저 가버린 동지요, 벗인 김윤회 집에 전화를 걸었다. 여인이 받았다. 10분 후에 간다고 알렸다. 거동이 어려운 70대 노인이 동네 앞으로 나오고 있었다. 큰 아들 결혼할 때 주례를 섰던 윤회 친구라고 하자 반가워하면서 가시자고 앞장섰다. 작은 집 대문 안으로 들어가자 윤회가 지내던 방이라고 방문을 열었다. 방안을 들여다보면서 윤회가 있었으면 끌어안고 좋아할 텐데. 나보다 나이가 적은 것을. 작풍이 좋고 감옥에서 한 방에 있을 때의 윤회가 떠올랐다. 애석한 정이 스쳐갔다. 마루에 걸터앉

다정했던 벗 김윤회의 집에 들렀다.

아서 나의 벗 윤회 동지의 추억담을 들려주고 떠났다. 윤회의 셋째 아들이 거창읍에 산단다. 보고 싶어서 통화를 했다. 큰 형으로부터 연락을 받은 듯 군청 앞에서 만났는데 우리를 확인하고 집에 금세 다녀오마고 몇 마디 남기고는 달려갔다. 2,3분이 지났을까? 오토바이를 타고 온 청년은 우리말은 들은 체도 않고 따라오란다. 어느 식당 앞에 멎었다. 안에 들어가자 노동지들께 큰 절을 올렸다. 지금 젊은이는 아니다. 가정교육을 제대로 받은 청년이었다. 아버지가 빨치산이고 감옥살이를 하셨다는 사실을 몇 살 때 알았느냐고 물었다. 고등학교에 다닐 때 아버님이 조금 들려주어서 알게 되었단다.

"전교조 선생님으로부터 진보적인 영향을 받았고 태백산맥을 읽은 뒤라서 큰 충격을 안 받았지만 아버지가 빨치산이고 감옥살이를 하셨다는 말씀에 놀랐습니다. 일상 생활에서 때로는 시국문제에 분노하시고 한

마디씩 내뱉는 것으로 보아 여느 아버지들과 다르다는 것을 알고 있었습니다만, 두서너 차례 아버지와 깊이 있는 대화를 나눈 적이 있습니다. 너무 일찍 가셨습니다. 현대사에 관심이 많은 작가 한 분이 아버지에 대해서 글을 쓰고 있는데 별로 도움을 못 주고 있네요."

걸게 차린 밥상이 들어왔다. 식사하면서도 처지가 같은 현희와 이야기를 나누었다. 거창을 떠날 때 자기 가게 앞에 차를 세웠다. 빵 가게를 차리고 있었다. 아내가 나와서 공손하게 인사를 했다. 빵을 한 아름 차 안에 밀어 넣었다. 가다가 자시란다. 현희는 내려가서 별도로 빵 한 보따리를 사들고 왔다. 은정이에게 넘겨주면서 들고 가실 수 있도록 빵을 따로따로 담으라고 했다. 식대와 빵 값이 적지 않을 것이다. 문제는 액수의 적고 많음에 있는 것이 아니라 진정인가 아닌가에 있다. 우리 후예들의 배려와 따뜻한 정에 흐뭇했다. 의령에 가서 한창우 동지, 박순자 동지, 박현희와 다음 답사를 약속하고 아쉬운 작별을 했다. 서울로 가는 차 안에서 기동투쟁과 의령투쟁을 수행한 동지들, 이영회 동지, 윤회 동무의 셋째, 박현희가 떠올랐다. 사상과 육체의 혈맥은 영원히 이어가는 것이다. 허찬형 동지를 대전에 내려놓고 여덟시가 넘어서 서울에 도착했다. 여느 때와 같이 정부영, 김영진, 김은정 세 젊은 친구가 애썼다.

경남 전적지 3

 2011년 10월 14일 오후 7시 30분에 김교영 동지, 한재룡 동지, 나, 정부영, 김영진이 양제구민회관 앞에서 출발했다. 대전에서 허찬영 동지를 태우고 밤중에 함양군 안희면 월점리 1302번지 국학연구소에 도착했다. 원장이 반갑게 맞아주었다. 늦은 시간인데 푸짐한 도토리묵에 두부와 산채를 안주로 막걸리를 내놓았다. 수염이 더부룩한 원장이 지방일꾼 두 분을 소개했다. 정담을 나누며 술잔이 오고갔다. 밤이라 취할 수도 있건만 정부영은 내일 일정 때문에 다음날 7시에 아침식사를 부탁하고 술자리를 정리했다. 잠을 푹 자고 새벽에 일어나서 이슬이 맺힌 풀밭을 산책했다. 아침식사를 마치고 떠나는데 원장이 사과 한 보따리를 차 안에 밀어 넣었다. 낙과지만 가다가 자시란다. 따뜻한 정을 뒤로하고 원장의 대안대학의 꿈이 이루어지기를 기원하면서 우리 일행은 떠났다. 춥도 덥지도 않고 전형적인 가을 날씨였다. 차창 밖의 논들은 누런 벼가 그득하고 길가의 감나무는 빨간 감을 주렁주렁 달고 있었다.

박판수 동지가 아이들을 가르친 서상초등학교

우리는 서상초등학교 앞에서 현희와 희숙이를 만났다. 반가웠다.
"이 학교에서 아버지가 아이들을 가르쳤습니다. 오빠들이 목마를 태워주던 기억이 나네요."
교정을 바라보던 현희는 말을 잊지 못했다. 박판수 동지로부터 배운 어린이들 지금은 70대 후반의 노인이지만 몇 분이 나오기로 연락이 되었다는데 이른 아침이라 그런 것인지 나타나지 않았다. 마냥 기다릴 수 없는 우리라 8.15 전후 박판수 동지의 활동 근거지이기도 한 서상면을 떠났다. 아쉬웠다. 안의면에 가서 현희는 차를 길가에 세워놓고 희숙이와 함께 봉고차에 탔다. 목적지는 기백산, 가을이 짙어가는 산골 여기저기에 마을이 보였다. 논에는 벼, 밭에는 콩이 영글어가고 파란 무와 배추 밭들이 보였다. 감 밭, 사과밭이 널려 있었다. 올해도 풍년인 듯싶다. 그러나 농사를 직접 짓는 농민들은 빚에 쪼들리고 살기가 팍팍하다고 한다. 농민문제를 어떻게 풀어야하나 상념에 잠겨있는데 골짜기를 타고 들어가던 차가 멈췄다.

동지들이 활동하던 기백산

오른쪽 산이 기백산이란다. 차에서 내리자 바로 옆에 과히 높지는 않지만 수량이 많은 폭포가 보였다. 아래로 내려갔다. 깊이를 알 수 없는 파란 소에 폭이 넓은 물줄기, 단풍이 들어가는 숲에 에워싸인 폭포는 아름다웠다. 더러는 바위위에 앉고 서서 김교영 동지의 설명을 들었다.

기백산 작은 폭포에서 김교영 동지의 설명을 듣다.

"이 기백산은 지리산에서 덕유산으로 가는 길목에 있습니다. 대부대가 자리를 옮겨가면서 기동 투쟁은 할 수 있어도 지형적 조건이 거점으로 활용할 수는 없습니다. 연락부 성원들이나 지방 조직이 비트를 파놓고 은밀하게 활동했던 곳입니다. 기백산 덕유산 일대에서 싸운 경남 부대로는 303부대 8.15부대, 102부대, 때로는 박문학부대, 노영호부대도 이곳에서 전투를 했습니다. 그리고 이현상부대가 남하하면서 청주를 해방시키고 영동 민주지산에서 두 방향으로 이동했어요. 남부군 인민여단과 혁명지대를 합해서 연합부대라고 하는데 연합부대는 수도산, 단지봉, 가야산, 성산으로 이동하구요. 승리사단 본부대(이현상 동지와 정치부, 참모부, 의무과, 연락부 총무과가 속해 있음)는 무주를 경유하여 덕유산으로 들어갔습니다. 송치골에서 6개 도당회의를 갖고 2개월 후에야 위천면에서 서로 만나게 됩니다. 전 부대가 이 기백산에 임시 거점을 두고 백운산, 장안산으로 계내, 계복, 명석리, 이천, 석산, 서하 안의 봉산대병, 신안면, 오부면, 차황면을 치고 가회 지서를 때리다가 총참모장 박종하 동지가 전사했답니다. 유능한 군사간부를 잃었습니다. 나도 기백산에 파견되어 얼마동안 있었네요."

20대의 자신이 떠오르는 듯 김교영 동지는 기백산을 올려다 보았다. 우리는 폭포를 배경으로 사진을 찍고 용추사를 둘러보고 돌아나왔다.

전북도당 위원장 방준표 동지가 전사한 망봉

차는 덕유산 망봉을 향해서 달려갔다. 망봉은 전북도당 위원장 방준표 동지가 최후를 마친 곳이고 항미연대 50여명의 전사들이 치열한 격전 끝에 4명이 살아남고 전원이 전사한 곳이다. 정확한 위치를 찾고 싶은 열망이 일고 있었다. 먼저 덕유산 들머리에 관리소를 찾았다. 뜰 앞에 차를 세워놓고 사무실 안으로 들어갔다. 직원에게 관광안내물을 부탁하고 "나는 역사기록문을 남기기 위해서 답사하고 다니는 글 쓰는 사람인데 전쟁 때 전북도당 위원장 방준표씨가 망봉에서 돌아가셨다고 들었습니다. 혹시 그 위치를 알고 있습니까?" 하고 묻자 자기는 이곳에 온 지 1년밖에 안되어서 모른다고 했다. 관리소 오른쪽 산이 망봉이고 1,046m 왼쪽에 또 망봉이 있는데 699.7m로 덕유산 국립공원 안내도에 표시되어 있다. 60여년 전 방준표 동지가 전사하신 곳에 와본 적이 있는 김교영 동지는 기억을 더듬으며 699m 고지 망봉이 맞다고 했다. 차를 타고 가다가 한 번 두 번 내려서 지형을 살피고는 아니란다. '공정리'란 표지석이 있는 곳에서 차를 세웠다.

"내가 이곳에 왔을 때 논두렁 길로 논 여러 배미를 지나서 올라갔습니다. 여기가 맞습니다. 얼마 안됩니다."

감이 잡히는 것 같았다. 한우 축사 뜰에 차를 세워놓고 교영 동지를 따라서 싸목싸목 올라갔다. 위쪽 논은 벼가 아닌 잡초가 들어차 있었다. 골짜기로 흔적만 남아 있는 길이 얼마 못가서 없어져 버렸다. 김교영 동지와 한재룡 동지는 왼쪽 능선, 나와 영진은 오른쪽 능선을 오르기로 했다. 꽤나 가파른 곳을 무찔러 올라갔다. 나무나 나무뿌리를 거머쥐고 힘겹게 올라채자 트 자리가 보였다. 아! 동무들이 있던 자리! 위치나 규모로 보아서 초소가 분명했다. 위로 올라갔다. 능선을 잘라서 큰 길을 만들어 놓았다. 더는 못 올라가고 주변을 둘러보았다. 또 동지들의 흔적이 있나 하고 살펴보면서 천천히 능선을 내려왔다. 허사였다. 산을 내려와서 돌아보았다. 골짜기 어딘가에 물이 있었을 것이고 트 자리로 보아서 분명히 동지들이 있었던 곳이다. 전북도 유격대 사령관 방준표 동지와 항미연대 전사들이 여기에 있었는지 이 능선에서 격전 끝에 최후를 마쳤는가…….

60년 전 일들이 어제인 양 선하게 떠올랐다. 1951년 4월 초에 박근주 동지, 이동욱 동지, 이상훈과 나, 이렇게 네 사람이 선이 떨어져서 성수산과 팔공산을 헤매고 다니다가 삼각산 넘어 덕대산에서 도당과 선이 닿았다. 군사부장 김명곤 동지가 임실군당과 선이 연결될 때까지 도당 호위부대에 있도록 배치했다. 군경은 매일같이 10시경에 덕대산 주위를 포위하고 공격하다가 4시경에 철수하곤 했다. 그날도 아마 2시쯤 되었을 것이다. 밑에서 방어하던 동무들이 밀려서 적들이 능선에 올라와버렸다. 산불이 났을 때 옮겨 붙지 못하도록 능선을 따라서 나무를 베어버린 7, 8미터의 공간을 사이에 두고 전투가 치열했다. 위급한 상황이라 도당호위부대도 전원이 전투에 투입되었다. 총탄이 무수히 날아오고 수류탄이 터지고 매개 동무들은 소나무 뒤에 숨어서 적이 몸을 드러낼 때마다 단발총, 연발총을 갈겨대는데 어느새 왔는지 방준표 동지가,

"저 놈 잡아라!"

고함을 지르며 권총을 난사했다. 놀란 동무들이 달려가서 앞을 막고

불문곡직하고 끌고갔다. 망봉 어느 능선에서 생을 마쳤는지 아직 모르지만 최후 결전시에도 대담무쌍하게 싸우다 가셨을 것이다. '한 몸을 조국에 온전히 바친 방준표 동지, 항미 연대 전사들이여! 그대들은 우리 민족과 함께 영원할 것입니다.' 영진은 왼쪽 능선을 카메라에 담기 위해서 가고 나만 혼자 생각에 잠기며 축사에 돌아왔다. 뒤늦게 온 김교영 동지는 능선 중턱에 큰 묘가 있는데 산주가 묘연고자를 찾는다는 푯말이 묘 앞에 꽂혀 있는 것으로 보아 방준표 동지의 직계나 친척이 방준표 동지가 돌아가신 곳에 산주 모르게 묘를 써놓은 게 아닌가 여겨진다며 흥분을 감추지 못했다. 그러나 다리지에 불탄 절터에서 기습당한 부대는 능선에 올라가서 싸우다가 최후를 마쳤다는 생존자의 증언으로 보면 1046미터 고지의 망봉 줄기에서 전사하신 것으로 추정된다. 이성근 동지의 기록에 의하면 방준표 동지는 1905년 4월 8일에 경남 통영에서 출생, 1954년 1월 18일 덕유산 서쪽 줄기에 있는 망봉에서 국방군 5사단 36연대와 전투중 전사했다고 쓰여 있다.

우리는 무주로 갔다. 구천동 입구에 차를 세워놓고 한재룡 동지와 나는 영진이와 함께 등산로를 따라 들어갔다. 아직 단풍철이 아닌데 몇 그루의 아름드리 은행나무 잎사귀는 온통 노랗게 물들어 있었다. 아이의 손을 잡은 엄마와 젊은 연인들이 은행나무를 배경으로 사진을 찍고 있었다. 우리는 6-700m 들어가다가 일행이 기다릴 것 같아 더 안가고 인터뷰를 했다.

6지대 문화부 지대장 김태종 동지가 적의 매복에 희생당한 곳

"저 산에 6지대 문화부 지대장으로 일부 병력을 통솔하고 내려와 충남북 일대에서 유격전을 전개했던 김태종 동지가 묻혀 있습니다. 2,000년 여름에 6지대 부대장 함세환 동지, 신인영 동지, 나, 태종 동지의 딸

김혜원님이 이곳에 와서 김태종 동지의 묘를 찾으려고 헤맸으나 끝내 못 찾고 말았습니다. 함세환 동지는 세 사람이 태종 동지의 시신을 묻었는데 모포로 여러 겹을 싸고 병에 고향과 이름, 나이, 직책, 사망 날짜를 적어서 초로 밀봉하여 깊이 매장했답니다. 두 동무는 전사하고 자신만 살아남았는데 자기 외에 아는 사람이 없는 것을 몹시도 안타까워했어요. 혜원님은 저 산 흙 한 움큼을 가지고 가서 선산에 아버지 묘를 쓰고 비석도 세워놓았데요. 가본 적이 있습니다. 김태종 동지는 전쟁전에 부안 군당 비서도 했구요. 인민군이 서울을 해방시키자 바로 80여명의 젊은 일꾼들을 규합하여 전북 유격대를 조직하여 전선을 뚫고 남진했습니다. 2차로 내가 7월 7일에 서울을 떠났으니까 1차는 7월 초가 분명합니다. 거기까지는 내가 아네요. 뒤에 함세환 동지로부터 들은 바에 의하면 김태종 동지가 지휘한 유격부대는 전북을 거쳐서 낙동강 전선에 나갔답니다. 전선을 뚫고 적 후방에 드나들면서 유격전을 수행했고요. 9.28 후퇴시에 북상 강원도까지 갔다가 6지대에 편입되었답니다. 6지대는 세 부대로 나뉘어져 지대장, 문화부 지대장, 참모장이 각기 1개 부대씩 책임지고 남하했는데 유일하게 문화부 지대장 김태종 동지가 인솔한 부대만 전선을 돌파하여 덕유산에 왔으며 충남북 일대에서 유격전을 전개했답니다. 수많은 전투와 전공을 올렸다고 들었습니다. 김태종 동지는 위에서 언급한 바와 같이 1953년 여름 어느 날 요 밑에 골짜기로 걸어가다가 대낮에 적의 매복에 걸려서 희생되었대요. 그 때는 우리 루트를 꿰뚫고 있는 변절자들이 3,4명씩 숲속에 매복하고 있다가 기습해서 동지들에게 큰 타격을 주었답니다. 그놈들에게 당한 것이지요."

우리는 인터뷰를 마치고 곧 돌아나왔다. 공터에 자리를 깔고 현희와 희숙이가 가져온 밥과 푸짐한 찬에 국까지 끓여서 점심을 맛있게 먹었다. 세시가 넘어서야 무주 구천동에서 출발했다.

라제문

가다가 삼거리에서 차가 멈췄다. 길가에 동상이 있기에 비문을 읽어보았다. 강무경 1905년 을사조약이 체결되자 의병을 모집, 1907년에 침남 부대 선봉장으로 300여명을 이끌고 강진, 장흥, 능주, 영암, 나주, 해남, 보성 등지를 돌아다니며 왜군과 관군을 쳐서 큰 전공을 세웠으며 1909년 8월 26일 능주에서 체포되었고 1910년 7월 23일 대구에서 순국했다. 부인도 함께 싸우다가 체포당했는데 석방되었으며 절개를 지켰다고 새겨있었다. 조국을 유린하는 왜군을 타도하기 위해서 목숨을 바친 할아버지들, 그 불굴의 정신, 불같은 애국의 얼은 후손들에게 핏줄로 이어지는 것이다. 누구도 어떤 정치세력도 끊어버릴 수가 없다. 친일파는 나쁘고 친미파는 좋다고 미군반대를 죄악시하는 얼빠진 인간들은 역사적인 교훈을 받아 안아야 한다. 옆으로 50여미터 밖에 산 능선을 뚫어서 길을 냈는데 굴 위, 아래, 양 옆이 순 돌이었다. 굴 위에 '라제문' 이란 글이 새겨 있었다. 신라와 백제의 국호에서 한자씩 떼다가 만든 명칭이 눈에 들어오자 묘한 감정에 휩싸였다. 옛날 굴 양 입구에 신라 군인과 백제 군인이 각기 창을 세우고 오고가는 사람들이 내미는 통행증을 보면서 보따리는 건성으로 만져보고 통과시켰을 테지. 길손이 뜸하면 10여 메타의 거리라 말을 걸어보고 날마다 보는 정든 얼굴이라서 때로는 농도 하고 상급자가 오면 안 그런 척 딴전을 피웠을 것이다. 인정이 많은 민족이라 한편이 어려우면 위로하고 도시락도 나눠 먹었을 테지. 지금과는 영 딴판이었을 정경을 상상해 보았다. 언제 돌을 쪼아서 길을 뚫었는지 모른다. 2,000년은 안되었을까? 저쪽 석문에 갔다가 돌벽을 짚어보며 천천히 돌아 나오는데 정부영이 빨리 오란다. 서둘러서 차에 탔다.

굶고 혹한에 덕유산을 넘다가 일곱 동무가 절명하셨다

무주 설천면 설천초등학교 정문 안에 차를 세웠다. 허찬영 동지가 입을 열었다.

"기분이 묘하네요. 60년 만에 왔거든요. 내가 지금까지 살아있다는 것이 놀랍기도 하구요. 그러니까 1950년 11월 초에 배뱅이에서 50여명을 규합하여 송리산까지 북상하다가 인민군과 중국인민지원군이 남진하고 있다는 소식을 듣고 이곳으로 내려왔습니다. 여기서 4킬로미터쯤 떨어진 곳에 우리 해방구가 있었어요. 설천면에 경찰이 늦게 들어왔는데 그들을 치려고 동무들이 내 건너 저 산에 왔습니다. 경찰들이 이 운동장에서 아침운동하는 것을 보고도 언 내를 건너기가 어렵다고 총 한발을 안 쏘고 돌아갔습니다. 부대장 여석명 동무는 엄한 비판을 받았어요. 직위 해제를 당했습니다. 그리고 해방구에 105 남해여단 여단장 이천청 동지, 3연대장 이춘봉 동지가 여단 산하 300여명의 무장 대오를 통솔하고 있었습니다. 국방군의 대대적인 공세가 있자 이천청 여단장은 200여명을 인솔하고 전북으로 가고 이춘봉 3연대장은 100여명을 인솔하고 경남으로 갔습니다. 그 해 참 추웠어요. 눈이 많이 왔습니다. 허벅지까지 쌓인 눈을 헤치면서 산을 탔네요. 며칠 동안 굶었는지 확실치 않지만 아무튼 여러 끼를 굶고 지쳐버린 동무들이 덕유산 상봉을 넘다가 일곱 명이 얼어 죽었습니다. 나도 발은 떨어지지 않지, 죽는 줄 알았습니다. 덕유산 아래 어느 절에 가서 물을 끓여 먹었는데 맹물인데도 뱃속에 들어가자 몸이 훈훈해지고 생기가 나데요. 우리 대오는 1951년 1월 5일에 지리산에 당도했습니다."

아기까지 수백 명이 학살당한 금서면, 유림면, 신원면

허찬영 동지의 설명이 끝나자 우리는 설천면을 떠났다. 차가 고속도로를 달리다가 생초면으로 들어갔다. 해가 서산 너머로 숨어버렸다. 강둑에서 김교영 동지의 설명을 들었다.

"저기 보이는 덕갈산이 지리산에서 덕유산으로 가는 길목인데 중간 거점으로 이용했습니다. 책임자가 홍팔십 동무고요. 아버지가 80에 득남했다고 이름을 팔십이라고 지었답니다. 잘 싸우다가 전사했네요. 52년 8.15 기념투쟁에 8지대 3연대가 생초면을 치기 위하여 뒷산에 내려와서 낮에 잠복하고 있었는데 어둡기 전에 움직이다가 그만 적들의 감시망에 걸려들고 말았습니다. 그날 전투가 치열했네요. 생초면을 먹지도 못하고 아깝게도 연대장 이영수 동지를 잃었습니다. 그리고 여기서 가까운 금서면, 유림면 12개 부락 인민들을 국방군이 519명이나 학살했습니다. 그 부대가 다음날 거창군 신원면으로 넘어가서 저번에 말씀드린 바와 같이 750명을 또 학살했습니다. 노인은 물론 아기들까지 학살하고 휘발유를 뿌려서 태워버린 놈들, 놈들은 사람이 아닙니다. 1960년에 이승만 정권이 무너지자 학살 당시 죽일 사람과 살릴 사람을 가려냈던 신원면 면장인 박명보를 유족들이 잡아다가 죽였습니다."

이미 날이 어두웠다. 우리는 차를 타고 새재산장으로 갔다. 점심을 늦게 먹은데다가 현희가 가져온 떡을 먹었기 때문에 저녁 생각이 없는데 그래도 그냥 잘 수는 없다고 부영이가 슈퍼에 들러서 라면을 샀다. 산장 내외는 전에 자고 간 일행이라 반가워했다. 라면을 끓여먹고 주인과 이런저런 이야기를 나누었다. 김교영 동지는 특히 노영호 동지가 희생된 위치를 알아내기 위해서 질문을 했다. 이쪽 지형을 모르는 우리는 주인 답변을 듣기만하고 교영 동지는 감이 잡히는 것인지 흥분했다. 모두 따뜻한 방에서 푹 자고 다음 날 7시에 아침을 먹고 산장을 떠났다.

경남도당 위원장 조병화 동지가 잡힌 조개골

경남도당 위원장 남경우 동지가 1951년 12월 대공세 때 대성골에서 희생된 후 전북도당 부위원장으로 있다가 경남도당 위원장으로 오신 조병화 동지가 체포된 조개골에 가는 길이다. 허찬영 동지는 부상당했던 다리가 아프다고 걸음이 느렸다. 교영 동지에 의하면 조병화 동지가 체포된 지점까지 갔다. 오는데 4시간은 잡아야 된다고 하기에 허찬영 동지에게 천천히 걸어오다가 힘들면 내려가시라고 이르고는 걸음을 재촉했다. 오르막길인데 비교적 평평해서 과히 힘들지 않았다. 세 번 쉬고 1시간 30분만에 목적지에 도착했다. 개울을 사이에 둔 일대에 부대가 있었고 조병화 동지가 체포당한 트가 있었다는데 정확한 위치는 찾아내지 못했다고 한다. 지금도 주위에 산죽이 쫙 깔려있었다. 동지들의 흔적을 찾기 위해서 산죽을 헤치며 위 아래로 더투었다. 동지들이 자고 밥 먹고 학습하고 회의하던 트 자리 세 곳을 찾아냈다. 언뜻 보면 모르지만 자세히 살펴보면 사람이 쌓은 돌이며 땅이 주위보다 꺼져 있어서 빨치산 아니더라도 누구나 수긍할 수 있는 트 자리였다. 우리는 안에 들어가서 돌도 만져보고 사진을 찍었다.

'님들은 60년 전에 가셔서 육신이야 사라졌지만 우리 민족과 인민을 위한 한 마음, 목숨을 바친 님들의 넋은 영원히 후손들에게 계승될 것입니다.' 심장 속에 있는 님들과 교감하면서 조개골을 떠났다.

"도당 트에는 도당위원장 조병화 동지, 기호과장 김병주 동지, 호위대 정치지도원 송송학 동지, 호위병 강대성 동지가 같이 지냈는데 그날 송송학, 강대성 동지가 보급 사업에 나갔답니다. 트를 정확하게 아는 변절자가 경찰을 끌고 온 듯 불시에 경찰들이 트를 덮쳐서 권총 뺄 시간도 수류탄을 터뜨릴 틈이 없었다고 하데요. 1954년 1월에 사고가 났고 조병화 동지는 대구 감옥에서 사형 집행을 당했습니다. 도당 위원장과 함께 잡힌 김병주 동지는 15년 징역을 살고 나와서 수년 전에 병사했습니다. 병주 동지와는 징역도 같이 살고 나와서도 오고가며 가깝게 지냈네요. 김병주 동지로부터 그 때 상황을 자세히 들었습니다."

김교영 동지의 설명을 들으면서 천천히 내려왔다. 도중에 교영 동지는 길가의 바위를 보고는 여기가 맞다고 안으로 들어갔다. 넓직한 곳에서 김교영 동지는,

"1952년 5.1절 기념대회를 이 장소에서 가졌네요. 8지대 동지들과 산청군당 성원들이 참가했습니다. 당시에 경남도당 부위원장은 김병인 동지, 사령관은 이영회 동지, 참모장은 김명식 동지, 8지대 지대장은 조인민 동지, 정치주임은 한현수 동지, 저는 도민청 위원장으로 있었습니다. 5.1절 기념대회에서 내가 작성한 보고문을 낭독했네요."

말을 마친 김교영 동지는 옛일이 떠오르는 듯 주위를 살펴보았다. 우리는 새재산장에 내려갔다. 식탁에 토종닭이 나왔다. 희숙이가 점심을 시켰다고 했다. 우리 후예들의 배려와 정이 그득한 밥상이었다. 우리는 잘 먹고 산장을 떠났다.

문무를 겸비한 노영호 사령관이 희생당한 홍계리

내려오다가 좌로 굽어서 들어갔다. 숲이 울창할 뿐 사람 왕래가 별로 없어보이는 좁은 길로 얼마나 올라갔을까? 집 너댓 채가 보였다. 산청군 삼장면 홍계리였다. 우리는 앞이 보이는 언덕에 올라갔다. 김교영 동지가 설명을 했다.

"정순덕 동지와 산장 주인의 말을 종합하면 노영호 동지가 전사한 곳이 여기가 맞습니다. 그때까지 살아남은 동지들이 보급사업을 해가지고 앞산을 넘어서 이곳으로 왔답니다. 이 근방 어딘가에서 밥을 해먹다가 꼬리를 물고 따라온 경찰들에게 기습을 당했데요. 노영호 동지 외에

두 동지가 희생되었답니다. 그날 여기에 있었던 동지들은 노영호 사령관, 도당 조직부장 전정수 동지, 조직부 부부장 김희준 동지, 하동군당 위원장 이은조 동지, 구분대장 이재봉 동지, 문영태 동지, 이홍희 동지, 지동선 동지, 선명칠 동지, 김삼이 동지, 이용훈 동지, 정순덕 동지라고 합니다. 1954년 6월 19일이었구요. 정순덕 동지로부터 그때의 상황을 자세히 들었고 여기에 있었던 동지들의 이름을 잊을까봐 수첩에 적어두었습니다."

말을 마친 김교영 동지는 긴 숨을 내쉬었다. 54년 초까지 함께 있었던 동지들인데 아프지 않을 것인가. 노영호 동지는 문무를 겸비한 대단한 간부라고 들었다. 분노를 삭히며 홍계리를 떠났다. 높은 재를 넘어서 함양군 휴천면으로 갔다. 김교영 동지가 산중턱에 차를 세웠다.

"저 마을이 문정리 입니다. 경남도당이 9.28때 입산한 마을입니다. 임병탁 동지가 6.25 전에 도당연락부장으로 활동했고 여기가 고향이라 도당 성원들을 이곳으로 안내한 것 같습니다. 마을 뒷산이 달뜨산이고 마을 앞으로는 남강 상류인 임천강이 있어서 지도부가 얼마동안 있기에는 괜찮은 곳입니다. 문정리에서 사령부를 결성했고 덕유산으로 갔다가 지리산으로 들어갔습니다."

충직한 일꾼은 흔적을 남기는 법이다

"노영호 동지의 고향이 유림면이고 진양군당 및 진주시당 위원장 박판수 동지(현희 아버지), 부산시당 위원장 정철상 동지(희숙 아버지), 하준수(가명 남도부) 네 동지가 일제시대에 일본에서 대학 나온 공산주의자로 다 함양출신입니다. 이 동지들이 일제 때 지역 인민들에게 영향을 주었으며 해방 후에는 전선에서 맹렬히 활동했습니다."

김교영 동지의 설명을 듣고 곧 출발했다. 안의면에 갔다. 용기며 깔

개 등을 현희 차에 옮기는데 현희는 어느 사이에 준비한 것인지 사과 여섯 보따리를 하나씩 들고 가시라고 봉고차에 실었다. 여성은 정이 많다. 그 점도 있지만 믿음이 가기 때문에 감동을 주는 것이 아닐까? 현희와 희숙이와 아쉬운 작별을 하고 우리는 서울로 떠났다. 얼마 안가서 어두웠다. 조개골이 떠올랐다. '변절자' 어제의 동지를 잡으러 다닌 자들! 대내의 일인의 적은 대외의 백만의 적보다 크다는 말이 있다. 곱씹어봤다. 양제역에서 내렸다. 부영이와 영진이가 언제나처럼 수고했다.

경남 동부지역 및 경북 전적지

부산에서 동지들을 만나다

2011년 10월 29일 나, 작가, 김용심, 정부영, 김영진, 김은정 5명이 마장동에서 저녁을 먹고 9시 20분에 출발했다. 현희가 부영이에게 자기 집에서 가지산까지 차로 1시간 거리니까 집에 오라고 했단다. 부산까지는 밤이라 빨리 달려도 다섯 시간 가까이 걸린다고 운전대를 잡은 부영이가 서둘렀다. 휴게소에 잠깐 들렀다가 속도를 냈다. 새벽 1시 넘어서 현희가 사는 아파트 주차장에 차를 댔다. 현희가 나왔다. 용심 외에는 다 아는 사이라 끌어안고 좋아했다. 현희가 잠자리를 마련해 놓았기 때문에 발만 씻고 바로 잤다. 다음날 8시에 일어나서 정성껏 차린 밥상을 받자 구연철 동지가 왔다. 모두가 반갑게 인사를 했다. 아침을 먹고 봉고

차에 다 타고 떠나는데 희숙이가 왔다. 함께 가면 좋을 것을 집안 일 때문에 못 가서 아쉽다고 봉투를 꺼내 주었다. 부영이가 고맙게 받았다. 텔레비전 일기예보에서 비가 온다고 하기에 걱정했는데 구름이 끼여 있을 뿐 날씨가 좋았다.

경북 빨치산 근거지 가지산

부산 시내를 벗어나자 들에 가을걷이가 한창이고 산은 온통 단풍이 들어서 장관이었다. 골짜기로 능선을 감돌아 산중턱 휴게소에 차를 댔다. 소풍 나온 차가 즐비하고 사람들이 북적거렸다. 막걸리 한 병에 사과 몇 알을 사서 차에 싣고 떠났다. 산굽이를 돌 때마다 다른 가을 경치에 젖어있는데 높은 재를 넘는 듯 안개가 덮어버렸다. 차가 내리막길로 천천히 내려가자 안개가 걷히고 첩첩한 산이 시야에 들어왔다. 아름다웠다. 나무 한 그루를 뜯어보면 단풍든 잎도 그렇고 나무 모양새도 별것이 아닌데 한 눈에 보는 가을산은 일품이었다. 길가에 차를 세워놓고 앞산 골짜기, 이 산, 저 산을 두루 바라보았다. "참 좋구나. 아름답다"는 감탄사가 절로 나왔다. 넋을 놓고 있을 때가 아니라서 우리는 곧 차를 타고 내려갔다. 큰 길에서 좌로 굽은 사이 길로 접어 들어갔다. 얼마 동안 달리자 찻길이 막혀 버렸다. 공터에 차를 세웠다. 여기가 가지산이란다. 구연철 동지가 지팡이를 짚고 등산길을 따라 올라갔다. 꽤나 가파른 길이었다. 상봉이 보이는 곳에서 구연철 동지는 술 한 잔을 따랐다. 가지산은 경북도당위원장 박종근 동지와 여러 동지들이 전사한 곳이다. 경건하게 묵념을 올렸다. 음복을 하고 구연철 동지가 설명했다.

"1947년부터 우리가 비합으로 들어가자 경북 동무들은 야산대를 조직하여 가지산에 근거지를 두고 경북일대에서 정치 활동을 했습니다. 전쟁시에도 가지산, 신불산은 미해방구로 적구였어요. 1950년 7월인가 확

단풍이 하도 좋아서 사진을 찍었다. 왼쪽부터 김용심 작가, 구연철 선생, 박현희, 필자, 김은정.

실치 않습니다만 박종근 동지가 경북도당 위원장으로 오면서부터 경북 동지들은 본격적으로 유격전을 하게 됩니다. 내가 경북에 대해서는 들어서 알 뿐 자세히 모릅니다. 다만 경남 동부처럼 수없이 소규모 전투를 했구요. 제2전선에서 정치군사적 임무를 수행했습니다."

경북도당위원장 박종근 동지

"박종근 동지는 애석하게도 1951년 말인가, 52년 초에 이 가지산에서 전사했습니다. 박종근 동지의 경력은 잘 모릅니다. 1946년 10월 대구 인민항쟁을 지도한 한 분이고 전평에 있다가 49년에 월북했으며 30세 전후의 젊은 나이에 도당위원장으로 격전 끝에 전사하셨다는 정도로 알고 있습니다. 우리 당중앙상임위원회 94호 결정에 의하여 경남동부지역과 경북이 합해서 4지구로 조직 개편이 있었습니다. 박종근 동지가 전사한 후 경북도당부위원장 이영섭 동지가 4지구당 위원장으로 이 지역 당과 유격부대를 지도했습니다."

말을 마친 구연철 동지는 지팡이를 짚고 힘들게 일어났다. 가지산 상봉을 바라보았다.

'박종근 동지는 어느 곳에 묻혀 있는가?' 박종근 동지가 열렬히 사랑했던 아내, 남편을 불같이 사랑했던 여인, 이숙의 동지는 결혼생활 2년이 안 되었지만 남편을 가슴에 품고 딸을 고이 키우면서 지조 있게 살다가 갔다. 그녀는 글을 남겼다. 딸 박소은 어머니요 혁명가의 아내가 남긴 유고를 『이 여자 이숙의』라는 책으로 묶어서 세상에 내놓았다. 감동적인 책이다.

'박소은은 이국땅에서 아버지를 생각하며 조국통일을 열망하면서 뛰고 올곧게 살아가고 있겠지?'

좀 더 시간적인 여유가 있으면 이 골짜기 저 골짜기 돌아다니며 동지들의 흔적을 찾아낼 수 있는 것을. 아쉬움을 뒤로하고 우리는 동지들이 오르내린 능선 길을 조심스럽게 내려왔다.

국방군이 운문사를 불지르다

일정이 많기 때문에 서둘렀다. 재를 넘어서 운문사로 가는 길에 하도 단풍이 좋아서 차를 세워놓고 감상하는데 50대 초반으로 보이는 여성이 "참 아름답지요. 모든 사람에게 보여주고 싶네요." 하지 않는가. 여인의 마음 또한 고와보였다. 구연철 동지는 차를 타고 내려가면서 "여기가 어름골입니다. 저기에 굴이 있는데 여름에 굴 안에 들어가도 소름이 돋고 덜덜 떱니다. 유명한 양산 얼음굴입니다. 허준 선생이 해부학을 배운 곳으로도 알려진 곳입니다. 이 고장에서 나는 사과 맛이 좋습니다. 어름골 사과라고 하면 알아주지요."

 이 고을 자랑을 하는데 차가 어느덧 사과가 주렁주렁 달린 사과밭 옆에 멎었다. 사과를 쌓아 놓고 팔고 있는 할머니가 무턱대고 사과를 쪼개 주면서 먹어보란다. 사과 맛이 좋았다. 이쯤 되면 사과를 안 사고는 못 가지. 현희가 사과 한 상자를 샀다. 운문사는 전에 와본 적이 있지만 입구에 아름드리 소나무가 좋고 토요일이라 사람들이 북적거렸다. 雲內僧伽大學이라는 현판이 걸려 있었다. 문 안으로 들어갔다. 가지가 땅으로 굽은 누가보아도 놀랄 만한 소나무가 눈에 들어왔다. 수명이 500년 쯤 된다는 설명문이 붙어 있었다. 우리는 사람 왕래가 적은 절 모퉁이에 가서 의자에 앉았다. 구연철 동지가 입을 열었다.

 "이 절은 6.25 전쟁 때 국방군이 불질러 버렸는데 타버린 절터에 다시 지은 집들입니다. 1951년 여름이지요. 국방군 1개 대대가 절에 주둔하면서 날마다 공세를 취했습니다. 쫓겨 다니던 동무들은 역으로 공격했어요. 무력이나 수적인 면에서 비교가 안 되는 우리는 밤으로만 연발총을 가지고 소부대가 기습했습니다. 밤마다 두 번, 세 번씩 기습했습니다. 우리야 교대를 하지만 적들은 전원이 당하지 않습니까. 잠인들 제대로 자겠어요. 자다가도 깰 텐데, 그러다가 언제 대부대가 덮칠지도 모르지 공포에 떨었을 것입니다. 우리는 하룻밤도 거르지 않고 10일이 넘게 신경전을 했습니다. 적의 공세도 시들해지고 견디다 못한 적들은 어느 날 두시 경에 절에 불을 지르고 철수했습니다. 그를 예견한 동무들은 산기슭에 매복하고 있다가 후비를 때렸습니다. 군용차량 석 대를 잡았는데 주로 군용품을 실었더군요. 동무들은 필요한 물품만 골라서 한 짐씩 지고 떠났습니다. 나머지와 차량은 소각하고요. 몇 년 전까지만 해도 매표소 앞 담 끝에 총탄 자국이 많은 큰 돌비석이 서 있었는데 없애버렸네요."

 구연철 동지가 말을 마치자 모두 일어났다. 운문사는 여승만 있는 절로 터가 넓어서 다 구경하려면 시간이 걸린다. 몇 군데 더 들러야 할 우리는 곧 차를 타고 포항으로 떠났다.

포항비행장을 습격하여 미수송기 세대를 소각하다

꽤 먼 거리였다. 포항비행장에 갔다. 건물은 새로 지었는데 옛 장소라고 했다. 구연철 동지가 설명을 했다.

"1950년 8월경에 남도부 부대가 이 비행장을 3일간 해방시켰다고 합니다. 미군 수송기 세 대를 소각하구요. 야적해 있던 군수품 중에서 전투에 필요한 것은 산으로 후송하고 나머지는 인민들에게 나누어 주었다고 합니다. 지금은 없지만 그 당시에는 이 부근에 농가가 많이 있었답니다. 농민들을 모아놓고 선전사업도 하고 만세를 불렀다는 이야기를 들었습니다. 부대는 비행장에서 일월산으로 이동했구요. 형제봉에서 전투를 치열하게 했답니다. 남도부 부대는 형제봉 전투 후에 신불산으로 들어가서 거점을 구축하고 본격적으로 유격전을 전개합니다."

구연철 동지가 말을 마치고 우리는 비행장을 돌아 나왔다. 포항까지 왔으니까 포항 명물인 가자미 물회를 먹자고 부영이는 이름난 식당을 물어서 끌고 갔다. 1인당 12,000원이라 밥값이 비싼데 그냥 먹잔다. 물회와 찬이 푸짐했다. 80평생에 처음 먹어보는 가자미 물회라 기억에 남을 것이다. 계산대에 가자 어느새 용심이가 밥값을 냈단다. 요즈음 글쓰는 사람들이 어려운데 부담이 큰 것 같아서 짠했다.

형상강 철교 폭파

우리는 길 가는 사람에게 물어서 형상강 구 철교가 있던 곳을 찾아갔다. 교각 밑 부분만 물 위에 흉물스럽게 남아 있었다. 구연철 동지가 설명했다.

"형상강 철교를 폭파하기 위해서 1개 소대(많을 때 7명)가 일주일 동안 정찰을 했습니다. 철교 양 끝에 미군 고정 보초가 서 있고 이동 보초가 다리 위 철길을 오고 가면서 감시하고 밤에는 서치라이트로 야간 감시를 했대요. 그래도 형상강을 이용하면 철교에 접근할 수 있다는 정찰 보고에 남도부 사령관은 작전 계획을 치밀하게 세웠고요. 동무들을 모아놓고 철교 파괴투쟁의 의의를 설명하고 교각에 티엔티를 묶어야 하는데 이 공작에 자원하는 동무는 손을 들라고 했습니다. 여러 동무들이 자원했어요. 그 중에서 폭파 조원을 선발했습니다. 거점에서 1개 부대 70여 명이 출발했습니다. 부대의 퇴로를 보장하기 위해서 요지에 소부대를 남겨 놓구요. 폭파조를 엄호하기 위하여 나머지 동무들은 철교 가까이에 쥐도 새도 모르게 접근하여 엄폐하고 있었습니다. 남도부 사령관이 직접 인솔한 폭파조는 다이나마이트를 짊어지고 한참 떨어진 상류에서 물 속으로 내려왔습니다. 무사히 철다리 밑에 이르러서 교각에 폭약을 묶어놓고 심지에 불을 붙여서 폭파했습니다. 교각 두 개가 날아가 버렸습니다. 며칠 동안 기차가 다니지 못했답니다. 전 전선에서 전투가 치열했기 때문에 군수품 보급이 절실한 때 중요 보급로인 형상강 철교가 파괴됨으로써 보급이 끊긴 미 침략군은 작전 수행에 타격을 받았을 것입니다. 우리로서는 적에게 물적 손실을 주었으며 적 후방을 교란시키고 중요 수송로를 차단시킨 대단한 전과를 올린 것이지요. 우리는 못 보았습니다만 워싱턴 포스트지에 형상강 철교가 빨치산에 의해 폭파되었다는 기사가 실렸다고 하대요."

구연철 동지는 토막난 교각을 바라보았다. 형상강 강물은 교각에 부딪혀서 파도를 일으키며 흘러가고 있었다. 역사의 도도한 흐름을 거스르는 오늘의 반동파와 견주어 보았다. 교각 위의 다리, 우리 땅인데……. 우리를 감시하는 미군이 철교 위에 있고 엄청난 폭음과 함께 무너져 내리는 다리. 총소리가 볶아댈 때 물에서 나온 동무들이 엄호조 동무들과 함께 어둠 속으로 사라지는 모습을 상상하면서 그곳을 떠났다. 날은 이미 어두워가고 있었다.

호계역을 습격, 쌓아 놓은 군수물자에 불을 당겼다

호계역에 갔다. 구연철 동지는,
"남도부 부대가 1951년 초에 이곳에 와서 호계역을 소각했습니다. 두 번째로 51년 말에 소부대가 급습해서 이 부근에 노적가리처럼 쌓아놓은 군수물자에 불을 지르고 신속하게 빠졌습니다. 치고 빠지는 데 10분도 안 걸렸을 것입니다. 총탄과 포탄이 쌓여 있었던 것 같습니다. 폭탄 터지는 소리가 대단했어요. 위험 지대를 벗어나서 하늘 높이 치솟는 화광을 보며 기뻐했습니다. 그리고 1952년 봄에 나까지 네 동무가 양산에 사업차 갔다가 3소지구당이 있던 토함산 쪽으로 돌아가는 길이었어요. 이 호계마을 부근입니다. 경주 울산간 도로를 넘으려는데 헤드라이트를 켜고 차가 오데요. 연발총이 있겠다. 길가 논두렁에 엎드려서 갈겼습니다. 총알이 튀어서 보니까 장갑차예요. 우리는 냅다 뛰었습니다. 중기가 불을 뿜었지만 다 무사했어요. 날이 새면 적의 공격이 있을 것 같아서 적들이 전혀 예상할 수 없는 야산 끝머리에 몸을 숨기고 있었습니다. 아니다 다를까 다음날 10시경에 군인 일개부대가 와서 산으로 올라가데요. 주변산을 뒤지고 다니던 국방군이 4시쯤 내려왔는데 한 개 소대가 가지 않고 우리가 다니던 산모퉁이에 자리를 잡데요. 우리는 한밤중에 발소리를 죽여가며 접근했습니다. 담뱃불이 보이고 말소리가 들려요. 매복치고는 허술했습니다. 우리는 10여 미터 거리에서 일제 사격을 했습니다. 군인들은 놀란 산짐승처럼 다 팽개치고 뛰었습니다. 전투 경험이 있는 사람은 총성을 듣고 무기 종류와 인원을 파악할 수 있지 않아요? 지체할 수 없는 우리는 배낭에 총탄과 총을 욕심껏 짊어지고 산을 탔습니다. 희생은 없고 그것도 네 명이 거둔 큰 전과지요. 기쁨에 차 있었습니다. 시간이 없어서 부용산에 들르지 못했는데 53년 말 아니면 54년 초로 기억됩니다. 정전 후라 전선에 있던 국방군이 유격지구에 내려와서 진을 치고 있을 때입니다. 밤에도 철수하지 않고 골짜기마다 빗질하듯 뒤졌습니다. 지구당과의 선이 2,3개월간 끊겼습니다. 보고할 내용도 있고, 그때까지 3소지구당에서 살아남은 세 동무가 부용산에서 가지산으로 가다가 태화강 상류에서 적의 매복에 걸려들었습니다. 연락원 동무는 총에 맞고 제주도 출신 임영길 동무와 나는 정신없이 뛰었습니다. 우리는 이리저리 3일 밤을 걸어서 가지산에 갔습니다. 군인들이 깔려 있데요. 낮에는 가랑잎을 덮고 자고 밤에만 활동했는데 능선을 넘나들다가 여러 번 사격을 받았어요. 임영길 동무는 전사하고 총상을 입은 나만 살아서 지휘부 동지들을 만났습니다. 살아왔다고 끌어안고 반가워하데요."

우리는 곧 떠났다. 식당에서 저녁을 먹고 현희 집으로 갔다.

구연철 동지의 이력

김영진은 인터뷰하기 위해서 비디오 카메라 장치를 했다. 정부영은,

"선생님의 이력을 간략하게 말씀해 주시고 아름다운 추억담을 들려주시지요."

"나야 내놓을 게 있어야지. 나는 경남 양산군 하북면 초선리 통도사 입구에서 1931년 11월 27일에 태어났습니다. 아버지는 일찍이 일본에 탄광 광부로 가셨구요. 시골에서 농토도 없이 가난하게 살았습니다. 소학교 2학년에 다닐 때인데 아버지가 가족 모두 일본에 오라고 하셨어요. 하잘 것 없는 살림살이를 정리하고 여섯 식구가 고향을 떠났습니다. 옷가지 등 올망졸망한 보따리를 들고 어쩌다 있는 버스로 부산에 갔지요.

부산에서 부관 연락선을 타고 일본에 갔습니다. 일본 여자들이 밀감 따는 것을 보았으니까 아마 가을이 아닌가 싶습니다. 나가사키로 가는 열차 안에서 집에서 만든 찰떡하고 개엿을 꺼내어 먹으려는데 할머님이 주변에 있는 분들에게 나눠주라고 하시데요. 쑥스러웠지만 떡과 엿을 들고 옆 의자에 앉아 있는 일본 여자에게 권했어요. 불쾌한 안색으로 뿌리쳐서 떡과 엿이 바닥에 떨어졌습니다. 모욕을 당했어요. 그때부터 왜놈에 대한 감정이 안 좋았어요. 마중 나오신 아버님을 따라서 하시마라고 하는 섬에 갔습니다. 탄광촌인데 경사진 곳에 층층이 지어놓은 작은 사택에 들어갔습니다. 가족이 있는 광부는 회사에서 사택을 주고 혼자 지내는 광부는 함바에서 합숙을 했습니다. 태평양 전쟁이 일어난 후 조선 사람, 중국 사람들이 징용으로 끌려왔는데 위생상태가 말이 아니었어요. 석탄 가루는 날아다니지, 아파트에서 일 못 나가는 광부에게 매질하는 것을 여러 번 봤습니다. 나는 탄광촌 소학교에 다녔어요. 공부를 반에서 제일 잘 했는데 1등을 한 번도 안주데요. 고등과에 다닐 때 일입니다. 내가 혼자 있는데 와다나베 선생이 네 조국이 어디냐고 묻더군요. 나는 배운 대로 (다이닛봉 데이고구데스) 대일본제국이라고 하자 꿀밤을 주면서 네 조국은 조선이라고 하데요. 큰 충격을 받았습니다. 하루는 방공호에 있다가 새벽에 집에 왔는데 창문에 불빛이 번쩍하더니 굉장한 폭음이 들렸습니다. 하시마에서 나가사키까지는 70리 나 되는데 원자폭탄이 터질 때 불빛도 보고 폭음도 들었어요. 3일 후에 농촌으로 피난가기 위해서 통통배로 나가사키에 갔는데 그 큰 도시가 집 한 채 없이 날아가 버렸어요. 기차 레일도 녹아버리고 해골만 흩어져 있을 뿐 미쓰비시 조선소도 흔적 없이 사라졌더군요. 참 참혹했습니다. 해방 후에 고국으로 돌아왔구요. 서울 대신 중학교에 다니면서 학비 때문에 인쇄소에 취직했습니다. 김두영 선배가 맑스 레닌주의에 관한 서적을 보내주었습니다. 인쇄노동자 전국평의회에 참가하여 활동했어요. 동국대학에 입학하구요. 48년 5.10단선 반대투쟁이 치열했습니다. 화신백화점 옥상에 올라가서 삐라도 뿌리고 연판장 투쟁을 했구요. 1949년 19세 때 서북청년에게 체포되어 서빙고에서 20여 일 동안 억수로 고문을 당했습니다. 29일 구류를 살고 나왔는데 학교에서 제적을 했어요. 1950년 3월까지는 서울에서 버티었는데 5.30 선거 전에 예비 검속이 있다는 소식을 듣고 서울을 빠져나와 부산으로 왔습니다. 직장을 구하러 다니는데 전쟁이 일어났습니다. 미군 트럭에 헌병이 타고 다니면서 청년들을 보는 대로 잡아다가 전선으로 보냈습니다. '놈들에게 끌려가서 개같이 죽어야 하는가?' 혼자 고민하다가 설두옥 친구를 찾아갔습니다. 우리는 논의한 끝에 입산하기로 의견의 일치를 보았습니다. 1950년 7월에 경남 동부 지구당 근거지 신불산에 입산했습니다. 사상 검토도 받구요. 당학교에서 3개월 동안 맑스레닌주의, 변증법적 유물론, 잉여가치론, 제국주의 패망론을 체계적으로 배웠습니다. 대학 하나를 나오는 엄청난 기간이었고 내 생애에 가장 행복했던 기간이기도 했습니다. 처음에 양산군당 조직부에 배치되었습니다. 53년 정전 후 우리당 상임위원회 111호 결정에 의하여 지하로 들어가게 되었어요. 금정산에 있다가 부산 시내에 방 한 칸을 얻어서 아지트로 사용했어요. 도민증을 만들려고 사진관에 가서 증명사진을 찍고 일주일 후에 사진을 찾으러 갔다가 잡혔습니다. 사진사가 내 사진이 잘 빠져서 진열장에 확대한 사진을 내다 놓았답니다. 사찰계 형사가 지나가다가 보았대요. 어처구니없이 잡혔습니다. 그게 1954년 4월이에요. 징역 20년을 살고 나와서 아내와 두 아이들을 두고 여직까지 살고 있네요. 나 같은 사람에게 이 사회는 큰 감옥입니다. 한 일 없이 나이만 먹어버렸어요. 오직 조국과 인민을 향한 한마음으로 가신 님들을 가슴에 품고 헤쳐 왔습니다."

구연철 동지의 말이 끝나자마자 우리 모두는 6시에 일어나기로 하고 잠자리에 들어갔다.

부산시내 교란작전

다음 날 6시 전에 일어났는데 현희는 어느새 죽을 쑤어 놓았다. 새벽에 움직이기가 힘드실까봐 죽을 마련했단다. 흐뭇했다. 우리는 예정대로 6시 30분에 현희 집을 나섰다. 부두 정문 옆에 차를 세웠다. 구연철 동지는,

"여기가 부산 제5부두입니다. 전쟁 시기에 이곳에서 연안부두까지 미군이 군수품을 배로 싣고 와서 쌓아놓았어요. 철길이 있었구요. 저 산 밑에 경남도청이 있었구, 정부기관도 있었습니다. 금정산에서 능선을 타고 몇 시간 걸으면 구덕산에 옵니다. 국방군으로 변장한 동무들이 2,3명씩 구덕산 줄기로 내려와서 연안부두까지 서너 군데를 때리고 사라지면 놈들은 밤새 총을 쏘아대고 싸이렌이 울리지, 부산 시내가 아수라장이 되어버립니다. 망대의 조명등을 쏘아버리면 몇 시간 동안 그 일대의 땅이 꺼져버린 듯 깜깜하구요. 시내 깊숙이 침투할 때는 인원이 많은 것보다 2,3명이 좋습니다. 벼락같이 치고 빠질 수 있기 때문입니다. 우리 소조가 50년 말에서 51년 중반까지 이곳에 여러 번 드나들었네요. 금정산으로 갑시다."

1954년까지 빨치산이 있었던 금정산

차는 새벽 공기를 가르며 달렸다. 금정산 기슭에 이르자 운전하던 정부영이,

"소나무 사이로 보이는 건물이 부산대학입니다. 학생운동 할 때 이 금정산에서 회의하고 술 마시고 내 집처럼 드나들었지요."

옛 추억이 떠오르는 듯 한마디 했다. 산길은 경사가 급한 것은 아닌데 급커브를 몇 번인가 꺾어서 올라갔다. 산성 옆에 차를 세워놓고 성에

올라갔다. 구연철 동지가 주위를 돌아보며 설명을 했다.

"지금은 숲이 가려서 부산 시내가 안보이네요. 정상 밑에 가면 우물이 있는데 몽고군이 쳐들어와서 판 우물이고, 그 우물로 인해서 이 산을 금정산이라고 부르게 되었답니다. 저 산이 철마산인데 금정산도 그렇지만 꽤 큰 산입니다. 이 일대에서 동래군당이 활동했어요. 수시로 부산시내에 드나 들었구요. 여기서 얼마 떨어지지 않은 곳에 미군 55 기지창이 있었는데 남도부 부대가 날려 버렸구요. 당시에는 빨치산이 나타난 것만으로도 적들에게 두려움을 주었고 후방을 교란하는 역할을 했습니다. 박정배 동지가 동래군당 위원장으로 계셨는데 역량있는 당 일꾼으로 존경을 받았습니다. 신불산에서 부산 시내에 들어가려면 천마산과 금정산을 경유해야 합니다. 여러 번 왔지요. 내가 신불산에서 1954년 초에 부산 시내에 들어가기 위하여 이 금정산에 한 달 넘게 있었어요."

요양원에 있는 혁명가의 아내 하태영 동지를 방문하다

부산과 붙어 있는 금정산에 54년까지 동지들이 있었다니 놀라운 일이다. 차는 재를 넘어서 하태영(현희 어머니) 동지가 있는 안평요양원으로 갔다. 손수레에 실려 나온 하태영 동지는 모두가 인사를 하자 방긋이 웃었다.

"임방규 선생님입니다. 기억나세요?"

딸의 질문에,

"이름은 기억난다."

"2005년에 평양에 같이 갔는데요."

"그랬어요."

노안에 미소가 어려왔다.

"대동강에서 뱃놀이 할 때 노래를 부르셨지요. 이복순 동지와 합창

안평요양원에 있는 하태영 동지를 찾아보다.

을 했어요. 노래를 잘 부르시던데요."

"내가 노래를 잘 불렀어요."

"엄마 나하고 노래 부르자."

딸이 선창하자 따라서 함께 불렀다. 가사도 정확하게 기억하고 곡도 틀리지 않았다.

"오늘은 상태가 좋으시네요."

"어떤 때는 정신이 말짱합니다."

"엄마, 젊은이들은 운동권 일꾼들인데 엄마 뵈러 왔어요."

"고맙습니다. 고맙습니다."

여러 번 고개를 끄덕거렸다. 혁명가의 아내요, 남편을 따라서 전선에 뛰어들었고 감옥살이를 한 하태영 동지는 치매로 요양소에 있으면서도 고고한 풍모를 잃지 않고 있었다. 갈 길이 바쁜 우리라 아쉬움을 뒤로하고 곧 요양원을 떠났다. 아무 곳에서나 아침을 먹으면 되는 것을 여성은 다른가보다. 맛있는 식당을 찾아 이 골목 저 골목으로 들어갔다. 현희가 대접하는 곰탕으로 아침을 든든하게 먹고 떠났다. 신불산으로 가는 도중에 박판수 동지의 묘가 있기 때문에 잠깐 들르기로 했다. 꽃과 술 한 병을 사들고 묘를 찾았다. 부슬비가 내리고 있었다. 묘 앞 돌 꽃병에 붉은 꽃을 꽂고 먼저 현희가 술잔을 따랐다. 모두가 경건하게 묵념을 올렸다. 혁명 선배가 있었기에 우리가 있고 또 우리 후예들이 있다. 역사의 도도한 흐름 속에서 자기 시대에 일정한 역할을 하고 먼저 가신 선배들을 생각하며 내려왔다.

미군기가 미군을 폭격한 배내골

차는 산을 넘고 넘어서 배내골로 들어갔다. 구연철 동지가 차를 세웠다. 오른쪽 내를 가리키며,

"의무과장(인민군 의무군관 중위)이 환자를 치료하기 위해서 돌다리를 건너다가 불어난 물에 휩쓸려서 희생된 곳이에요. 동지들이 모두 애석하게 여겼습니다."

옛일이 떠오르는 듯 노안에 아픔이 스쳐갔다. 차는 양산군 하북면 심평 소학교 이천 분교 앞에 멎었다.

"1950년 말에 군용트럭에 미군을 싣고 십수 대가 배내골로 들어왔습니다. 이 학교 운동장에 즐비하게 대형 텐트를 치고 사방에 붉은 깃발을 꽂아 놓았어요. 1개 대대병력이 아닌가 싶데요. 산에서 관찰하고 있던 우리는 공세를 취하기 위해서 미군이 들어온 것으로 여기고 있었습니다. 그런데 이틀 후에 미군 제트기(쌕쌕기) 세 대가 와서 폭탄을 퍼부었습니다. 기총 사격을 하구요. 미군은 박살이 났습니다. 산 자들은 왔던 길로 들고 뛰고요. 군수물자가 타는 것인지 검은 연기가 골짜기 위로 꾸역꾸역 솟아오를 뿐 비행기도 안 오고 조용하기에 오후 2시경에 동무들이 전방을 살피며 내려갔습니다. 미군 시체가 널려 있데요. 우리는 타지 않은

군수품을 산으로 져 날랐습니다. 해방구라 해질 무렵까지 운반했습니다. 식량 통조림, 의복, 총, 총탄, 다이나마이트 등 엄청난 군수물자를 총 한 발 쏘지 않고 획득했습니다. 얼마나 좋아했는지 모릅니다. 동무들은 모닥불을 피워놓고 밤이 깊도록 노래하고 춤추고 오락회를 했습니다. 그때나 지금이나 미군이 왜 우리의 해방구 배내골로 들어왔는가, 사방에 붉은 기를 꽂아 놓았는가, 이해가 안 갑니다. 다만 미 공병대대가 길을 잘못 든 것은 아닌지 붉은 기는 공병대를 표시하는 깃발이 아닌지 나 혼자 추측할 따름입니다. 아무튼 그 날 우리는 횡재를 했어요. 여기서 노획한 다이나마이트를 가지고 형상강 철교를 폭파했습니다."

구연철 동지는 말을 마치고 주위를 둘러보았다. 차가 몇 분 달렸는데 또 세웠다.

4지구당 위원장 이영섭 동지가 돌아가신 곳

"여기는 이영섭 동지가 돌아가신 곳입니다. 이영섭 동지는 경북도당 부위원장으로 내려오셨고 지구당 개편 이후에 4지구당 위원장으로 경북과 경남 동부를 지도하신 당 간부입니다. 1953년 12월 어느 날에 이영섭 위원장 동지, 기호과장 장혁 동지, 나, 남도부 사령관과 부관 등 지도부가 내를 건너다가 적의 매복에 걸렸어요. 애석하게도 적탄이 이영섭 동지의 복부를 뚫고 나갔어요. 우리는 죽을 힘을 다해서 부축했습니다. 거구거든요. 가까스로 이곳까지 왔습니다. 이영섭 동지는 동지의 무릎을 베고 숨을 거두었습니다. 우리는 땅을 깊이 파고 동지의 시신과 함께 4지구 당 문건 전부를 독안에 넣고 뚜껑을 덮어서 묻었습니다. 훗날 찾기 위해서 주위 지형을 머릿속에 각인시켜 놓았는데 못 찾았습니다. 세 번 와서 찾았으나 못 찾고 말았습니다."

몹시 아쉬워했다.

구연철 선생이 신불산에서 경남 동부지역 동지들의 활동상황을 설명하고 있다.

경남 동부지구사령부가 있었던 신불산

우리를 실은 차가 빨치산 사령부 터를 찾아가는데 신불산으로 들어가는 입구에 차들이 즐비하게 서 있었다. 갈대 축제 기간이라 차량 통행을 막고 있었다. 취재팀이라고 하자 그제야 통과시켰다. 신불산으로 가는 차도는 포장이 되어 있으나 꽤 가파른 길이었다. 정부영이 조심스럽게 차를 몰았다. 고개 위에서 우리는 내리고 부영은 차를 주차시키기 위해 석남사에 내려갔다. 재 위에는 청년 한 명이 우리를 기다리고 있었다. 창원지역 통일 일꾼들이 구연철 동지와 산행하기로 약속이 되어 있었는데 우리와 겹쳐서 이곳에서 만나기로 했단다. 다른 분들은 시간적인 여유가 있기 때문에 능선 위 석굴을 구경하러 올라갔다고 했다. 우리는 천천히 팔각정을 향해서 행군했다. 능선을 따라 나 있는 길은 차 한 대가 다닐 만한 폭에 조금 오를 뿐 평평해서 걷기에 수월했다. 6년 전에는 파래소 위 가파른 산길로 힘겹게 올라왔다. 팔각정 옆에는 '공비 제2지휘부가 있던 곳'이라고 쓴 비석이 서 있었다. 전에 왔을 때는 '공비 신출귀몰하던 홍길동 부대가 있었던 곳'이라고 쓴 비석이 있었는데 바꿔놓았다. 왜 바꿨을까? 전북 회문산에 저들이 도당 트라고 만들어놓은 트 안에 들어가면 후방부, 병기과, 의무과를 상징하는 조형물이 조잡하나마 놓여 있고 사령관실에는 전화기가 놓여 있었다. 그런데 금년에 가보니까 다 없애버리고 사진 몇 장에 왜곡된 저희들 입맛에 맞는 설명문이 붙어 있었다. 빨치산 투쟁을 빈약하고 하잘 것 없는 것으로 인식시키기 위해서 의도적으로 바꿔놓은 것 같다. 창원 일꾼들이 도착하자 구연철 동지가 설명을 했다.

"오늘은 구름이 잔뜩 끼어서 잘 안 보입니다만 여기서 둘러보면 사방이 산이고 산만 보입니다. 이곳만 장악하면 시야에 들어오는 일대를 통제할 수 있습니다. 지금은 길이 몇 군데 나 있습니다만 전에는 원동에서 넘어오는 길하고 석남사에서 넘어오는 길밖에 없었습니다. 이 두 길만 막아버리면 적들이 이 안으로 들어올 수 없고 들어왔던 적도 빠져 나갈 수가 없었습니다. 그래서 1948년 이후 우리당과 야산대가 이 지역에서 활동하면서부터 배내골에 저들의 행정력이 미치지 못했습니다. 우리 해방구지요. 산이 높지는 않지만 겹산이라 여러 곳으로 빠져 나갈 수 있구요. 유격전 하기에 지리적 조건이 아주 좋습니다. 1953년 7월 27일 정전 후 전방에 있던 국방군이 내려와서 주둔하기 전까지 해방구였습니다. 이곳은 돌에 새겨 있는 대로 제2지휘소가 아니라 명성을 떨친 홍길동 부대가 있었구요. 홍길동 부대는 사령부 보위책임을 맡고 있었습니다. 요 아래 능선에 사령부 트와 참모부 정치부 트가 있었는데 지형이 양면 모두 급경사라 적이 올라오기 어렵고 방어하기는 좋은 지형입니다. 당학교도 있었습니다. 우리 무력이 신불산, 간원산, 가지산 등에 배치되어 있었습니다. 내가 배내골에서 선이 닿았고 이 산으로 입산했지요."

감회가 새로운 듯 사방을 둘러보았다. 우리는 능선을 타고 내려갔다. 여기저기에 트 자리와 전호 흔적이 확연하게 남아 있었다. 옛 사령부 자리에 수령이 몇 백 년 됨직한 노송 한 그루가 아직도 청청하다. 당지도부 트 자리에도 노송이 서 있다. 구연철 동지는 사령부 자리에 있는 노송은 (자주의 소나무를 줄인) 주송, 당지도부 자리에 있는 노송은 통일의 소나무를 줄인 일송이라 명명했다. 주송 앞에서 술 한 잔 따라놓고 묵념을 올렸다. 빗방울이 떨어지기 때문에 재촉했다. 나는 영진이와 함께 당학교가 있던 곳으로 가파른 면을 미끄러지며 내려갔다. 여러 개의 트 자리가 나타났다. 아직까지는 트 흔적이 남아 있지만 6년 전보다는 많이 훼손되어 있었다. 수년이 지나면 흔적조차 없어지지 않을까 걱정이 되었다. 영진도 그 점을 우려하는 듯 여러모로 주변 바위 등 지형까지 세세히 카메라에 담았다. 트 자리 열 셋을 찍고 두 사람만 처져 있었기에 숨차게 올라갔다. 영진은 이 귀중한 장소를 못 찍고 갔으면 두고두고 후회할 텐데 잘 오셨다고 좋아했다. 일행은 팔각정에서 기다리고 있었다.

"경북이나 경남 동부 지구에서는 물론 울산 비행장 일시 해방이나 형상강 철교 파괴, 매축리 제55 보급창 부산 철도 기지창 습격 등 규모가 큰 전투를 했습니다. 도처에서 소부대가 매복, 기습, 도시 침투로 끊임없이 적의 후방을 교란시켰으며 군수품 수송에 타격을 주었습니다. 남도부 사령관에게 사형을 언도한 판사는 남도부 부대를 중심으로 경상남북도 빨치산이 각종 무기 800정에 실탄 20만 발을 약탈했으며 군용열차 28회 전복, 군경 자동차 670대를 소각하고 군경 및 양민학살 2,800명, 민가 700호를 소각했다고 발표했는데 뒷부분은 완전히 날조한 것입니다. 교전 과정에서 군경과 미군을 사살한 것은 사실이지만 인민을 해친 일은 없습니다. 빨치산을 보고도 신고하지 않았다거나 빨치산을 도왔다고 인민을 학살한 것은 토벌대구요. 빨치산이 이용한다는 구실로 산간부락을 소각한 것 또한 토벌대가 자행한 짓입니다. 최근에 내가 구술한 책 『신불산』이 출판되었습니다. 참고하시기 바랍니다."

구연철 동지의 설명을 듣고 우리는 산을 내려왔다. 도중에 양산 다

목적댐 전망대 밑에 차를 세웠다. 물이 벙벙한 호수에 점을 찍어놓은 듯 섬이 하나 있고 산들이 품고 있는 호수는 아름다웠다. 남쪽으로 뻗은 물줄기 양편이 바위로 단풍과 어우러져 절경을 이루고 있었다. 우리는 둘러보고 곧 떠났다.

작 별

어두움이 골짜기를 덮고 있었다. 30여 분 달렸을까, 옛스러운 집 식당 처마 끝에 등불이 보였다. 외딴 채 대로 엮어서 창호지를 바른 문을 열고 들어갔다. 뒤주와 농 위에 바가지가 놓여 있고 벽과 천정이 옛날 집 그대로였다. 고향집에 온 듯 포근했다. 밥상이 들어오기 전에 각자 소개도 하고 현 정세와 전망에 대해서 논의했다. 산채비빔밥을 맛있게 먹고 뜰에 나왔다. 시간이 좀 더 있었으면 좋았을 것을. 창원 젊은 일꾼들과 작별 인사를 했다. 구연철 동지와 현희와도 손을 꼭 잡고 이번에 수고 많이 했다고 건강하시라고 서로를 격려하며 떠났다. 김용심이가 엎어져서 얼굴에 생채기가 났는데 처녀 얼굴에 흉터라도 생기면 어쩌나 하고 걱정했더니, "빨치산 지구에서 얻은 흉터라고 자랑할 거예요." 한다. 얼마나 너그러운가. 마음이 놓였다. 차 안에서 돌아가신 천장호 동지와 북에 가신 석용화 동지, 송상준 동지, 경남 동부지역에서 활동하신 동지들이 자꾸만 떠올랐다. 그리고 1948년부터 1952년 4월 지구당으로 개편되기 전까지 경남 동부지구당 위원장으로 계셨던 공인두 동지는 감호소에서 13년을 함께 살았다. 고문 후유증으로 앓다가 전혀 거동을 못하고 의식까지 흐려졌다. 죽음 직전인데도 놈들은 전향하면 당장 내보내겠다고 회유했다. 그때마다 고개를 좌우로 저었던 공인두 동지, 그 길로 가신 동지가 떠올랐다. 동지여! 동지들이여! 언제나와 같이 정부영, 김영진, 김은정이 수고했다.

여분산 성수산에 다녀오다

 2004년 3월 26일 인천 민주노총 사무실에 5시까지 대기 위해서 서둘렀다. 약속시간을 겨우 지켰는데 한 분이 급한 사정으로 두 시간이나 늦어버렸다. 봉고차에 나까지 13명이 타고 떠났다. 서울을 빠져나가자 바로 어두워져서 주변 경치를 볼 수가 없었다. 서해안고속도로라 가다가 서해바다 툭 트인 수평선을 볼 수 있는데 조금은 아쉬웠다.
 밤 열한시가 넘어서야 성수산 수목 요양원의 한 작은 숙소에 짐을 풀었다. 우리는 밥상 둘레에 앉아서 자기소개를 했다. 전원이 인천 민주노총 소속 상근 간부였다. 특히 통일 담당 일꾼이 여러 명이었다. 이번 행사의 성격은 수련회를 겸한 통일 역사기행이라고 했다. 나는 자기소개를 하면서 간략하게 몇 마디 언급을 했다. 빨치산 투쟁에 대하여 잘못된 인식을 가지고 있는 일꾼이 있을 수 있기 때문이었다. 우리나라 역사를 보면 고래로 한나라, 수나라, 당나라, 원나라, 일본(임진왜란) 일제 때 해방 이후 등 여러 차례에 걸쳐서 침략을 받았다. 그 때마다 외래침략자들과 치열하게 싸워서 조국을 지켰으며 수많은 희생을 냈다. 한편 일부 분자들은 외세와 결탁하여 권력과 부를 누렸으며 침략자의 앞잡이로 외세에 충실한 주구 노릇을 했다. 역사는 그들을 반역자로 규정했으며 침략자들을 조국 강토로부터 축출하기 위해서 가열차게 싸운 분들을 애국자로 남북이 추앙하고 있다. 애국과 반역의 기준점은 침략자 외세와 맞서서 싸웠는가 아니면 외세와 결탁했는가에 의해서 가름하는 것이다. 강대국가가 약한 나라에 군대를 파견하는 것은 지배하기 위한 목적 이외에 다른 뜻이 없다.

　　서울 복판에, 전 후방에 주둔하고 있는 미군은 우리 군대가 아니다. 이 땅의 지배를 무력으로 뒷받침하고 있는 것이다. 필리핀과 쿠바를 식민지로 가지고 있던 미제는 1945년 9월 8일 이 땅에 점령군으로 들어왔다. 전쟁시기 남쪽 군대의 통수권을 장악했으며 삼백여만 명의 양민을 학살했다. 지금까지도 지배자로 군림하고 있다. 최근의 몇 가지 사실만 보아도 그 점이 명백하다. 효선이와 미선이 어린 두 여학생을 탱크로 무참하게 깔아 죽여 놓고도 죄가 없다고 판결한 놈들은 우리 대학생들이 맨몸으로 제 놈들의 탱크 위에 올라가서 "미군은 물러가라"고 외치자 그게 무슨 대죄인 양 엄벌에 처하라고 압력을 가한 자들이 아닌가. 또한 남북 간에 금년 안으로 도로와 철도가 연결되면 남북을 오고가는 사람은 제 놈들에게 보고해야 하고 승인을 받아야 한다고 강제하는 자들, 이게 뉘 땅인데 우리가 오고갈 때 놈들에게 보고하고 승인을 받아야 하는가.

　　노무현 대통령이 부시를 만나러 갈 때였다. 부시라는 자는 노무현이 일국의 대통령인데 남북 관계는 부분적으로 허용한다고 했다. 상전처럼 말이다. 군 통수권을 쥐고 있는 그들. 미제를 몰아내야 민족 문제를 해결할 수 있고 이 땅의 평화를 실현할 수 있으며 노동자, 농민, 빈민

문제를 기본적으로 해결할 수 있다는 생각의 일단을 피력하고 곧 잤다.

수많은 동지들이 희생당한 격전지 성수산

다음날 28일 아침 7시에 일어나서 라면을 삶아먹고 숙소를 떠났다. 상의암을 둘러보았다. 내가 9.28 후퇴 시에 성수산 상봉에서 상의암으로 내려왔을 때는 스님 한 분이 있었고 나무껍질로 엮어 놓은 암자 지붕이 처음이라 신기하게 여겼던 기억이 새로웠다. 해우소도 아시람하게 낭떠러지 위에 걸려 있었다. 상의암은 전설을 안고 있는 암자다. 이성계가 왕이 되기 전에 지리산 운봉에 숨어 들어와서 노략질을 자행하던 왜놈들을 토벌하고 돌아가던 중에 성수산 상의암 터에서 왕이 되게 해 달라고 백일기도를 했다고 한다. 상봉을 향해서 가파른 산길을 올라갔다. 상봉에 이르자 삼각산과 팔공산이 가깝게 보였다.

만감이 교차했다. 1951년 12월에 이 정상으로부터 각 능선에 동무들이 배치되어 골짜기와 능선을 타고 기어오르는 적과 치열하게 싸웠던 곳, 그들 비행기 기총 사격으로 하마터면 죽을 뻔한 곳이다. 전투가 끝난 후에 배낭에 매어 놓은 모포를 펼쳐 보았더니 무려 구멍이 18군데나 나 있었다. 수많은 희생자를 낸 적들은 4시경에 철수하였다. 그런가 하면 원통산에서 성수산으로 나갔던 2대대 6대대가 날이 샐 무렵 골짜기에서 적의 집중 사격을 받아 죽고 모두 분산된 곳이기도 하다.

나는 성수산에서 분산된 병력을 규합하라는 참모장 동지의 명령을 받고 성수산에 갔다. 또한 충남 빨치산이 포위하고 올라오는 적과 처절하게 싸운 곳이다. 수많은 동지들이 전사했다. 이 상봉에서 도당 지도부를 보위하기 위하여 결사전을 단행한 곳. 전투를 지휘한 충남 참모장 이욱 동지가 잡힌 곳이다. 이욱 동지는 사형을 받고 나와 한 방에 있을 때 그 당시의 전투 상황을 들려주었다. 상봉에서 능선을 타고 내려갔다. 대략 방향을 잡고 가파른 경사를 힘겹게 내려갔다. 여성들은 산에 익숙하지 못해서 여러 번 넘어졌다. 기억에 뚜렷한 장소라 헤매지 않고 찾았다. 바위가 죽 내려온 끝 부분에 작은 바위굴이 있는데 적의 기습으로 4명이 희생된 곳이다. 함께 간 일꾼들이 편하게 자리를 잡고 앉았다.

적의 기습으로 네 동지를 잃은 석굴

"그러니까 1951년 2월 말경이었어. 원통산에서 전투를 하다가 분산된 나와 두 동지가 성수산으로 왔네. 성수에서 6명을 만나게 되었고, 그날은 장수 남부 유격대와 우리들 9명이 산서에 나가서 사업을 하고 돌아오는 길에 저 앞 능선 너머에서 저녁밥을 지어먹고 이곳에 온 거야. 시간은 새벽 3시경. 일단 자리를 잡았으니까 보초를 세우려고 하자, 동무들은 적이 꼬리를 물고 왔으면 저녁밥을 해 먹을 때 기습했을 것이 아닌가 하고 여기야 사방 이십리 밖에 지서가 있고 얼마 안 있으면 날이 샐 텐데 그냥 자자고 했네. 그러나 원칙은 지켜야지. 보초를 서야 한다는 거듭된 나의 주장에 박근주 동무와 38유격대 출신으로 육사에 편입하여 낙동강 전선에 나갔다가 입산한 변동지가 약간 떨어진 곳에 넓적한 바위가 있고 바위 밑에 두 사람이 누울 수 있는 공간이 있는데 거기서 자겠다고, 적이 기습하기 위해서는 그곳을 통과하기 때문에 보초 역할을 할 수 있으니 괜찮지 않겠는가 하는 안을 내 놓았어. 그래서 승낙을 했네. 두 동지는 가고 우리는 이 굴에서 불을 피워놓고 안 잤나. 그런데 콩 볶듯 한 총성과 함께 바위가 부서져서 돌 조각이 쏟아지는 거야. 입구에 있던 동무들은 엉겁결에 밖으로 나갔다가 기어와서 내 총 내 총 하지 않겠나. 안쪽에 있던 나는 총을 한 자루씩 내어주고 이상훈하고 두 사람이 남았어. 아직 어두운 때라 그들이 총을 쏠 때마다 총구에서 불빛이 나오데. 그 지점을 겨냥하고 따발총을 드르륵 드르륵 갈겨댔지. 동무들이 아래로 튀었기 때문에 나는 바위벽에 붙어서 살금살금 위로 올라갔어. 가다가 보니까 잘라진 곳이 있어서 넘어갔네. 퍼뜩 머리 있는 적 지휘관이라면 위 봉우리에 병력을 배치했으리라고 예상했던 거야. 그런데 바위를 넘어가니까 낭떠러지가 아니겠나. 날은 밝아오지 되돌아 나올 수도 없고 그 때 바위 위 소나무를 감고 있는 칡넝쿨이 눈에 들어오더구만. 두 손으로 넝쿨을 힘껏 잡아당겼어. 풀리던 넝쿨이 멈추데. 얼른 따발을 거꾸로 메고 칡넝쿨을 잡고 아래로 뛰어내렸지. 내 팔 힘보다는 체중이 무거웠던 것인지 칡넝쿨이 주루룩 풀리다가 멈췄네. 동시에 앞으로 나갔던 몸이 바위를 때렸어. 바위와 허리 사이의 따발 탄창이 허리를 타격한 모양이야. 1미터 높이에서 떨어졌네. 숨도 제대로 쉴 수가 없고 허리가 끊어질 듯 통증이 심한 데다가 몸을 움직일 수가 없었어. 적이 오면 꼼짝없이 잡히겠더구만. 우그러진 탄창을 빼고 여유탄창으로 갈아 끼웠네. 한동안 허리를 주물렀더니 조금은 움직일 수 있게 되었어. 나는 억새풀을 헤치고 기어서 위험한 곳을 빠져나갔네. 시간이 지나면서 허리가 정상으로 돌아왔어. 한 능선을 넘어서 위로 올라가는데 저 아래까지 얼음이 빙판을 만들어 놓았데. 단번에 뛰어서 건널 수가 없고 한 번 빙판을 디뎌야 갈 수 있는 곳에서 머뭇거리다가 살짝 얼음을 딛고 뛰었지. 그러고는 뒤를 돌아보았어. 평상시에는 엄두를 못 낼 일이야. 미끄러지면 박살날 것이 뻔하거든. 살아서 통일이 되면 꼭 와보리라고 마음먹었지.

제1비상선 성수산 상봉

성수산 상봉에서 얼마간 떨어진 양지바른 곳에 자리를 잡았네. 종일 마른 풀을 위에 덮어놓고 잠을 갔지. 해가 지고 어두움이 깃들어서야 일어나서 제1선인 성수산 상봉으로 올라갔네. 빨치산은 어느 곳에 가던 분산되었을 때의 집결 장소로 1선, 2선, 3선까지 정해놓거든. 상봉에 올라가서 두루 살폈으나 아무도 없었어. 동무들이 몇 명이나 다쳤을까. 바람에 잡목이 부딪히는 소리만 들릴 뿐 첩첩산중에 혼자 앉아서 동무들을 기다렸네. 얼마나 지났을까. 부시럭 소리가 들리지 않겠나. 누구야? 격발기를 당기며 따발총을 꼬나들었지. 그러자 내 목소리를 알아차린 듯 군호를 대더구만. 이상훈이었네. 그는 바위벽을 타고 곧장 올라가서 숨어 있다가 오는 길이래. 몇 마디 주고받다가 말이 멎어 버렸어. 삼십 분, 한 시간이 지나도 인기척은 없고, 모두 희생된 것인가 걱정이 이만저만이 아니었어. 두 시간이 넘자 더 기다려도 소용이 없다고 막 떠나가려는데 발자국 소리가 들려오지 않겠나. 누구야? 우리 동무 같아서 가만히 물었네. 군호를 대는 목소리가 이동욱 동무였어. 얼마나 반가웠던지 쫓아가서 부둥켜 안았네. 다른 동무들은 어떻게 됐는가 물었더니 변동지가 허벅지에 총을 맞고 저 아래 골짜기에 있다고 하더구만. 얼른 가자고 재촉했네. 또 모르니까 이상훈은 고지에 남겨두고 둘이서 바삐 내려갔지. 한참 내려가는데 무엇이 바스락거리는 거야. 가만히 옆에 숨어서 보았네. 사람은 아니고 커다란 물체가 기어오는데 자세히 보니까 글쎄 박근주 동무가 아니겠나. M1총을 목 뒤로 걸고 기어오고 있데. 쫓아가서 일으켰어. 발에 총상을 입었데. 다른 동무들은 못 봤냐고 물었더니 총에 맞아서 멀리 못가고 혼자 덤불 속에 숨어 있다가 오는 중이라고 하더구만. 놈들이 서둘러서 갔기에 망정이지 수색을 했더라면 죽었을 것이라고 하데. 뒤에 들었는데 지휘관이 죽었대. 둘이 박동무를 부축해서 힘들게 상봉에 올라갔네. 박동무를 상봉에 놓아두고 또 골짜기로 내려갔지. 얼마나 갔을까. 골짜기가 쩌렁쩌렁 울리게 소리가 들리더니 팡팡 총성이 두 번 들리지 않겠나. 한 발이면 오발이겠지만 두 발이라 오발은 아니고 어떤 총성인가 혹시 동지들의 시체를 찾으러 밤에 우리가 올 것을 예견하고 적들이 매복하고 있다가 변동지를 쏜 것은 아닐까. 불길한 생각을 하면서 삼십여 분을 기다려도 전혀 기척이 없었어. 그래서 변동지를 찾아갔지. 쓰러진 나무에 걸터앉아서 자결했데. 상체는 뒤로 총은 앞으로 넘어져 있었어. 총알이 심장을 관통했더구만. 얼마나 가슴이 아팠는지 몰라. 이미 동지는 싸늘하게 식어있고 묻어드릴 삽이나 곡괭이가 있어야지. 동지를 들어서 반듯이 뉘어놓고 나뭇가지를 꺾어서 덮어 놓고는 돌아섰네. 아마도 이동욱 동지가 떠난 지 오래 되었는데 오지 않는 것으로 보아 동지들이 다 희생당한 것은 아닌지 허벅지에 총을 맞았으니 살아 있어도 동지들에게 짐만 될 뿐 유격전을 할 수 없는 자신이라 목숨을 끊는 것이 동지들을 위한 것이라고 결심하고 만세를 부르고는 한 발은 공포, 한 발은 발로 방아쇠를 걸어서 자결하신 것 같아.

나로 인해서 돌아가셨네. 그 날 적에게 살해당한 네 동지 모두가 나 때문에 돌아가셨어. 각기 다른 중대, 소대 소속이었지만 내가 지휘해야 할 위치에 있었거든. 피곤한 동지들이 무어라 하던 원칙대로 보초를 세웠다면 오지에 들어온 적을 사전에 발견할 수 있고 또 적에게 타격을 줄 수도 있었을 텐데. 전적으로 내 책임이야."

동지들이 돌아가신 장소에 와서 다시금 뼈저리게 자책을 했다.

노조 일꾼들이 가져온 소주 한 잔을 따랐다.

동지를 업고 사지를 빠져나오다

"후에 우리는 장수 유대와 선을 달아서 함께 이동을 했네. 성수산 넘어 팔공산에서 뻗은 능선 아래 소쿠리 속처럼 오목한 곳에 트를 만들어 놓고 부대가 한동안 지냈어. 경사진 곳을 파서 뻬찌카를 만든 트도 있었고 나무를 베어다가 둥글게 세워놓고 이엉을 두른 트, 산죽 안에 땅을 파고 만든 트 등 각기 다른 트에서 생활했지. 삼십여 미터 떨어진 작은 능선에 보초를 세워놓고 지냈네. 어느 날 새벽이었어. 초소에서 비명소리와 함께 콩튀듯 총성이 볶아대는 거야. 다급한 나는 따발만 가지고 양손으로 나무와 이엉을 제치고 빠져 나와서 막 튀는데 나를 부르더구만. 박근주 동지가 트 밖으로 몸을 반쯤 내놓고 부르는 거야. 순간 돌아가서 들쳐 업었지. 그 사이에 동지들은 다 뛰고 나와 내 등에 업힌 두 사람만 처졌어. 놈들은 총을 쏴대고, 나는 박동무한테 따발총을 주면서 갈기라고 했네. 따발도 불을 뿜고, 앞뒤로 사방에 총알이 날아와서 박히더구만. 총 한 발에 두 사람이 꿰뚫릴 수 있는 위급한 상황인데 급하면 도리어 더딘 것인가. 근주 몸뚱이는 왜 또 그리 무겁고. 실개천 안으로 들어갔네. 조금만 가면 모퉁이라 총알을 피할 수 있거든. 그런데 물 속에 돌들이 이끼가 끼어서 딛는 대로 비틀거리다가 엎어지는 거야. 서너 발 가다가 엎어지고 또 엎어지고 가까스로 모퉁이를 돌아가는데 아, 동욱 동무가 장총을 꼬나들고 혼자 올라오지 않는가. 긴장이 확 풀리더구만. 동지를 구출하기 위해서 총알이 퍼붓는 적진에 단신으로 들어오는 것이 쉬운 일이 아니거든. 쉬운 일이 아니고말고."

혼잣말처럼 이야기를 마쳤다. 물 속에 들어갔다가 나온 사람처럼 줄줄이 흘러내리는 땀을 한 발만 딛고 서서 수건으로 내 얼굴을 닦아주던 박근주 동지, 총을 꼬나든 이동욱 동지의 모습이 어려왔다. 산을 내려왔다. 찬 냇물에 얼굴도 닦고 점심 때가 훨씬 지나버렸다. 남자들은 아침에 라면이라도 끓여 먹었지만 여성들은 굶었기 때문에 지쳐 있었다. 훈련을 단단히 한 셈이다. 성수면에 식당이 변변치 않아서 임실읍으로 갔다. 쌍둥이 식당이라는 간판을 보고 들어갔다. 시장한데다가 음식이 맛깔스럽고 또 인심이 후해서 점심을 잘 먹었다. 오류리를 거쳐서 회문산으로 갔다. 그들이 관광용으로 만들어 놓은 전북 도당 트에 가서 설명을 하고 곧 차로 헬기장까지 갔다. 나는 내일 여분산 등산 때문에 지쳐 있는 여성들과 차로 중간 헬기장까지만 가고 청년들은 위 봉우리까지 다녀왔다. 저녁은 지난 해 가을 민가협 후원회 회원들과 먹고 잤던 음식점에 갔다. 주인 내외분이 알아보고 반갑게 맞아주었다. 메기탕으로 저녁을 먹는데 주인장이 꿀단지를 들고 왔다. 토산품이니 가지고 가서 자시라고 한다. 뜻밖의 선물이었다. 떠날 때에도 이곳에 오시거든 식사를 안 하시더라도 들러서 차라도 들고 가시란다. 흐뭇했다. 국죽묵 동생의 집이 멀지 않아서 곧 도착했다. 이재복 누이가 반가워했다. 유기진 선생, 한재룡 선생, 이철진, 김영준이와 그의 여자친구가 와 있었다. 술상 둘레에 앉아서 각자 소개를 했다. 아무래도 초면이라서 서먹하던 분위기가 술잔이 오고가면서 누그러졌다. 농도 하고 웃고 나니 고향에 온 듯 허물이라고는 없이 편하게 잤다. 다음날 아침 식사 후에 인천 노조 간부들이 가야 한다기에 떠나보내고 우리는 여분산에 오르기 위해서 민제로 갔다. 전화가 왔다. 어제 5년 만에 통화가 된 정화가 2시까지 쌍치에 온단다. 마을 앞에 차를 세워놓고 가뿐하게 차리고 떠났다.

만 명이 넘는 인민들을 살리기 위해서 1개 중대 60여 명이 최후까지 싸운 여분산

여분산도 작은 산은 아니다. 제법 가파른 산이다. 길이 없는 곳으로 가시밭과 잡목을 헤치며 올라갔다. 땀을 뻘뻘 흘리며 올라갔다. 방어하기에 유리한 지점에는 어김없이 전호흔적이 보였다. 상봉 밑에서부터 갈짓자형 참호 자국이 뚜렷이 드러나 있었다. 아 동지들이 묻혀 있는 곳! 철진이한테 비디오 카메라에 담으라고 했다. 해발 780여 미터의 정상에 올라갔다. 헬기장이 있고 산불 감시초소가 있었다. 주위에 산이 첩첩, 멀리 지리산이 보이고 광주 무등산, 추월산, 내장산, 국사봉, 투구봉이 보였다. 쌍치 일원과 운암저수지가 눈 아래에 보였다. 잠시 땀을 식히면서 지형 설명을 했다. 우리는 양지쪽 마른 억새풀 위에 앉았다.

"여기 여분산은 우리 민족사에 영원히 기록될 전적지네. 혹 남부군 영화를 봤나. 잘못된 것이지만 거기 보면 1951년 3월 19일인가 국방군 대

병력이 회문산을 포위하고 비행기 폭격에 포격을 가하면서 개미떼처럼 능선을 타고 산골짜기로 공격하는 장면이 나오네. 치열한 공방전이 벌어진 거야. 장비 면에서나 수적으로 월등한 적에게 회문산을 내주고 전북 도당과 산하 기동부대가 덕유산으로 이동하던 때였어. 무장부대가 적의 포위망을 뚫고 빠져나가는데 저 아래 금산골 대시멀 등 고라당에는 적이 원 포위해서 압축해왔기 때문에 장성, 담양, 정읍, 순창, 임실 등지에서 쫓겨 온 지방 기관 및 투쟁인민들 만 명이 넘게 집결해 있었대. 그 많은 사람이 무장 부대의 뒤를 따라가다가는 저들에게 짤려서 다 죽을 것이고. 사령부에서는 안전지대인 쌍치로 비무장 대열을 빼돌리기로 작전을 세웠던가 봐. 이 여분산을 지키고 있던 기포병단(후에 407연대) 한 개 중대에 여분산을 포기하면 수많은 인민이 희생된다. 인민들이 쌍치 안전지대로 이동을 완료할 때까지 여분산을 사수하라는 엄중한 전투 명령이 하달된 거야. 여분산 상봉을 빼앗기면 그 수많은 인민이 죽임을 당하거나 생포될 수밖에 없었거든. 그래서 이 여분산 전투가 남쪽 유격전에서 유례를 찾아볼 수 없이 치열했던 거야. 비행기 폭격에 수수백발의 포탄이 날아오고 열세 번이나 기어오른 적을 반 돌격해서 물리쳤대. 온종일 육박전도 하고. 여기에 보루가 있었어. 보루 안에 막심중기를 걸어 놓고 중기분대가 정상에서 결사전을 하다가 다 전사하고. 중기부사수였던 여(汝)동무만 혼자 중기를 부여잡고 쏘아댔는데 출입구에서 손들어라 하고 총을 쏘더래. 거의 동시에 땅에 떨어져서 구르는 쇠소리가 들려오고. 휙 돌아보니까 군인이 총을 꼬나들고 있었다는구만. 미제 M1은 마지막 탄알이 나가면 자동으로 케이스가 밖으로 튀어 나가게 되어 있지 않나. 총을 다룬 동무라 적의 총에 총탄이 없다는 것을 알지 않겠어. 그냥 총알처럼 달려나갔대. 아마 눈에서 불꽃이 튀었을 거야. 그에 겁을 먹은 듯 국방군이 흠칫 뒤로 물러섰고 그 틈에 여동무는 눈이 남아 있는 저 북쪽 급경사로 굴러서 살아남았대. 한 개 중대 전원이 전사하고 단 한 사람이 살아 남은 거야. 적이 여분산을 점령했을 때는 이미 해가 저물고 인민들은 다 안전지대로 빠져 나갔대. 뒤에 여동무가 우리 중대 소대장으로 왔을 때 여동무로부터 여분산 전투에 대해서 자세히 들었구만. 아마 그 해 6월이나 7월이 아닌가 싶네. 우리가 이 여분산 상봉에 올라왔는데 전호 속에 하얀 뼈만 쌓여 있었어. 육탈이 된 머리와 팔, 다리, 몸의 뼈 토막이 섞여서 쌓여 있더구만. 60여 동무들의 백골을 접한 우리는 피 터지는 아픔으로 눈물을 흘렸어. 어금니를 물고 동무들의 뒤를 따르리라 결의를 다졌네. 주변에 흩어져 있던 유골을 모아다가 함께 묻어 드렸어. 인민의 생명을 구하기 위해서 자기 목숨을 아낌없이 바친 영웅들. 이곳에 동지들을 영원히 기리기 위한 탑을 세워야 할 텐데, 여러분 몫인지도 몰라."

　　말을 마치고 우리는 사진을 찍었다. 시간이 넉넉지 않아서 곧 내려왔다. 올라온 길과 다른 길을 택했다. 사단 본부와 연대 본부가 있던 곳으로 가기 위해서였다. 여분산에서 벌동산으로 뻗은 능선에 제법 평평한 곳이 있다. 오락회도 하고 출정식도 했던 곳이다. 특히 기억나는 것은 군용 열차를 전복시키고 수만 발의 탄약과 포탄을 노획해서 전남 지리산, 충남 지역에 보내주었는데 답례로 전남 예술 단원들이 먼 길에 와서 공연했던 자리이기도 하다.

　　연대 대대 중대가 자리잡고 지냈던 트 자리가 아직도 확연하게 남아있다. 트 자리에 신문을 깔아놓고 한재룡 동지가 가지고 온 제물을 차렸다. 조국과 인민을 위해서 한 몸을 온전히 바친 영령들을 추모하는 예식을 가졌다.

　　빠른 걸음으로 내려왔다. 들미나리를 캐는 할머니와 전쟁 때 이곳에서 살았는지 몇 마디 주고 받았는데 점심 걱정을 하셨다.

　　"시장하실 텐데 어쩔까요?"

은별, 은솔, 혜슬. 어린 소녀들에게 돌고개전투 전모를 들려주다

　우리 민족의 고유한 미풍양속이 시골에 남아 있어서 말만으로도 흐뭇했다. 차를 타고 꼬불꼬불 밤 한 말을 먹으며 넘었다는 전설의 고개. 밤재를 넘어서 쌍치로 달려갔다. 정화가 와 있었다. 무척 반가웠다. 남편과 많이 큰 두 딸 은별, 은솔이 인사를 했다. 대학 시절의 친구라고 한 여인과 여인의 딸 혜슬을 소개했다. 반가운 만남이었다. 우리는 식당에 가서 이야기꽃을 피웠다. 나이가 들수록 아이들이 더 귀엽게 보이는 것일까. 그 녀석들하고 손잡고 이야기를 나누면서 돌고개에 올라갔다. 보루대 자리도 보고 전호도 보고. 1951년 당시의 쌍치, 돌고개 전투에 대해서도 자세하게 들려주었다. 내려앉은 보루대, 흩어진 돌 위에 앉아서 아이들을 안고 사진을 찍었다. 티 없이 맑고 천진한 우리 아이들에게 후손들에게 부끄럽지 않게 살아야지. 정화는 하루 저희 집에서 쉬었다가 가라고 하는 것을 하는 일도 별로 없는데 바쁜 몸이라 다음에 만날 약속을 하고 쌍치에서 헤어졌다. 정읍으로 가는 도중에 쌍치 시산 앞을 지났다. 김정근 동지가 혼자 외롭게 지내고 있는 곳이다. 전화를 했더니 자전거를 타고 달려왔다. 서로 끌어안고 반가워했다. 대전 감옥 특별사 병실에서 함께 살았던 동지다. 차는 바로 출발했다. 일요일 오후라 상경길이 막힐 것 같아서 서둘렀다. 열 시경에 서울에 도착했다. 차를 끌고 다니느라고 철진이가 애썼다. 혼탁한 서울, 전철 안에 앉아 있지만 언제나처럼 맑은 물에 씻은 듯 마음의 별들이 총총하게 빛나고 있었다.

가마골에 다녀오다

2004년 7월 17일 9시 30분에 인천 민주노총 상근간부들과 함께 봉고차 두 대에 나누어 타고 민주노총 사무실을 떠났다. 연일 쏟아지는 비로 여러 곳에 홍수 소식이 들려오는 때라 조금은 걱정이 되었다.

한 번 미루었던 산행이라서 비가 와도 강행한다는 계획 하에 가고는 있지만 비가 많이 내리면 돌고개와 가마골은 몰라도 여분산에 오르기는 어렵다. 비가 와도 조금 오거나 날이 개었으면 하는 바람인데 차창을 때리는 빗방울이 제법 굵다.

서해안고속도로에 들어서면서부터 비가 억수로 쏟아졌다. 차가 달리는 것이 아니라 기고 있었다. 조금만 떨어져도 앞 차가 안보일 정도로 퍼붓던 비가 충청도를 지나면서 차츰 빗방울이 작아지다가 멎었다. 그로부터는 아예 비가 안 온 모양이었다. 아스팔트가 젖지 않았다. 구름은 끼어 있지만 산과 들이 그림처럼 깨끗하게 보였다. 차창을 스쳐가는 나무들은 잎이 무성하고 윤기가 났다.

나무를 때지 않기 때문에 낙엽이 썩어서, 달리 거름을 주지 않아도 성장에 필요한 양분을 충분히 섭취하여 나뭇잎들이 저렇게 윤택하지 않을까. 사람도 양분 공급이 없이 성장은 없다. 육체적인 성장은 20대에 멎지만 정신적인 성장은 노력 여하에 따라서 생과 함께 할 수 있다. 성장할 때는 신진대사가 활발하게 이루어진다.

책은 물론 사업과 생활 등 모든 분야에서 목적의식적으로 자양분을 섭취하고 낡은 잔재를 부단히 배제해야 생을 마칠 때까지 정신적인 성장을 가져올 수 있다고 질문에 답변을 이어가면서 때로는 진지하게, 웃기도 하고, 정세 전망 등 다양한 화제로 시간 가는 줄 모르고 이야기에 묻혀 있는데 차는 어느덧 회문봉을 감돌아 가고 있었다.

또 비가 쏟아졌다. 오늘 여분산에 오를 예정이었으나 계획을 변경시켰다. 가마골로 향했다. 가마골은 산이 높지 않은데 산 능선이 여러 갈래로 뻗어 있어서 골짜기가 많고 물을 접하기 쉽다. 그래서 전남 노령병단이 거점으로 활용했다.

고열로 사경을 헤맬 때 온 정성을 다한 김막동 동지

전북 46사단 지도부와 407연대가 1951년 여름을 난 곳이기도 하다. 지금은 유원지로 돈을 내야 들어갈 수 있다. 우리는 차를 세워놓고 비를 맞으면서 51, 2년 전에 빨치산들이 오르고 내린 오솔길로 골짜기를 타고 올라갔다. 이미 와서 확인한 곳이라 거의 알아볼 수 없게 되어버린 길인데도 잘 찾아 올라갔다. 비가 와서 수량이 많아진 계곡을 건너다가 그만 빠져버렸다. 물에 젖은 신발이 무거웠다.

사령부 트 미처 못가서 보초가 서 있던 곳 바로 옆에 비가 오면 비를 피하던 바위가 있었다. 바위가 푹 파여서 한 사람이 비를 피할 수 있었는데 지금은 흔적이 없다. 바위가 부서져 내린 듯 바위는 있는데 비를 피할 만한 곳은 없다. 사령부 트도 자세히 보아야 트 자리를 알아볼 수 있다. 취사장 자리도 많이 패어 있었다. 사단장 트에서 20여 미터 떨어진 곳에 열병환자 트가 있었다. (적의 세균전으로 가마골에도 곳곳에 재결환자 트가 있었다) 3.8보위부대 소속 열병환자들이 지냈던 작은 트였다. 나무로 지금의 야외 천막처럼 골격을 세우고 이엉을 두른 트였다. 산죽을 깔고 그 위에 짚을 깔았다. 6명이 있었는데 4명이 돌아가시고 김막동 동무와 나만 남았다. 열병에 걸리면 고열에, 먹지 못하고 5,6일 동안 되게 앓다가 열이 떨어지는데 그 때 음식을 잘못 먹거나 몸 관리를 잘못해서 재발하면 거의 다 죽어갔다. 나는 일차 홍역을 치르고 나서 열이 떨어지고 식욕이 돌아왔다. 몸에서 비타민이 요구되었던 것인지 별나게 풋 것이 먹고 싶었다. 병문안 온 강용기 동무에게 그 말을 했더니 다음날인가 배추 한 포기를 구해가지고 왔다. 배추를 씻어서 잘게 썰었다. 양재기 안에 담고 맹물을 붓고 소금으로 간을 맞추었다. 돌을 양 옆과 뒤에 괴고 양재기를 올려놓았다. 삭동가지를 꺾어다가 불을 피웠다. 푹푹 끓여서 그날 점심을 맛있게 먹었다. 그런데 이게 웬일인가 오후부터 열이 나기 시작했다. 온 몸이 펄펄 끓었다. 재발한 것이다. 몸을 가눌 수가 없고 거의 희망이 없었다. 막동 동지 등에 업혀나가서 대소변을 보았다. 막동 동무는 팔다리를 주물러주고 물수건을 연방 머리에 얹어서 열을 식혀주고 몸을 닦아주었다. 미음을 쑤어 먹이고 온 정성을 다했다.

조금씩 병세가 나아지고 있었다. 부대에서 고기 두어 근을 가져왔다. 막동 동무는 행여나 또 엃힐까봐 고기를 냄비에 여러 시간 삶아서 실처럼 가늘게 쪼갰다. 고깃국물로 죽을 쑤고 고기를 조금씩 얹어 주었다. 오전에 세 번, 오후에 세 번, 저녁에 또 끓였다. 고기를 다 먹고 난 다음에 어디서 구했는지 소 껍질을 가져왔다. 네 곳에 말뚝을 박고 그 위에 올려놓고는 불을 땠다. 쇠털이 타면 칼로 긁어냈다. 쇠털을 다 태운 후에 칼로 저미서 냄비에 고았다. 종일 고은 것 같았다. 우무가 된 것이다. 우무로 또 죽을 쑤어주었다. 입맛도 돌아오고 뼈와 가죽만 남은 몸에 살이 붙기 시작했다.

그 트가 있던 자리를 두루 찾아보았으나 흔적이 없다. 그 때 열병으로 돌아가신 네 동무 중에 세 동지는 내가 환자 트로 옮겨가자마자 돌아가셔서 그런 것인지 기억에 없고 한 동무는 이름도 성도 남아 있지 않지만 모습만은 뚜렷하다.

1961년 박정희가 5.16 쿠데타 후 비전향 동지들을 대전감옥에 집결시켰을 때 어느 날 운동 나갔다가 뒤 창문으로 넘겨다보는 김막동 동무를 보았다. 얼마나 반가웠는지 모른다. 10여 년 만에, 그것도 특별사에서 만난 김막동 동무!

김막동 동무의 고향은 임실군 신평면인데 얼마나 가난하게 살았던지 어려서부터 남의 집 머슴살이를 했다. 입산해서 글을 배운 동무다. 살아계시는지……

사단 지휘부 자리와 후방부 트, 38부대 트 등 서너 곳에 흔적이 남아 있다. 잠깐 설명을 하고 또 올라갔다. 백여 미터 올라가면 연대 본부가 있던 곳이 나온다. 연대 후방부가 그 부근에 있었다. 가마솥이 있었고, 재봉틀도 있었고, 절구통도 있었다. 상수리 나무껍질, 소나무 껍질을 삶아서 무명베나 광목에 물을 들여서 군복을 만들고 모자도 만들었다. 방아도 찧었다. 우리는 또 올라갔다. 50여 미터 올라가면 제법 평평한 곳이 있다. 1951년 8.15 경축행사를 여기서 가졌다.

1951년 8.15경축행사와 백암 동지

연대 전원이 모였다. 나무로 연단하고 주석단을 만들어놓았다. 8.15

경축행사가 시작되었다. 사회는 누가 보았는지 기억이 나지 않는다. 다만 사단장 백암 동지(본명 박판쇠)가 종이에 써 온 축사를 낭독했던 장면만 뚜렷이 남아 있다. 나는 맨 앞에 있었기에 그 때의 상황을 자세히 듣고 보았다.

　백암 동지는 몇 줄을 읽다가 막혔다. 연단 바로 뒤에 비서가 똑같은 글을 한 부 가지고 있는 듯 막힐 때마다 틔워주었다. 세 번째 막히자 종이를 내려놓고 "빨치산은 무엇보다 개를 잘 잡아야 합니다." 나름의 연설을 했다. 그 이후 백암 동지는 대원들 앞에서 글을 제대로 읽지 못한 우세스러움에 큰 자극을 받은 듯 매일 일찍 일어나서 책을 소리내어 읽었다.

　11월 7일 혁명 기념식을 여분산 밑에서 가졌는데 석 달 동안에 많이 발전했다. 글을 줄줄 막힘 없이 읽어 내려갔다. 동무들이 좋아했다. 백암 동지는 13년이나 머슴살이를 했다고 한다. 글은 몰라도 지휘력이 탁월했던 모양이다. 1948년에 입산하여 1개 부대(일명 백암부대)를 통솔했는데 여러 번 사상자를 낸 적들은 백암부대라고 하면 무서워서 떨었다고 한다.

　감옥에서 늦게 체포된 동지들로부터 들었는데 전북 도당위원장 방준표 동지는 자신의 후계자로 백암을 선택하여 이론 수준을 높이기 위해서 대학교수 2명을 붙여 주었다고 한다. 1954년 경에 백암 동지는 일류 이론가가 되었다고 한다. 56년 말에 체포된 고광인 동무에 의하면 전북 빨치산 소조들은 백암 동지의 지휘 하에 활동을 했고 연락은 무인포스터를 활용했다고 한다.

　민가협 어머니에 의하면 56년 말인가 57년 초에 자기 마을(쌍치 농바위) 옆에서 백암 동지가 전사하였다고 한다. 비트에 있었는데 경찰들이 트 옆에서 노루를 보고 총을 쏜 것을 트가 발견된 줄 알고 튀다가 두 동지가 사살되었다고 한다.

백암 동지의 이야기를 모두가 흥미롭게 들었다. 현장에서 듣는 이야기라서 더욱 감동을 받은 듯 비를 맞으면서도 말없이 때로는 숙연하였다. 돌아볼 곳은 많고 해질 시간이 얼마 남지 않았다. 우리는 기념사진을 찍고 떠났다.

오랏줄에 묶인 강용기 동지

사단본부 트를 지나면서 강용기 동지가 떠올랐다. 용기 동지는 성수산으로 나와 입산을 같이 했다. 1950년 10월에서 51년 3월까지 목숨을 걸고 함께 싸운 동지다. 그런데 전북도당이 회문산을 내주고 지리산으로 이동할 때 치열한 전투에서 행방불명이 되어버렸다.

내가 46사단 보위부대 2지대장으로 가마골에 있던 어느 날 조철호 사단참모장이 부르더니 놀러가잔다. 놀러간다? 논다는 말 자체가 이상하게 여겨졌다. 입산 이후 들어본 적이 없는 말이 아닌가. 총을 메고 참모장과 연락병, 나 세 사람이 지금 내려가는 이 길을 따라서 갔다. 지금처럼 숲이 우거지지 않았지만 그 때도 나뭇잎이 무성했다. 골짜기에서 올라오는 시원한 바람을 맞받으며 내려갔다. 빨치산 생활에서 낮에 산새소리, 맑은 개울물 소리를 들으며 한가롭게 걸어본 적이 없었던 것 같다. 개울을 건너서 앞산 산자락에 올라갔다. 멀지 않은 곳에 아담한 트가 나왔다. 트 안으로 들어가는데 아! 이게 어찌된 일인가. 강용기 동지가 한쪽 나무에 묶여 있지 않은가. 살아 있다는 반가움보다 묶여 있다는 현실에 소름이 끼쳤다. 산에서 묶인다는 것은 총살을 뜻하기 때문이다. 서로의 눈이 마주쳤다. 말은 못하고 고개를 끄덕이며 눈인사를 했다. 나는 보위부장 동지에게 담배 한 대 주어도 되느냐고 물었다. 허락을 받고 나팔 담배를 말아서 불을 붙였다. 말 한마디 없이 입에 담배를 물려주었다.

자리에 돌아온 나는 참모장 동지와 보위부장 동지의 이야기를 듣고만 있을 수가 없었다.

"대체 어찌된 일입니까?" 한마디 말만은 듣고 싶었다. 참모장 동지가 "전남 부대에 있다가 잡혀 왔네." 근심에 쌓여 있는 나의 마음을 헤아린 듯 부드럽게 말하고 이야기를 이어갔다. 나는 자리를 옮겼다. 어째서 묶였고 결말이 어떻게 날 것인가 머리가 복잡하게 움직이는데 용기 동지는 다 탄 담배가 입에서 떨어지지 않아 애를 먹고 있었다. 얼른 뛰어가서 입술에 붙어 있는 담배 끝을 뗐다. 물기가 말라버린 입술에 담배를 물고 빠는 사이에 약간 나온 타액이 입술과 종이를 붙여놓은 것이다. 너무 걱정하지 말라고 위로하고 떠났다. 강용기 동무를 도울 수 있는, 저 상태에서 구할 수 있는 방법이 없을까 고심하고 있는데 참모장 동지가 불렀다. 기본적인 이야기가 끝난 모양이다.

"동무, 저 사람을 압니까?"
"예. 잘 압니다."
"언제부터 알았습니까?"
"입산 직후부터 알았습니다."
"저 사람 사상이 어떻소?"
"제가 보기에 확고합니다."
"투쟁은 잘 했습니까?"
"예. 용감하게 잘 싸웠습니다. 지휘력도 있고요."
"장물죄로 감옥살이를 했다는데 알고 있었소?"
"모릅니다."

강용기 동무는 1947년에 장물죄로 광주 감옥에서 살 때 우리 동지들을 접하게 되었으며 사람이 성실하고 의리가 있어서 동지들이 집중적으로 교양했고 노출되지 않은 비밀 선을 알려주었다고 한다. 출소 후에 48년인가 49년에 선을 타고 입산해서 유격투쟁을 했다고 들었다.

"동무가 저 사람을 보증할 수 있소?"

"예. 보증할 수 있습니다."

"저 사람이 과오를 또 다시 범하게 되면 동무가 대신 벌을 받아야 하는데 그래도 좋겠소?"

"예. 좋습니다. 어떠한 처벌도 받겠습니다."

"좋소."

정치보위부장 동지의 물음에 간단하게 답변을 했다. 우리는 떠났다. 떠나면서 묶여 있는 강용기 동지에게 마음을 놓아도 될 것 같다고 했다. 참모장 동지는 사단 트로 돌아가면서 자초지종을 들려주었다. 강용기 동지는 3월 공세 때 분산되어 6명을 데리고 전남 백아산으로 갔다. 그 지역에서 전쟁 전에 유격 투쟁을 했기 때문에 지리에 밝고 또 고향이라 전북에서 싸우나 전남에서 싸우나 적과 싸우는데 다를 것이 있나 하고 단순하게 생각했던 모양이다. 그 쪽으로 간 동지들은 전남 민청연대에 배속되어 용감하게 싸웠다. 용기 동지는 중대장으로 여러 전투에서 전공을 세웠고 훈장을 받았다. 어느 날 민청연대가 가마골에 왔을 때 임실 출신이 강용기 동지를 보았고 보위부에 보고하였으며 즉시 보위부 동지들이 전남부대에 가서 강용기 동지 외 6명을 체포했다.

보위부장은 부대이탈 동기, 출신, 경력 등을 자세히 조사하고 주동자인 강용기 동지를 처단해야 하는데 그것이 마음에 걸려서 참모장 동지와 의논했다. 참모장 동지가 직접 용기 동지를 만나보고 살려야겠다는 생각이 들어서 동무를 목숨으로 보증할 사람이 있는가 하고 물었단다. '임방규 동지가 보위부대에 있다는 소식을 들었는데 임방규 동지는 나를 보증할 것' 이라고 해서 나를 데리고 보위부에 간 것이다.

나는 동무를 신뢰한다. 나도 보증을 섰다. 우리 둘이 보증을 섰으니 풀려온다. 참모장 동지의 마지막 말씀에 얼마나 기뻤는지 모른다. 날아갈 것 같았다.

부대를 이탈하는 것은 엄중하다. 특히 전시에 부대이탈은 총살에 해당한다. 적들은 우리를 사적인 면이 없다고 한다. 그러나 신뢰하는 동지가 보증하면 사형까지도 면하는 사회다. 우리의 보증은 단순히 사적인 것이 아니라 공적인 내용을 담고 있다. 그날 오후 강용기 동지와 그 외 6명은 보위부장을 따라서 사단 지휘부에 왔고 우리 부대에 배치되었다.

19세 때 전남 노령지구 사령관 김병억 동지

비를 맞으며 추억이 서려 있는 옛 길을 내려왔다. 차를 타고 용소에 갔다. 폭포는 그다지 높지 않지만 수량이 많아서 장관을 이루고 있었다. 소 옆에 자연석 그대로의 비석에 가마골의 내력을 적어놓았다. 1951년 여름에 국방군 11사가 450명의 전사자에 800여 명의 부상자를 낸 격전지요, 노령병단 병단장 김병억 휘하의 기포병단, 카추샤병단, 벼락병단 등 빨치산 3,000명이 있었던 곳이라고 적혀 있었다. 기포병단이 가마골에 있었을 뿐 벼락병단, 카추샤병단은 없었다. 노령병단은 전남부대이며 기포병단은 전북부대이기 때문에 지휘계통이 다르다. 역사적인 사실과 다른 부분은 고쳐야 할 것이다.

김병억 동지는 탁월한 군사지휘관이었다. 1948년 장성중학교에 다니다가 입산하여 전쟁 전에 노령지구 사령관으로 명성을 떨쳤으며 당시의 나이 19세였다. 후퇴 후에도 노령지구 사령관으로서 부족함이 없었으며 54년에 장성에서 트가 발견되어 마지막까지 싸우다가 최후를 장렬하게 마쳤다고 들었다.

김병억 동지의 형 김병언 동지는 사형을 받고 있을 때 한 방에서 살았다. 김병언 동지는 53년 말에 사형 당했다.

우리는 돌 비석 앞에서 기념촬영을 했다. 차로 찻길 끝까지 갔다가 내려왔다. 내려오다가 새로 난 아스팔트길을 따라 좌로 방향을 틀었다.

급커브를 여러 번 꺾어 돌아서 고개를 넘었다. 그 옛날 기와를 구웠다는 가마굴을 둘러보았다. 원형이 잘 보존되어 있어서 문화재로 선정했다고 게시판에 기록되어 있었다. 어쩌면 기와를 구웠던 가마 때문에 가마골이란 지명이 생겼는지도 모른다.

대밭 안에 군사간부학교(노령학원)

다시 차를 타고 내려갔다. 소쿠리처럼 산으로 둘러싸인 아늑한 이곳에 전북 남부지도부 산하 도당학교, 군사간부를 양성하던 노령학원이 있었다. 대밭, 옛 추억이 동화처럼 떠올랐다. 대밭 안에 대로 만든 학교에서 40여 명의 학생들이 이른 아침부터 밤늦게까지 공부를 했다. 과목은 철학과 사회발전사, 해방 후 조선 유격전술로 기억된다. 도당학교 선생들이 가르쳤고, 유격전술은 조철호 참모장이 가르쳤다. 조철호 참모장은 적이 어느 코스로 들어올 것인가, 무력배치를 어떻게 할 것인가 적의 참모입장에서 검토해보고 우리 부대의 매복, 기습, 퇴로 등 지형과 실정에 맞게 전술을 짜야 한다고 강조하였다. 교훈으로 삼고 있다.

지금도 대밭이 있다. 다만 앞에 골이 깊이 패여 있고 아래쪽에 크지 않은 저수지가 새로 생겼을 뿐이다. 점심을 먹고 부상처를 치료하기 위해서 의무과 트에 다녔는데 그 때 내를 건너던 돌다리가 옛 모습 그대로 남아 있었다. 여기저기를 돌아다니며 가슴 속에 묻어두던 추억들을 털어놓았다.

인민의 사랑, 된장에 무친 들미나리

하루는 부대에 가서 식량을 짊어지고 이 골짜기 오솔길로 올라오는데 경치가 하도 좋아서 절로 콧노래가 나왔다. 혼자 흥얼거리며 걸어가

는데,

"동무, 동무!"

하고 부르지 않는가. 둘러보아도 사람이 없었다.

"동무, 동무! 여기요."

나뭇잎 사이로 얼굴을 내놓고 손짓을 했다.

"이리 좀 와요."

4, 50대 되어보이는 아주머니가 오라고 하지 않는가. 길이 없다 숲을 헤치고 들어갔다. 작은 트가 나왔다. 토막나무로 만든 밥상 겸 의자도 있었다. 아주머니는 미나리 무침 한 접시에 보리밥을 주시며 자시란다. 아들은 빨치산에 나가고 며느리와 둘이 사는데 며느리가 저 아래에 나가서 들 미나리를 캐다가 무쳤는데 향기가 좋아서 먹고 가시라고 불렀단다.

식량이 어려운 때라 밥은 사양하고 된장에 버무린 미나리무침을 먹었다. 씹을수록 입안에 향기가 좋았다. 본 적이 없는 아주머니. 특별한 음식을 동무에게 먹이고 싶어하신 인민의 사랑, 사심 없는 정은 사람을 감동시키나보다. 지금도 생생하게 아름답게 떠오른다.

찻길이 없어서 그곳은 못 가보고 온 길로 되돌아갔다. 빨치산이 이 골짜기, 저 골짜기에서 저녁밥을 짓던 시각 가마골 골짜기에 어둠이 드리울 때 우리는 가마골을 빠져나갔다.

밤재를 넘어서 쌍치에 갔다. 저녁, 아침 밥값만 받고 숙박료가 없는 종암식당에 짐을 풀었다. 얼굴을 씻고, 발을 씻고 옷을 갈아입었다. 저녁을 맛있게 먹고 곧 잤다.

18일 6시에 일어나서 돌고개에 올라갔다. 아직도 흔적이 남아 있는 적 보루대 다섯 군데를 돌아보고 돌고개전투, 가족이 몽땅 살해당하기도 하고 한두 명씩 혈육을 잃어버린 쌍치 인민들의 처참했던 삶 등을 들려주었다.

핏줄로 이어진 인민과 빨치산 돌고개와 메데, 여분산

　사진을 찍고 내려왔다. 아침식사 후에 메데마을로 해서 여분산에 올라가려고 방향을 잡고 떠났다. 마을에 들러서 노인 분께 물었더니 길이 없어서 못 간단다. 되돌아 나왔다. 이곳은 1950년 말에 국방군 11사 한 개 대대가 거의 전멸당한 곳이다.
　그 때의 전투 상황은 쌍치의 연세 많은 분들이 알고 있다. 그리고 전투에 참가한 박명록 동지로부터 들었다. 적이 들어온다는 정보를 미리 입수한 기포병단은 개천 양쪽에 병력을 배치시켰다고 한다. 중경기를 중요 지점에 걸어놓고 매복하고 있는데 국방군이 겁도 없이 섬진강 상류를 건너서 골짜기 안으로 깊이 들어왔다. 거리 보장도 하지 않고 들어오는 긴 대열, 방심한 군대에게 일제사격을 가해서 수백 명을 사살했다고 들었다. 섬진강 상류를 건너지 못하고 거의 다 죽었다고 한다.
　밤재를 지나 여분산에 올라갔다. 여름이라서 가시덩쿨 산죽 잡목 등이 길을 메워버려서 무던히 애를 먹었다. 땀을 뻘뻘 흘리며 정상에 올라갔다. 사방이 산이다. 산상에 앉아서 치열했던 여분산 전투 전모를 들려주었다.
　서둘러서 상경했지만 길이 막혀서 밤 12시가 되어서야 인천에 도착했다. 박래섭 인천 민주노총 조직국장이 집까지 데려다주었다. 산에 오르고 먼 길 차를 운전하느라고 피곤할 텐데. 수고했다.

정읍유격대 전적지

총탄 수만 발, 수류탄 한 가마, 소총 14정을 노획하다

2005년 3월 13일 오전 6시 10분에 용산역에서 김해섭, 한재룡, 송계채 선생과 나는 무궁화 열차를 탔다. 열차 안에서 칠만분의 일 지도를 펼쳐놓고 답사지역을 선정했다. 9시 14분에 익산역에 도착하여 윤성남 선생 차를 타고 초원식당에 가서 아침을 먹고 바로 떠났다. 정읍군 북면 면사무소 앞에서 기다리고 있던 김영진 병원장이 반갑게 맞아주었다. 우리와 같이 정읍 쪽으로 달리던 차를 해섭 선생이 세웠다. 차에서 내린 우리는 해섭 선생을 따라 나섰다. 한참을 올라갔다가 돌아왔다. 차를 타고 오던 길로 1Km 가까이 가서 차를 세웠다. 50년이 더 지나버린 세월이라 주변이 달라지기도 했지만 큰 산이나 특이한 지형만이 기억에 남아 있고 모두가 사라져 버렸는데 기억에 없는 능선이며 골짜기와 논밭이 있지 않은가. 기억과 현실이 달라서 딴 곳으로만 여겨지는 모양이었다. 칠보산을 바라보고 뒷산을 보고 언덕까지의 거리를 가늠해 보고는 여기가 틀림없다고 했다. 우리 대오가 저 작은 능선 잘룩한 곳으로 해서 이곳에 왔다고 하였다.

"1951년 여름에 무장한 우리 부대 20여 명과 비무 80여 명이 칠보산 밑에서 해거름에 출발하여 재를 넘어 왔어요. 이 큰길을 막 넘었는데 전주 쪽에서 차가 오데요. 김정규 지대장 동지가 부대를 지휘했는데 행군을 중지시키고 신속하게 무장 부대를 길가에 배치했습니다. 모두가 긴장하고 있다가 헤드라이트를 켜고 달려오는 트럭 앞바퀴에 일제히 총탄을 퍼부었지요. 차는 멎고 동지들은 돌격을 외치며 비호처럼 달려갔습니다. 어느 사이에 운전수는 달아났고 길 복판에 멎어 있는 트럭 위로 올라갔습니다. 세 둥치의 거적섬에 탄알이 가득가득 담겨 있고 수류탄이 한 가마, 총 한 묶음이 있지 않아요? 아! 그때의 감격을 어떻게 표현할까? 우리는 배낭에 총탄을 한 짐씩 지고 온 길로 되짚어 갔습니다. 우연이라고 해야 할까? 우리 희생은 없고 총탄 수만 발에 M1 소총 14정, 기름종이에 싸놓은 여러 정의 소총부품을 노획하였습니다. 흔하지 않은 큰 전과였습니다."

당시의 흥분이 되살아난 것인가. 억양이 높고 불그레한 볼에 눈발이 스쳐갔다. 앞산이 안보일 정도로 눈이 펄펄 날렸다. 우리는 정읍으로 갔다. 경찰서 앞에서 김해섭, 송계채 선생으로부터 설명을 듣고 여중학교 교정에 가서 또 설명을 들었다.

정읍경찰서 습격

"1950년 11월인가 대부대가 정읍경찰서에 갇혀 있는 우리 동지들을 구출하기 위해서 야간 습격을 했어요. 저곳 호남중학교 뒷산이 총지휘부였습니다. 각 부대가 정읍천 둑을 타고 골목길로 진격하다가 적에게 발각되어 그만 정읍시내 곳곳에서 전투가 벌어졌습니다. 방어선을 뚫고 전진하던 부대가 소방서 옆에서 맞불질을 해서 기포병단 군사간부 한명이 희생되기도 했습니다. 아군 표시로 팔에 흰 수건을 감았습니다만 떨어지면 안보이지 않아요. 경찰서 담을 넘어서 안으로 진입했습니다. 놈들은 이층 위 옥상 보루에서 중기를 갈겨대고 용감한 우리 동지들은 경찰서 1층까지 점령했습니다. 위아래층 사이의 총격전이 치열했답니다. 경찰서 본 건물과 유치장 건물은 떨어져 있었는데 사동 입구까지 진격을 했어요. 이 과정에서 2~3명이 전사했습니다. 시간은 없고, 아쉽게도 퇴각 신호를 듣고 모두 철수했습니다."

동지들을 잃은 아픔이 말 속에 진하게 묻어나왔다.

"그 후에도 4,5회 정읍을 기습했는데 한 번도 경찰서를 점령하지 못했습니다. 다만 의약품 등 산에서 필요한 생활용품을 가져왔습니다."

정읍군당이 처음 입산한 새암바실 골짜기

송계채 선생의 보충 설명을 듣고 떠났다. 새재로 향했다. 이밤면 새암바실 골짜기 입구에 차를 세워놓고 설명을 들었다. 정읍군당이 맨 처음 입산한 곳인데 각 기관 유가족 산간지역 인민들 만여 명이 입산했다고 한다. 총은 불과 7정, 소총 7정으로 시작한 정읍 빨치산은 집요하고도 가열찬 투쟁을 통해서 적의 무기를 노획하여 1951년 6,7월경에는 1개 연대 병력 400여 명 중 무장 200여정의 무장대오로 확대 강화했다고 한다. 솔티 골짜기로 비포장도로를 따라서 깊숙이 들어갔다. 높은 둑이 나오고 산자락을 돌아 오르자 호수가 모습을 드러냈다. 산 위에는 눈이 쌓여 있고 첩첩산중에 파란 호수는 아름다웠다. 한재룡 선생은,

"전에는 여기에 호수가 없었어. 저 산들이 안 높은가? 저쪽으로 가면 싸리재가 나오는구만. 선이원은 한 길로만 다니지 않지 않아? 이 골짜기, 저 골짜기로 능선을 넘어서 쌍치에 가고오곤 했지."

비밀문건을 깊이 간수하고 험한 산을 넘어 마을과 마을 사이로 길도 아닌 밭두렁 논두렁을 타고 조직의 생명 조직선을 유지보존하느라고 밤을 낮 삼아 걸어다녔던 지난날이 자랑스러운 듯, 가파른 산을 기어오르던 젊은 날의 자신의 모습을 떠올리는 듯 한동안 말이 없었다. 우리는 되돌아 나왔다. 내장산으로 가는 길로 구불구불. 그러나 포장이 되어 있어서 차가 달리는 데 지장이 없었다.

대 내의 첩자

얼마쯤 갔을 까. 해섭 선생이 차를 세우라고 했다.

"그러니까 1951년 7월경이 아닌가 싶은데 부대가 사업을 나가다가 이 자리에서 쉬고 떠났습니다. 대열이 다 가고 후비를 담당한 분대가 떠나려는데 뒤에 기척이 있어서 누구야? 하고 외치자 누군가가 나무 뒤로 숨었습니다. 총을 들고 달려가자, 뜻밖에도 해방지대 대대장이 있었습니다. '혼자 떨어져서 무엇하고 있소?' 매서운 질문에 소변을 보았다고 우물쭈물했습니다. 그렇지 않아도 얼마 전에 정읍유격대 후방부가 내장산 저 골짜기에서 새벽 5시경에 경찰의 기습을 받아 여러 동지들이 희생되고 잡혔습니다. 놈들이 교묘히 침투했을 뿐 아니라 후방부 거점을 포위하고 일제사격을 했어요. 경찰이 사전에 정보를 입수하지 않고는 불가능한 일입니다. 대 내에 분명히 프락치가 있다고 경계를 강화하고 있던 차에 이런 일이 생겼습니다. 동생이 경찰이라 의심하지 않겠습니까? 묶어서 거점으로 돌아갔습니다. 심증은 가는데 끝까지 기밀제공을 하지 않았으며 적들과 선이 없다고 부인했답니다. 최후 순간까지 부인했데요.

인민공화국 만세를 불렀다고 하더군요."

영 마음이 좋지 않았다. 이제 밝힐 수도 없는 일이다. 여러 모로 의심이 갔다. 그렇다면 그자의 마지막 행위는 목숨을 건지기 위한 수작인가. 내장산 후방부 기습전 외에도 서너 번 이해되지 않는 경찰의 매복에 걸려든 적이 있었는데 그자를 처단한 후에는 없었다고 한다.

해섭 선생은 가다가

"여기가 바람 모퉁이요, 산 능선이 아래로 뻗어 있지 않아요. 참 전투가 치열했던 곳입니다. 저쪽이 여시목 고개구요. 아마도 남쪽 빨치산 투쟁에서 여기만큼 거의 매일같이 전투를 한 곳이 또 있었을까 하는 생각이 듭니다. 아침에 봉우리마다 무장부대를 배치했어요. 저 위에 올라가면 정읍에서 내장 쪽으로 오는 적들을 파악할 수 있습니다. 그들의 수에 적절한 작전을 세워서 산에 올려놓고 치거나 매복하고 있다가 바짝 접근했을 때 일제사격과 동시에 돌격해서 잡거나 그때그때의 상황에 맞게 지형지물을 이용하여 다양한 전법을 구사해서 전과를 올렸습니다."

해섭 선생의 설명을 들으면서 주변 산이며 골짜기 능선 등을 살펴보았다. 아주 매복하기에 좋고 저들의 공격은 어려운 지형이었다. 대공세 때 여시목을 장악한 적들이 내장으로 퇴각하던 동무들에게 총탄을 퍼부어 여러 명이 희생된 곳이다.

내장산 입구에서 점심을 먹고 구불구불 감돌아 오지로 들어갔다. 기암괴석에 높은 봉우리가 병풍처럼 둘러친 아늑한 곳에 절이 있다. 경 내에 들어가서 둘러보았다. 언제 보아도 아름다운 곳이다. 평화로웠다. 송계채 선생이 전해 들은 이야기를 들려주었다.

"어느 날, 이곳 골짜기 골짜기마다 박혀 있던 여러 기관 동지들이 경찰의 기습에 희생되었답니다. 경찰들이 절에 불을 질렀답니다."

반세기가 훨씬 지난 그날 어둠이 가시기 전에 총성이 콩 볶듯, 이리 뛰고 저리 뛰고, 총에 맞고 쓰러진 동무들, 처참했던 정경을 그려보았다.

무척 추운 날씨다. 눈바람이 매서웠다.

해섭 선생은 점심을 잘못 먹은 것인지 열이 나고 속이 메스껍다고 해서 정읍으로 가셨다. 얼마나 기다렸을까. 정읍에 동학혁명 계승회 회원 세 분이 오셨다. 점심 먹은 지가 얼마 안 되어 사양해도 소용이 없었다. 음식점으로 소매를 끌고 들어갔다.

간단히 술 한 잔을 나누고 정읍 외곽에 있는 아담한 집으로 안내했다. 뜰 앞에는 노송이 우거져 있고 뒤로는 꽤 큰 대나무 밭이 있어서 특별한 정취를 자아냈다. 조광환 선생이 벗들의 쉼터와 회의 장소로 사용하기 위해서 구해놓은 집이라고 했다. 산기슭에 기와집이 한 채 별장 같았다. 선생의 부인이 내온 차를 마시며 정담을 나누었다.

카츄샤병단(왜가리병단)을 결성한 항가래실

다음 날 일찍 일어나서 세수를 하고 떠났다. 할머니 해장국 집에서 청국장으로 아침식사를 하고 내장산으로 갔다. 차는 아슬한 산길을 굽이굽이 돌아서 오르고, 나는 경치가 하도 좋아서 창을 열어놓고 연신 촬영을 했다. 내장갈재를 넘어 오른쪽으로 굽어서 달렸다. 항가래실에 가서 차를 세웠다.

혼자 살고 있는 노인을 다 쓰러져가는 토담집 뜰에서 만났다. 방 하나에 부엌이 있는 작은 집은 백 년도 더 되어보였다. 가난이 덕지덕지 엉겨 있었다. 80여 세의 노인이 아내는 죽고 자식들이 객지에 나가 있어서 혼자 밥을 끓여먹고 있다고 했다. 전쟁 때 이 마을에 있었느냐고 물었더니 이곳 고향에서 태어나서 지금까지 살고 있단다. 전쟁 시기 빨치산들이 항가래실 이 골짜기에 있었다는데 기억나는 대로 들려주시라고 했더니, 정말 많은 사람들이 살았단다. 몇 천 명이나 되는지 정확하게는 모르지만 아무튼 겁나게 살았다고 한다. 기억력도 흐리고 참고될 만한 재료를 얻어내지 못했다.

　　오두막집을 나와서 또 한 분 노인을 만났다. 역사 자료를 수집하고 있는데 전쟁 전후에 이곳에서 있었던 일들을 생각나는 대로 들려주시라고 하자,

　　"나야, 자세한 것은 모르고 아무튼 난리 통에 고생을 많이 했습니다. 어느 마을에나 질이 나쁜 사람 한둘은 있지 않아요. 우리 마을에도 못된 사람이 있었는데 전쟁 전에 빨치산들이 와서 그 자를 죽이려고 끌고 가는 것을 마을 어른들이 우리가 책임지겠다고 다시는 못된 짓을 안할 것이라고 사정을 해서 살려놓았는데 그자는 인공 때 잠잠하게 있다가 인민군이 후퇴한 후 회문산에서 빨치산 대원으로 있었다나 봐요. 그런데 그 녀석이 자수해 가지고 또 경찰에게 붙어서 우리한테 해꼬지를 많이 했습니다. 제 버릇 개 못 준다더니. 우리야 산중에 사니까 빨치산이 심부름을 시키거나 도움을 요청하면 들어주고 밥도 대접할 수밖에 없지 않아요. 그런 것을 경찰에게 일러바쳐서 매를 맞게 하고 심지어 징역까지 가게 했습니다. 인심을 잃은 그 자는 결국 고향에서 못살고 이곳을 떠났습니다."

　　송계채 선생이 입을 열었다.

　　"1950년 10월 중순에 이 항가래실 골짜기에서 기지사령부가 조직되었습니다. 정읍 군당위원장 백동지가 기지사령이 되고 1,2,3,4 사령관이 있었는데, 1사령관 부안군당위원장 이용기, 2사령관 고창군당위원장, 3사령관 정읍에 이혁, 4사령관 부안 정일 동지가 맡고 활동했습니다. 그러던 차에 박춘생(왜가리) 동지가 도에서 91중대를 인솔하고 이곳에 와서 기지사령부를 해체했습니다. 부안군당 위원장, 고창군당 위원장은 자기 지역으로 가고 정읍 유격대원을 소환하여 92중대를 편성했어요. 91중대, 92중대를 중심으로 왜가리병단을 결성했습니다. 정읍, 고창, 부안 3개 군을 담당했습니다. 후에 부대 명칭이 카츄샤병단 46사단 산하 408연

대로 변경되었습니다."

우리는 차를 타고 쌍치로 들어갔다. 시산 앞을 지나면서 김정근 선생에게 전화를 걸자 금세 나왔다. 우리는 끌어안고 반가워했다. 김해섭 선생, 김정근 선생과 나는 대전형무소 8사에서 4.19후에 함께 살았다. 동지들은 점심을 먹으면서 정담을 나누고 아쉽게 헤어졌다. 김정근 동지는 언제 자기 집에 와서 이야기를 하며 하룻밤 자고 가라고 했다.

거의 매일처럼 공방전이 치열했던 여시목 고개

우리는 유명한 여시목 고개에 올라갔다. 거의 매일처럼 적아간에 공방전이 치열했던 전쟁터다. 지금은 억새풀이 우거지고 능선과 고지에 나무가 무성할 뿐 조요한 산. 올라올 때 잡담을 하던 해섭 선생은 풀밭에 앉아서 내장산을 바라보았다. 여기서 함께 싸웠던 동무들이 떠오르는 듯 한동안 말이 없었다. 무겁게 입을 연 해섭 선생은,

"길 흔적이 있지 않아요? 옛날에 정읍으로 다니던 길입니다. 양 옆으로 참 많이 걸은 곳이네요."

시간이 넉넉하지 않아 우리는 곧 떠났다.

세 동지가 국방군 1개 중대를 까부순 신성리 앞산

"군사부장 이계준, 문중기 동지는 만년 작전 참모장인데 그 당시에도 그랬지만 지금의 내 수준에서도 문중기 동지는 지휘, 작전, 대담성, 동지애, 겸손, 인간성이 풍부한 군사 간부였습니다. 당과 군사부를 통틀어서 가장 존경스러운 간부였습니다. 그러니까 1951년 여름으로 기억됩니다. 여느 때와 달리 쌍치에 들어온 국방군 한 개 중대가 해가 지는데도 빠지지 않고 신성리 앞산 한 곳만이 평평하고 돌아가면서 낭떠러지

로 가운데가 오목한 마치 고 낮은 대접처럼 생긴 곳에 자리를 잡고 야영을 했는데, 문중기 동지가 기습하겠다고 두 동무를 데리고 떠나면서 총성이 들리는지 들어보라고 했습니다. 다음 날 밝기 전입니다. 총성이 콩 볶듯 한바탕 볶아댔습니다. 우리는 아챙이 앞산에 있었어요. 결과가 어떻게 되었는지 초조하게 기다리는데 얼마나 지났을까 멀리 한 짐씩 짊어진 세 동지가 보이지 않겠습니까? 동무들이 달려갔습니다. 땀을 뻘뻘 흘리는 동무들과 얼싸안고는 탄알이 가득한 무거운 짐을 넘겨받아서 지고 거점으로 왔습니다. 문중기 동지가 기습경위를 들려주었습니다. 우리는 조심스럽게 가파른 곳으로 기어 올라갔어요. 놈들이 이중으로 보초를 서고 있었습니다. 우리는 포복으로 보초선을 돌파했는데 놈들이 총을 세워놓고 즐비하게 자고 있고 마침 장탄한 중기가 있지 않아요. 접근했습니다. 자는 놈들에게 기관총을 쏘아봐야 몇이나 맞겠습니까. 그래서 비상! 비상! 하고 고함을 질렀습니다. 겁에 질린 놈들이 모두 일어날 때 중기와 자동소총으로 드르륵드르륵 갈겨댔습니다. 그리고 총을 아래로 던지고 총탄을 배낭에 주워 담았습니다. 놈들은 수없이 쓰러지고 반격은 엄두도 못낸 듯 저항이 없었어요. 단 세 동지가 그것도 한 개 중대를 기습하는 게 어디 쉬운 일입니까? 작전 참모장 문중기 동지나 그런 대담한 작전을 구상하고 집행했습니다. 며칠 뒤에 그 지역 인민들로부터 들 것에 48구가 실려 나갔다고 들었습니다."

김해섭 동지는 대단한 군사 간부 중기 동지가 자랑스러운 듯 노전사의 얼굴에 미소가 번졌다.

국사봉, 장군봉, 고닥산, 농바우를 정읍 유격대가 1951년 12월 초까지 장악하고 진산, 시산, 북재, 북실, 탕실, 터실 등 여러 마을에 주둔하면서 쌍치 서북 쪽을 지켰다고 한다. 쌍치 일원을 둘러보고 우리는 떠났다. 20세기 초 의병투쟁과 8.15 이후 빨치산 투쟁이 치열했던 쌍치, 이 땅에 선혈을 뿌린 애국열사들의 넋을 추모하며 우리 대에 아니면 후대가 열사들의 충혼을 영원토록 기리고 이어갈 수 있도록 돌에 새기리라 확신하면서 떠났다. 윤성남 선생이 우리를 싣고 다니느라 수고하셨다. 오염되지 않은 전적지에서 머리를 깨끗이 씻은 우리는 익산에서 열차에 몸을 싣고 밤늦게 집에 돌아왔다.

회문산 성수산에 다녀오다

2006년 2월 28일 아침 6시에 서울역에서 봉고차로 하영옥, 박종석, 임태현, 변규철, 그리고 나, 다섯 사람이 떠났다.

간밤에 비가 와서 걱정을 했는데 구름 한 점이 없는 상쾌한 아침이었다. 가다가 휴게소에서 아침을 먹었다. 되도록 빨리 가자고 독촉을 했다.

우리는 감옥에서 전방을 가면 먼저 요해사업을 했던 것처럼 돌아가면서 출생에서 지금에 이르기까지의 전 생애를 털어놓았다. 이야기에 묻혀 있다가 언뜻 밖을 보니까 호남선으로 빠져 나가야 할 차가 곧장 경부선을 타고 있지 않은가. 고속도로라 차를 돌릴 수가 없다. 대전 외곽을 지나서 통영으로 가는 갈림길에 들어섰다. 10시 30분경에 쌍치에 도착하리라는 예상은 일찌감치 깨져 버렸다. 차창 밖으로 덕유산이 보였다. 생각은 54년 전으로 돌아갔다.

전북도당위원장 방준표 동지와 수많은 동지들이 묻혀 있는 곳. 잠시 명복을 빌었다. 장수로 해서 임실로 갈담으로 빙 둘러서 쌍치에 갔다. 2시간이나 늦어버렸다.

부산에서 온 이의엽과 반갑게 인사를 나누고 식당에 들어갔다. 인생 또한 오늘의 우리처럼 때를 놓치거나 엉뚱한 길에 들어서면 헤맬 수밖에 없고 귀중한 생을 낭비하지 않을까.

2시에 점심을 먹고 서둘러서 나왔다.

쌍 치

여러 번 온 곳이지만 그때마다 아픔과 감회가 새로웠다. 여기 쌍치는 해방구라 1951년 6월에 고지마다 병력을 배치해 놓고 초등학교 운동장에서 쌍치 인민들과 빨치산이 어우러져서 운동회를 가졌던 곳이다.

나는 저들의 세균전으로 재결에 걸려서 아쉽게도 운동회에 참가하지 못했다. 부대 대항씨름, 달리기, 봉사놀음 등 체육문화행사가 다채로웠다고 한다.

쌍치는 군경이 집 한 채를 남겨놓지 않고 태워버렸다. 방짱은 남아 있어서 인민들은 그 위에 나무를 둥글게 세워놓고 이엉을 두르고 살았다. 움막도 태우면 또 만들었다. 마을마다 보초를 세워놓고 적들이 들어오면 징소리와 연기로 적정을 알려서 피신시키고 밤낮없이 경계하며 살았다. 식량도 빼앗기고 타버려서 굶주리며 살았다.

야음을 틈타서 사방팔방으로 적이 기습해 오기라도 하면 미처 마을을 벗어나지 못한 어린이와 할아버지, 할머니들이 무참하게 살해당했다.

1951년 쌍치 해방구에도 봄이 왔다. 쌍치 농민들은 어렵게 살면서도 씨앗을 간수했다가 못자리도 하고 밭에 씨를 뿌렸다. 한여름 벼이삭이 나올 무렵이었다. 적의 대병력이 쌍치에 들어왔다. 수백 명의 노무자들을 끌고 들어와서 돌고개에 돌로 보루대를 다섯 개나 높이 쌓아올렸다. 전호를 파고 나무를 모조리 베어버렸다. 보루 위에서 중경기를 쏘아대면 토끼 한 마리도 기어오를 수 없도록 철벽처럼 진지를 구축했다.

전북도경에서 200여 명, 전남도경에서 200여 명을 돌고개에 파견했다고 한다.

실패한 1,2차 돌고개작전.

'논밭에 곡식은 여물어가는데 쌍치 복판에 적들이 주둔하고 있으니 추수를 어떻게 하랴.'

애를 태우던 농민들은 농민대회를 소집하여 우리 부대에 보낼 호소문을 채택하였던 모양이다. 우리 부대가 가막골에 있을 때다. 부대 전원이 모인 곳에서 쌍치 농민대표가 호소문을 낭독했다. 그 내용은 거의 잊었지만 골자는,

'우리 아들딸들은 빨치산에 나가고 부인들과 아이들, 노인들만 남았는데 곡식이 익으면 저놈들이 추수해 갈 것이다. 우리는 굶어죽을 수밖에 없다. 동무들이 돌고개의 적들을 몰아내 달라.'

는 절절한 내용이었다. 가슴이 뭉클했다.

아무리 견고한 적의 진지일지라도 농민이 피를 토하듯 울먹이는 호소문을 듣고는 그대로 있을 수가 없었다.

며칠 후 정예부대가 야간 기습을 했다. 그러나 실패했다. 동지들의 희생만 내고 말았다. 결코 쌍치 인민들의 염원을 저버릴 수 없는 우리 부대는 2차 작전계획을 세웠다. 전사한 동지들의 복수전을 겸한 돌고개 탈환작전이라서 동무들의 결심은 대단했다.

구름 낀 캄캄한 밤을 선택했다. 2차 돌고개탈환작전, 그 또한 실패

하고 말았다.

그 당시 나는 열병이 나았지만 아직 환자 트에 있었다. 다음날 11시 경에 가막골로 돌아오던 대열을 트 밖으로 나와서 맞이했다. 들것에 누워 있는 중상자가 7,8명이었으며 손과 어깨에 붕대를 감은 경상자가 10여 명이나 되었다.

외팔이 참모장 이상룡

돌고개 3차 탈환작전은 1951년 10월 20일경이 아닌가싶다. 우리 연대가 영광으로 9.28복수투쟁에 나갔다가 돌아오는 길에 엄정기 연대장이 박격포 유탄에 돌아가시고 최일관 참모장이 연대장이 되고 이상룡 동지가 우리 연대 참모장으로 온 뒤였다.

외팔이 참모장은 사기가 떨어진 연대 실정을 파악하고 야지진출투쟁을 계획했다. 그러나 사단과 연대본부에서 허락하지 않았다. 그 이유는 야지투쟁에 경험이 없을 뿐 아니라 만의 하나 실패하면 부대의 전투력을 상실하지 않을까 하는 염려가 있었기 때문이다. 탄알 또한 어려운 형편이었다. 제대로 된 실탄은 서너 발뿐 모두 납탄을 소유하고 있었다. 산에서 자체로 만든 납탄은 한번 사용한 탄피를 이용했다. 총을 쏘면 탄피가 확대되어 자동으로 빠지지 않았다. 총구에 가는 철봉을 넣고 돌로 때려야 탄피가 빠져 나왔다. 그런 장비를 가지고 산도 아닌 야지에서 전투를 한다는 것은 여간 어렵고 무모한 짓이 아니다. 여러 번 지휘부 성원들이 반대했다. 그러나 인민군 총위로 전투경험이 풍부한 참모장은 수차에 걸쳐서 2개 대대만 맡겨주면 반드시 전과를 올리고 귀대하겠다고 자신이 수립한 작전계획을 내놓고 설득했다. 만일 실패하면 자신이 모든 책임을 지겠다는 결의를 표명했다. 참모장의 확신에 찬 결의와 열의에 사단과 연대 지휘관들은 허락했다.

여기서 이상룡 동지에 대하여 내가 보고 느낀 점, 그리고 407연대에 오기 전에 있었던 무용담을 남원유격대, 김달용 소대장으로부터 들었는데 기억나는 대로 적어보겠다.

이상룡 동지는 평양 출신이며 중국해방작전에 참가하였고 〈인민군 대로 전선에 나갔다가 입산하여 초기에 남원 유격대 부대장으로 있었다. 한번은 해거름에 자동총으로 무장한 연락병 2명을 데리고 보졸지서에 갔다. 모두 국군복으로 위장했는데 참모장 동지는 중위 전투모를 쓰고 있었다. 당시는 계엄치하라 경찰은 군인 앞에서 쩔쩔 매었다. 정문 보초의 거수경례를 받으며 지서 안에 들어선 참모장은 지서 주임을 불러놓고 호통을 쳤다. 빨치산이 출몰하는데 군기가 빠졌다고 전원 집합을 명령했다. 100여 명의 경찰을 엎드려뻗쳐를 시켜놓고 장탄한 자동소총을 들이대며 움직이면 쏜다! 우리는 빨치산이라고 정체를 밝히고는 총 세 발을 쏘았다. 부근에 잠복하고 있던 동무들은 총성을 듣고 달려와서 총과 탄환을 짊어지고 갔다. 이와 같은 작전은 아무나 하는 것이 아니다. 참으로 대담한 군사지휘관이었다〉(괄호 안의 내용은 남원 유격대원 사이에 차이가 있다). 어느 날 도 병기과에서 자체 생산한 수류탄을 남원 유격대에 보내왔다.

성능이 우수한 수류탄을 자체 생산하여 앞으로 무진장 공급받을 수 있기 때문에 적과의 싸움에서 대단히 유리하게 되었다고 전체 대원 앞에서 그 위력을 보여주려고 터뜨렸는데 그만 손에서 폭발하여 오른손이 날아갔다. 그래서 외팔이가 된 것이다. 손만 날아가고 팔 끝부분은 남아 있었다. 한 번은 농을 하다 내 옆구리를 한 대 먹인 적이 있는데 마치 몽둥이 끝으로 타격하는 듯한 느낌을 받았다. 살이 없고 뼈 위에 체피만 얇게 덮고 있어서 부드럽지 않고 뼈가 나무토막처럼 느껴졌다. 이상룡 동지가 우리 부대 참모장으로 오셨을 때는 외팔이었다.

탁월한 군사지휘관일 뿐만 아니라 후비양성에 지대한 관심을 쏟았다. 큰 투쟁이 있을 때마다 초급 군사일꾼들을 자기 수준으로 끌어올리기 위해서 노력하셨다. 인간적인 면이나 동지를 사랑하는 마음 또한 각별하셨다.

대공세 때 대원들이 연일 계속되는 전투와 행군으로 무척이나 피로했다. 밤 행군을 하면서 졸다가 돌에 채여서 비틀거렸다. 졸음이 쏟아졌다. 섬진강 상류 용골산 밑에 외나무다리가 있었는데 다리를 건넌 대원들을 휴식시켜 놓고 당신 혼자 보초를 섰다. 한 20분 되었을까 깨워서 눈을 떴다. 동지들의 모자와 어깨 위에, 따발탄 창 위에 눈이 하얗게 얹혀 있었다. 지금도 그때가 선하게 떠오른다.

1952년 1월 중순쯤 되었을 것이다. 용골산에서 부대를 만났다. 캄캄한 밤에 산속에서 불을 피워놓고 밥을 하는 것으로 보아 틀림없이 우리 동지들인데 국군복을 입고 있지 않은가. 총도 M1이고. 소리나지 않도록 접근해 갔다. 3대대 동지들이었다. 반가웠다. 모자에서 신발까지 배낭과 총, 모두가 국방군 장비였다. 단 하나 전투모 밖으로 나온 긴 머리카락이 다를 뿐이었다. 어떻게 된 일이냐고 물었다. 동무들은 웃으면서 "야간열차를 깠지. 자식들이 겁도 없이 밤에 기차로 군인들을 후송하고 있지 않아. 지뢰를 사용했는데 기관차를 폭파하고 객차에 들어가 보니까 모두가 침낭 속에 들어가 있더구만. 당황한 놈들이 지퍼를 내리지 못하고 묶어 놓은 돼지처럼 뒹굴고 있데. 그래서 총을 밖으로 던지고 개들하고 옷을 바꿔 입었지. 1개 대대병력은 될 거야."

"포로들은 전원 석방하고 무기만 가져왔어. 너무 양이 많아서 도중에 묻어놓고 각자가 소지할 수 있는 총과 탄약만 휴대하고 왔지." 자랑스럽게 들려주었다.

동지들의 이야기를 들으면서 나는 감격했다. 외팔이 참모장에 대한 신뢰가 더욱 깊어갔다. 1951년 12월 초부터 빨치산 지역에 국방군 1개 군단과 지방경찰을 총동원하여 대대적인 공세를 취했다. 남반부 빨치산 부대들은 어느 곳에서나 심대한 타격을 받았다. 우리 407연대도 대공세를 극복하기 위해서 2대대와 6대대는 연대장 지휘를 받으면서 사단본부와 함께 활동했고 3대대는 참모장이 인솔했다. 2대대와 6대대는 특히 성수산 전투와 성수산에서의 적 매복에, 원통산 아래 학정리에서 적의 기습으로 수많은 희생을 냈고 부대가 거의 분산되었다. 연대장 최일관 동지도 총상을 입고 용골산 너덜겅에 있던 비트에 보내졌다. 김정자가 연대장 동지를 간호했는데 도저히 회복할 수 없게 되자 연대장 최일관 동지는 비트에서 권총으로 자결하셨다고 뒤에 소식을 들었다. 2대대와 6대대는 망가졌는데 외팔이 참모장이 지휘하던 3대대만은 거의 희생이 없었을 뿐 아니라 적 후방을 종횡으로 교란시키며 적의 약한 고리를 치고 기차도 습격하고 연전연승의 빛나는 전과를 올렸다. 어려운 때일수록 지휘관의 역할이 얼마나 큰가를 절실히 체득했다. 2중3중의 포위망 속에서도 참모장 동지만 있으면 대원들이 두려워하거나 동요함이 없이 일사불란하게 참모장 명령에 따랐다. 그래서 매번 전투에서 승리했다. 놈들이 얼마나 두려워했으면 전라남북도는 물론 경상남북도 지리산, 충청도 어느 곳에서든 동지들을 잡으면 외팔이 참모장의 행방을 물었다고 한다. 그리고 우리 부대를 그들은 외팔이부대라고 불렀다.

지금도 순창이나 임실지역 노인들에게 407연대나 기포병단을 물어보면 모르는데 외팔이부대라고 하면 다들 알고 있고 전설처럼 이야기를 들려주었다.

1차 기차 습격과 승리의 밤

외팔이 참모장은 2개 대대를 데리고 거점을 떠났다. 삼일 후였다. 11시에서 12시 사이로 기억된다. 사단 참모장 조철호 동지가 산을 내리달려오면서 외쳤다.

"동무들 총이고 배낭이고 놓아두고 빨리 와요. 빨리!"

독촉을 했다. 총을 놓아두고 오라니 어리둥절해서 머뭇거리는 동무들을 보고 또 다그쳤다.

"빨리! 빨리!"

참모장 동지 뒤에 바짝 달려가면서 물었다.

"아니, 난리라도 났어요?"

"우리 동무들이 대승했대. 기차를 깠대. 군용차를 까서 탄알을 한 짐씩 짊어지고 온대."

우리는 민재 뒤 재를 넘고 또 한 고개를 넘어서 대시멀에 갔다. 휴식을 취하고 있던 동무들이 쫓아 나왔다. 포로며 수북이 쌓아놓은 포탄, 총탄이 눈에 들어왔다. 서로가 부둥켜안고 기뻐했다. 선물로 공작담배 한 갑하고 마른 오징어를 내놓은 강용기 동무가,

"기차를 어떻게 깠느냐?"

라는 나의 질문에 기차습격의 전모를 들려주었다.

"3대대, 6대대 정예들만 선발하여 출발했는데 은밀성 보장을 철저히 했어. 새벽녘에 서도 남원 사이 어느 지점인지 모르겠는데 철길 옆에 지뢰를 매설했지. 지휘부 위치를 정한 후 3대대, 6대대는 매복할 지점에 가서 잠복에 들어갔어. 개인 전호 안에서 소식 봉쇄를 하고 있던 동무들은 3시경에 참모장 동지의 지휘에 따라서 지뢰를 폭파하고 일제사격과 동시에 돌격했구만. 열차 앞부분이 논바닥에 거꾸로 박혀버려서 기관차에 장치했던 중기를 빼내지 못했는데 참 아쉬웠어. 화물칸마다 열어보니까 총탄, 포탄이 가득가득 차 있지 않아. 놀라움과 기쁨에 동무들은 총탄과 포탄을 마구 끌어내렸네. 참모장은 동무들에게 주변 마을에 가서 짐을 질 수 있는 농민들을 동원시키도록 명령했어. 포로 약 200여 명과 농민 그리고 우리 동무들이 총탄과 포탄을 가리지 않고 한 짐씩 짊어지고는 풍악산에 오르고 차 안에 쌓여 있는 총탄과 포탄은 불을 질러서 폭

파시켰지. 오면서 국방군 장교와 대원들에게 우리가 육군본부와 선을 가지고 있다. 군수물자를 후송하는 열차가 통과할 시간을 연락받고 매복했다가 쳤다. 그렇지 않고서야 열차 여러 대가 오고갔는데 어떻게 탄약을 만재한 기차를 골라서 습격했겠는가 하고 그럴듯하게 말했어. 놀란 듯 머리를 끄덕이며 듣더구만."

그 내용이 전해져서 육군본부가 발칵 뒤집어졌다고 뒤에 들었다.

포탄은 60밀리, 80밀리 박격포탄이고 소총탄은 탄띠와 쇠곽에 들어 있는 중기탄이었다. 점심을 먹고 늘어지게 자고 난 우리는 4시경에, 맨몸으로 간 동지들도 두 자루의 총을 양 어깨에 메고 탄띠 여러 개를 어깨에 두르고 허리에 감고 대시멀을 떠났다.

금산골로 난 길가에 여러 기관 동무들과 투쟁인민들 수백 명이 요소요소에 나와서 마중했다. 대승을 거둔 우리 동지들을 보자마자 만세를 불렀다.

"407연대 만세! 만세!"

"조국통일 만세! 만세!"

"김일성 장군 만세! 만세! 만세!"

인민과 빨치산의 만세소리가 골골을 메아리쳤다. 길가에 나왔던 인민들이 부대 후비에 길게 따라 붙었다. '장백산 줄기줄기', '태백산맥에 눈 날린다.' 혁명가요와 투쟁구호로 더욱 고조된 승리의 부대, 빨치산과 인민들의 기쁨은 충천했다. 대열이 금산골에 도착했다. 어둠이 산자락을 휘감기 시작했다. 여기저기 큰 가마솥 밑에 장작불이 붉게 타올랐다. 후방부 일꾼들이 저녁식사를 준비하고 있었다. 냄비든 바가지든 있는 대로 밥을 퍼서 농민들과 포로들에게 먼저 주고 그릇이 나오는 대로 우리도 맛있게 먹었다. 포로 한 사람의 말이 기억에 뚜렷하다. 지금 밖에서는 산에 6,000여 명의 빨치산이 남아 있다고 신문과 라디오에서 보도하고 있는데 여기 있는 빨치산만 해도 6,000명이 되겠다고…….

식사를 마치고 정치부 일꾼이 현 정세와 미제의 침략, 정의의 전쟁, 앞으로의 전망, 그리고 미제와 그들의 앞잡이들에게 속지 말도록 당부하는 내용 등으로 정차연설을 했다. 농민들과 포로들에게 날이 어두웠으니 자고 내일 아침에 가라고 했는데 가족들이 기다리니까 지금 가겠다고 해서 임실 순창 간 국도까지 동무들이 안내했다. 포로들은 돌아가면서 그렇게 고마워할 수가 없었다. 몇 번이나 인사를 했다.

금산골에 모여든 빨치산과 인민들은 모닥불을 피워놓고 짤막한 보고에 이어서 문화행사를 가졌다. 모닥불을 돌면서 남녀 빨치산들이 횃불을 들고 노래하고 춤추고, 아! 승리의 밤, 환희에 찬 밤이었다. 아마 거창한 통일잔치마당에서도 그때만은 못할 것 같다. 나이가 들어서 기쁠 때, 이를 못보고 먼저 가신 동지들 생각이 나고, 맘 한구석에 아픔이 고일 것이기 때문이다.

그 당시 내 나이는 20세. 다른 정서가 끼어들 수 있는 틈이라고는 없이, 환희로 꽉 차버렸다. 노획한 총탄, 포탄을 전남 지리산 충남지역에 보내주었다. 여기서 한 가지만 더 언급하고 가겠다. 열차 습격에서 우리 희생은 한 명도 없이 수만 발의 총탄, 포탄을 노획하여 대승을 거두었음에도 불구하고 이 전투 총화에서 결함이 지적되었다. 지도 일꾼들이 다 잘 조직지휘했으나 탄환 운반에 한계가 있는데 포탄보다는 총탄을 짊어지고 왔으면 유격전에 얼마나 도움이 되겠는가. 지휘간부가 그 점을 보지 못한 것이 결함으로 지적되었다. 지금도 교훈을 주는 내용이다.

쌍치를 해방시키다

53년 전에 있었던 격전지에 우리는 오르고 있었다. 지난 날 치열했던 장면들이 떠올랐다. 동지들은 거의 다 가고, 말없이 주변을 둘러보며 올라갔다. 2월이라 논밭은 아직 갈아엎지 않고 추수 뒤 그대로 황량하게 보였다. 우리는 돌고개 중앙에 위치한 가장 큰 보루대가 있던 자리, 흩어진 돌 위에 앉아서 역사적인 전투전모를 기억나는 대로 들려주었다.

"1차 기차습격을 한 직후 3차 돌고개 탈환작전을 계획했지. 포탄이 없어서 땅 속에 비장했던 60미리-80미리 박격포를 꺼내 왔네. 포도 있고 총탄이 충분히 있기에 이번에는 반드시 쌍치를 해방시키겠다는 결의로 준비를 철저히 했네. 전남 노령지구 김병억 부대도 동원되었어. 광주에서 쌍치로 나 있는 기동로로 차와 탱크가 들어오지 못하도록 길을 깊이 파놓고 양쪽에 무력을 배치했고 정읍에서, 순창에서, 임실에서 쌍치로 이어지는 기동로도 전부 차단하고 무력을 배치했지. 407연대뿐만 아니라 408연대와 정읍, 순창, 임실 군유격대도 동원되었구만. 당회의를 소집했고 대대적인 결의대회를 가졌어. 쌍치 농민들 또한 생사가 걸린 투쟁이라서 전적으로 달라붙었네. 여분산 중턱에 주둔하고 있던 우리 부대는 밤에 출정식을 갖고 구호를 외치면서 떠났어. 새벽 3시경에 돌고개를 포위하고 일제 사격을 들이댔지. 기습공격을 한 거야. 동시에 쌍치 전역에 높고 낮은 봉우리와 능선마다 불길이 솟아올랐다. 적이 공포에 떨도록 우리 역량을 시위한 것이지. 일종의 심리전을 한 거야. 전방에 나갔던 동지들이 사격권 밖으로 물러났네. 돌고개 남쪽 7,8백 미터 지점에 박격포를 배치했는데 다음날 10시쯤 되었을 거야. 돌고개 보류대를 향해서 박격포로 포탄 너댓 발을 발사했어. 그것도 시위야. '우리도 포를 가지고 있다. 네놈들이 이번에는 견디지 못할 것이다. 뒈지던가, 항복할 수밖에 없다.' 는 우리의 메시지를 포탄에 실어서 날려 보냈어. 점심들을 해먹고 느긋하게 움직이는 우리 동향을 그들은 다 보고 있었겠지. 아마 간뎅이가 오그라 졌을거야. 전력도 이만저만이 아니고 포까지 가지고 왔지. 밤에 봉화를 봐도 그렇고, 전 같으면 기습공격을 하고는 날이 밝기 전에 철수했는데 그것도 아니고 겁이 났을 거야."

"적들은 만일의 경우에 대비하여 산 밑으로 흐르는 내까지 전호를 갈짓자로 파서 물길을 만들어 놓았는데 참모장은 전날 밤에 내 건너편에 한 개 분대를 배치했어. 동무들은 개인 전호를 파고 그 안에 들어가서 물을 길러 내려오는 자들에게 묘준 사격을 했네. 그러니 얼씬이나 하겠어. 물길을 완전히 끊어버렸네. 밤이 되자 봉화가 또 오르고 포도 쏘고 서너 차례 기습을 했지. 보루 안에서 한 잠도 못 잤을 거야. 날이 샌 다음날에도 우리들은 철수하지 않고, 지원군도 감감소식이지, 외부와 연락은 안 되고, 빨치산들은 메가폰을 가지고 '투항하라, 투항하지 않으면 죽을 것이다. 지원군을 기대하지 말라.'고 외쳐대고 목도 타고, 배도 고프고 시간이 흐를수록 죽을 지경이었을 거야. 3일째 되는 밤이었어. 부슬비가 내리는 깜깜한 밤이었어. 전날 밤처럼 초저녁에 1차 기습을 하고 2시쯤 되었을까, 총공격을 했지. 쌍치 농민들 2천여 명이 흰 수건으로 머리를 질끈 동여매고 죽창을 들고 유격대원 뒤를 따랐네. 보루대에 접근하여 일제히 총탄을 퍼붓고 돌격, 돌격 함성을 지르며 진격했지. 한 번 상상해봐. 수백 명의 빨치산과 2천여 명의 농민들이 외치는 함성을. 쌍치 천지가 날아갈 듯했어. 기어오르던 빨치산은 전호에 진입했고 기진맥진한 적들은 변변한 저항도 못하고 도망친 거야. 도중에서 얻어맞고. 5개 보류를 점령한 빨치산과 농민들은 서로를 끌어안고 만세를 불렀어. 농민들은 눈물을 흘리고. 바로 이곳에서 말이야. 그 해 가을에 8만석을 수확했구만."

　돌로 거대하게 쌓아올렸던 보루대 밑 부분이 아직도 남아 있다. 보루대와 보루대를 연결하는 전호의 흔적이 한 자 이상 파여 있어서 뚜렷이 확인할 수 있다. 무성한 잡목을 헤치고 보루대 다섯 군데를 돌아보았다. 사진도 찍고, 공방전을 벌이던 전호도 밟아보았다. 53년 전의 쌍치가 눈 앞에 어려왔다. 국방군에 의해서 집 한 채 없이 타버린 고장, 빨치산과 생사고락을 함께 했던 인민들, 여기저기에 시체가 널려 있던 곳이다. 8.15 해방 후 남쪽에서 쌍치 인민들처럼 영웅적으로 싸웠고 희생과 고통을 당한 인민은 없을 것이다. 후세의 사학자들은 민족사에 그 점을 대대적으로 기록할 것이다.

금산골에 갔다. 지금은 비닐하우스가 있고 여느 곳과 다름없는 밭이지만 그날의 기억과 환희는 나의 뇌리에 길이 남아 있을 것이다. 아름다운 추억이며 힘을 주는 원천이기도 하다.

횃불을 들고 춤추고 노래하던 장소도 둘러보았다. 전북도당 트, 회문산까지 올라갈 계획이었는데 시간이 없었다. 숙소로 직행했다. 이재복 누이가 반갑게 맞아주었다. 말수가 적고 소탈한 국중묵 아우는 언제 보아도 믿음직스럽다. 토끼를 잡아서 탕을 만들고 산나물 무침에 파김치 등 상차림에 정성이 담겨 있었다. 모두 맛있게 먹었다. 젊은이들은 허물 없이 가반을 했다. 저녁을 먹고는 소주잔을 기울였다. 도시 생활에 찌들었던 일꾼들은 허리띠를 풀어놓고 마셨다. 묻고, 웃고, 티도 가식도 없이 어우러진 술판이 그렇게 좋아 보일 수가 없었다.

3월 1일 아침 일찍이 일어나자고 일렀지만 늦도록 술을 마시고 쓰러졌으니 늦을 수밖에. 8시가 넘어서야 얼굴을 씻고 차에 올랐다. 회문산에 갔다. 빨치산이 거점으로 사용했던 지역은 거의 휴양지라는 딱지를 붙여놓고 입장료를 받았다. 기분이 좋지 않았다. 자연과 호흡을 함께하면서 마음의 때도 씻어버리고, 건강에 이로운 산행길인데 돈을 받다니 제놈들의 산인가. 저들이 전북도당 트라고 엉터리로 만들어놓고 관광용으로 활용하고 있는 트 내부에 들어갔다. 조형물로 부상자 치료하는 장면과 병기 수리, 이를 잡으며 휴식하는 장면이 나온다. 빨치산이 사용했다는 항고 헬멧, 놋그릇, 탄띠, 수저 등이 선반 위에 전시되어 있고 작전실에 전화기를 만들어놓았다. 1950년 10월에서 51년 3월 중순까지 이곳 회문산에는 수력발전을 해서 전등을 사용했으며 고지마다 전선을 연결하여 전황을 보고받고 작전지시를 하였다. 당시 상황을 재연한 것이라고 설명을 했다. 당 출판과에서 신문을 발행했는데 그 부분은 빠져 있다고 보충했다.

회문산 중봉에 올라가서 주위를 둘러보며 설명을 했다. 능선 끝에 회문봉, 한때 여성중대가 진치고 있던 우뚝 솟은 봉우리가 가까이에 있다. 만감이 교차했다. 기온이 뚝 떨어져서 볼과 귀가 시렸다.

"지금도 이렇게 추운데 한겨울은 어떻게 산에서 지내셨어요?"

여러 질문에 대답하던 나의 머리에 옛일들이 주마등처럼 스쳐갔다. 큰 소나무마다, 바위 곳곳에 총맞은 상처가 남아 있다. 방어하기에 유리한 지점에는 으레 전호자국이 보였다.

곧바로 산을 내려와서 아침을 먹었다. 부산 친구는 가고, 아쉬운 작별인사를 하고는 중묵집을 떠났다.

외팔이 참모장이 돌아가신 트를 찾다

임실을 거쳐서 성수에 갔다. 내가 입산한 지역이라 마을과 산천이 눈에 익었다. 오봉리에 가서 윤재만씨를 찾았다. 마침 집에 있어서 인사를 나누었다. 시간이 있는가 하고 물었다. 별일이 없다고 하기에 차에 함께 타자고 했다. 윤재만씨 하고는 세 번째 만남이었다. 첫 번째는 내가 입산 초기에 주둔했던 오봉리에 들렀을 때였고, 두 번째는 외팔이 참모장이 돌아가신 곳이 성수산 불담골이라는 글을 토벌대장 차일혁 아들이 쓴 책자에서 보았기 때문에 그 점을 알아보기 위해서였다. 이야기 중에 재만씨는 '내가 압니다. 성수지서에 근무하고 있을 때 외팔이 참모장이 죽었습니다. 자수자를 앞세우고 현장에 가서 사체를 직접 확인했어요.' 라고 말하면서 지금은 잎이 무성하여 찾기 어려울 것 같으니 나뭇잎이 진 후에 한 번 더 오라고 했다.

재만씨와 이런저런 이야기를 나누었다. 비포장 좁은 길을 구불구불 돌아가는데 재만씨가 차를 멈추라고 했다. 우리는 모두 내렸다.

"이쪽으로 올라가면 트 자리가 나올 것입니다. 틀림이 없습니다."

말을 마치고는 골로 들어섰다. 습기는 많지만 물은 흐르지 않았다. 잡목을 헤치고 올라갔다. 78세의 노구임에도 불구하고 산을 잘 탔다. 한참을 올라가다가,

"요 위가 평평한데 거기에 트가 있었습니다."

말을 마치고 바삐 올라갔다.

아니다 다를까 제법 넓은 곳이 나타났다. 앞뒤로 두 군데 푹 꺼진 트 자리가 태고적 정적 속에 자리하고 있었다. 낙엽이 쌓여 있고 제법 큰 나무도 있었다. 내 신분을 밝히지 않는 터라 안으로만 아파할 뿐 내색은 못하고 참모장 동지가 숨을 거둔 트, 푹 꺼진 안에 들어가서 낙엽을 만져 보았다.

'아! 만일에 영혼이 있다면 53년 만에 찾아온 동지를 보고 무어라고 하실까? 참모장 동지가 못다 이룬 조국통일을 반드시 이루어 낼 것입니다. 한 몸 바치겠습니다.'

말없이 결심을 다졌다. 재만씨는,

"이곳에 와서 참모장 시체를 확인했어요. 요 앞에 묘를 파보니까 여러 장의 모포에 시체가 쌓여 있었는데 오른손이 없어서 외팔이 참모장이 분명하다고 확인을 했습니다. 시신은 성수지서에 가지고 갔는데 어떻게 처리했는지 모릅니다. 아마도 높은 사람들에게 보냈겠지요."

우리들의 질문에 기억나는 대로 대답해 주었다. 어찌 하랴. 한동안 있다가 내려왔다. 올라가는 입구며 트 위치는 기억 속에 박아놓고 비디오에 담아놓았다.

대판리에 가서 점심을 먹었다. 토종닭을 삶아놓고 술 한 잔씩 나누면서 정성기 식당 주인하고 이야기를 나누었다. 60대 후반인데 5년 전에 세상을 뜬 형한테서 외팔이 참모장에 대하여 많이 들었다고, 부대가 지리산으로 들어갈 때 참모장 동지는 혼자 허름한 한복에 밀짚모자를 쓰

고 술 취한 듯 비틀거리며 길을 지키고 있던 경찰에게 다가가서 시비를 걸다가 해치우고 위험지구를 빠져나갔다고 한다. 오른손이 없는데도 총을 쏘는데 손 없는 오른팔을 오른쪽 다리 밑으로 넣어가지고 쪼그리고 앉아서 총을 쏘아 백발백중으로 적을 쓰러뜨렸다고 한다. 지리산, 회문산, 성수산 일대에서 싸운 빨치산 대장인데 그 어른 대단한 분이라고 말도 높이며 자랑스럽게 들려주었다.

시간이 없어서 점심을 먹고 곧 떠났다. 성수에서 기차를 깠는데 그 작전에 참가했기 때문에 철로 변에 차를 세워놓고 설명을 했다.

2차 기차 습격

"1951년 11월 중순쯤 되었을까. 가을 추수를 끝낸 밭에 보리가 파랗게 돋아나고 있었으니까. 우리 부대는 2대대에서 1개 중대, 3대대에서 1개 중대 그 중에서도 정예들만 40여명을 선발하여 여분산 거점을 떠났어. 원통산에서 하루 낮을 보내고 저녁을 일찍 먹고는 내일 아침, 점심을 무릉베 밥주머니에 담아가지고 해가 지자마자 길을 재촉했지. 부대 이동을 눈치채지 못하도록 마을 멀리 돌아서 속보로 행군을 했구만. 국도와 철길을 건널 때는 척후를 담당한 소대에서 양쪽으로 4,50미터 떨어진 곳에 보초를 세우고 본부대는 뛰어서 신속하게 건넜네. 보초는 부대 후비에 따르고, 논두렁 밭두렁으로, 산을 오르내리고, 밤새 걸어서 성수면 봉강리 뒷산 너머에 도착했어. 산에 가면 폐인 곳이 있지 않나. 산으로 에워싸인 곳인데 길에서 떨어져 있고 하루를 보내기에는 안성맞춤인 장소에 자리를 잡았어. 곧 담요를 깔고 아침밥을 먹었네. 앞뒤에 복보초를 세우고 불침번을 정하고는 보초 교대시간, 식사당번, 기상시간을 정해놓고 잤어. 자다가 일어나서 점심을 먹고 또 잤지. 4시나 되었을까. 참모장 동지가 깨워서 일어났네. 중대간부 이상만 솔밭 사이로 산을 넘어가서 참모장 동지는 철길이 잘 보이는 지점을 택했어. 마침 책상만한 납작한 돌이 있어서 그 주변에 모여 앉았구만. 참모장 동지는 쌍안경을 꺼내놓고,

"기차를 까야 하는데 유리한 지점을 택해보아요. 부대 배치며 후퇴로 등을 참작해서 각자가 작전계획을 짜보시오."

참모장 동지의 요구가 있자 모두 철길 남쪽에서 북쪽으로 그 반대로 훑어보면서 작전을 짰어. 쌍안경으로 지형을 면밀히 살피면서 말이야. 20-30분 지났을까. 각자가 수립한 작전계획 발표 및 작전 토의를 했네. 기차를 깔 수 있는 장소는 두 곳밖에 없었어. 한 곳은 오류역에 아주 가깝고 또 한 곳은 임실역에서 가까워. 각자가 유리한 점과 불리한 점을 놓고 격론을 벌였지. 오류역 옆은 철길 넘어 말팃재 위에 경찰이 상주하고 있는 보루가 있어서 부대 매복이 어렵고 이쪽도 큰 나무가 없고 잔솔만 드문드문 있을 뿐 아니라 안쪽에 마을이 있어서 노출될 우려가 많거든. 임실 쪽은 잠복하기에는 아주 좋은데 퇴로가 불리했네. 성수지서 뒤 능선을 타고 퇴각할 수밖에 없는 지형이야. 따라서 논쟁을 할 수밖에. 기차습격이 어렵게 여겨지는 오류역 쪽은 서너 명뿐이고 거의 임실 쪽을 택했어. 후퇴로가 불리하다는 주장에 대해서 나는 1개 소대를 지서 뒤에 미리 매복시켜 놓으면 퇴로를 안전하게 보장할 수 있다고 강변을 했지. 오류역 쪽을 선택했다가는 기차를 못 깔 확률이 많다. 기차 까는 게 이번 투쟁의 목적이 아닌가라고 주장을 했구만. 빨치산 투쟁의 기본을 망각하고 있다. 후퇴로를 먼저 확보하는 것이 유격전의 철칙이라고 열띤 논쟁을 하는데 듣고 있던 참모장이 드디어 결론을 내렸네. 후퇴하기는 좋고 매복이 어려운데 철저히 은밀성을 보장하면 도리어 안전하다. 저런 곳에 더욱이 낮에 빨치산이 있으리라고는 상상조차 못할 것이 아닌가 하고 오류역 옆을 선택하셨어. 반론을 제기할 구석이 없는 완벽한 결론이었네. 참모장 동지의 결론은 매번 정확했어. 참모장 동지는 3대대

는 보류대 밑에, 2대대는 뻔뻔한 곳, 지휘부는 여기, 이 장소로 정하고 붉은기와 푸른기로 지휘할 텐데, 붉은기를 둥글게 돌리면 이번 기차를 깐다. 푸른기로 원을 그리면 지뢰수는 나와서 끈을 고리에 걸고 부대는 전투태세를 취할 것. 붉은기와 푸른기를 위아래로 마구 흔들면 지뢰끈을 당기라는 신호로 각각 정했어. 두 매복부대와 지뢰수는 지휘부를 감시하도록 이르고 부대로 돌아갔네.

저녁을 먹고 또 잤어. 새벽 3시쯤 되었을 거야. 다 깨우데. 우리는 흔적이 남지 않게 흙을 골라놓고 떠났지. 능선을 타고 조용히 내려갔네. 2대대 잠복 지점에 가서 참모장 동지는 3–4미타 간격을 두고 개인호를 파고 그 안에서 하루를 보내는데 앞뒤 보초는 종일 전후방을 감시하라. 이상이 있을 때는 구두 전달로 대대장에게 알리고 지시를 받도록 이르시고 소대장 이상은 나오라고 하셨네. 우리는 참모장과 함께 철로에 가서 남북으로 50여 미터 떨어진 곳에 보초를 세웠어. 보자기를 깔고 침목과 침목 사이의 돌을 걷어내고 흙을 팠네. 흙 한 점이 보자기 밖으로 떨어지지 않도록 조심스럽게 팠어. 지뢰가 들어갈 수 있을 만큼 파고는 지뢰를 내려놓았지. 안전핀 끝을 세워놓고 공간을 채우고 나서 위에다 자갈을 덮어놓았네. 지뢰수가 자갈을 헤치고 안전핀 고리를 쉽게 찾을 수 있도록 지뢰를 매설한 지점에서 직선으로 철길 언덕바지에 돌을 박아놓았네. 또 모르는 일이라 아래에 얼른 알아볼 수 있도록 나뭇가지를 꽂아놓았어. 10여 미터 간격으로 지뢰 두 개를 매설했네. 그 과정을 소대간부 이상이 익히도록, 참모장 동지는 군사교육을 시킨 것이야.

2대대 동무들은 매복위치로 돌아왔네. 동무들이 내 개인 전호를 파놓았더구만. 잔솔을 뽑아다가 꽂고 주위를 위장하고 있는데 윗마을 쪽에서 느닷없이 총성이 들려왔어. 전신이 굳어진 것 같데. 참모장 동지와 연락병이 얼마 전에 떠났기 때문이야. 시간적으로 봐서 총성이 들리는 곳을 지났을 것 같기는 한데, 총성이 드문드문 들리면서,

"저 놈 잡아라. 저기 뛴다."

흰 옷 입은 사람들이 이리 뛰고, 저리 뛰고, 뒤쫓는 경찰들이 안개 속에 보였어. 얼마 후에 10여 명의 농민을 앞세우고 경찰 7,8명이 마을 앞으로 나왔네. 말로만 듣던 인간사냥이었어. 노무자와 제2국민병에 해당된 사람들이 피해 다니기 때문에 경찰들이 새벽에 마을을 기습해서 잡아가는 것이야. 내가 잠복하고 있는 아랫길로 오더구만. 10여 미터 거리라 금방 집어먹을 수 있는데 꾹 참았네. 10시쯤 되었을까. 철도공원이 망치로 레일를 두드리며 임실 쪽에서 걸어온다는 전달이 왔어. 탕! 탕! 망치소리가 들려오데. 얼마 후에 삭도가 온다고 또 전달이 왔네. 그 뒤에 기관차만 쾌속으로 달려갔어. 저들은 사람이 레루를 직접 점검하고 혹시라도 묻어놓았을 지뢰를 터뜨리기 위해서 삭도나 기관차를 통과시킨 듯싶었네. 그 후부터 기차가 다녔으니까.

내가 있는 곳에서 3미터쯤 떨어진 곳에 묘가 있고 그 아래에 뙈기 고추밭이 있었는데 11시가 좀 지났을 거야. 50대 초반으로 보이는 한 아주머니가 고추밭에 와서 마른 고춧대를 뽑기 시작하데. 옷은 남루하고 가난에 찌들어 보였어. 나는 노출될까봐 미동도 않고 호 안에 박혀 있었네. 워낙 작은 밭이라 아주머니는 두어 시간 남짓해서 고춧대를 다 뽑더구만. 이쪽을 몇 번이나 바라보았기에 발견되었는지 모르는 일이라 나는 보내지 않기로 결심을 했어. 지방 사정도 듣고 기술적으로도 좋지 않겠나. 먼데서 보아도 치마저고리를 입는 여자가 있는 곳에 빨치산이 숨어있을 것이라고 상상도 못할 것이니까.

"아주머니! 아주머니."

자기를 부르는 소리에 둥근 눈으로 두리번거렸어.

"여깁니다."

머리를 약간 내놓고 손짓을 했네. 두 눈이 마주쳤어. 아주머니는 그만 주저앉데. 무섭지 않겠나.

"놀래지 마세요. 우리는 빨치산입니다. 아주머니 이리로 오세요. 밥인데요. 좀 자시지요."

배낭에서 밥 한 덩이를 꺼내어 드렸어. 한사코 사양하데.

"아주머니가 안 드시면 나도 안 먹으렵니다."

점심밥하고 저녁밥 두 덩이를 배낭 속에 집어넣으려고 하자 아주머니는,

"시장하실 텐데 드셔야지요."

"아주머니가 안 드시는데 나만 먹겠습니까? 아주머니 이걸 받으세요."

거듭 거듭 권하자 아주머니가 와서 밥을 받았네. 나는 점심을 먹기 시작했어. 밥을 먹다보니까 아주머니는 밥보자기를 안고 있지 않는가. 어서 자시라고 권하자 집에 가서 아이들하고 함께 먹겠다고 하시면서 고춧대 속에 밥을 집어놓고 고춧단을 묶었네.

"아주머니! 묘 앞에서 그냥 쉬세요. 저하고 이야기나 합시다."

나는 이것저것 물었다. 아주머니 남편은 노무자로 끌려갔고, 없는 사람들은 끼니 잇기가 어렵다고 하시데. 경찰들이 자주 오냐고 묻자 며칠 만에 한 번씩은 온대.

시간이 3시가 지나버렸네. 자주 왕래하던 기차가 2시 이후로는 뚝 끊겼어. 3시 반, 4시가 되어 가는데 기척이 없지 않나. 다 틀린 것 같데. 이렇게 될 줄 알았으면 아침에 총이나 몇 정 노획하고 잡혀가던 농민들을 풀어줄 것을. 퍽이나 아쉬웠어. 해는 서산에 기울고 이제 틀렸다고 포기하고 있는데 임실 쪽에서 기적소리가 들어오지 않는가. 탄성이 터져 나왔네. 참모장 동지도 무척 초조했던 모양이야. 임실역에서 기적이 울려오는데 보고 자시고 할 것 없이 이번 기차를 까라는 신호를 보내왔어. 이제는 아주머니를 보내도 되지 않겠나. 아주머니보고 빨리 가시라고 하고는 흙을 털고 일어났네. 배낭을 둘러메고 전투태세를 취했어. 기차는

달려오고, 먼데서 빨치산을 보았다고 해도 괜찮지 않은가. 지뢰수가 잽싸게 철길로 내려와서 몸을 굽히고 움직이다가 금세 본 위치로 돌아갔네. 기차가 속도를 줄이면서 산모퉁이를 돌아왔어. 우리는 한 쪽 무릎을 세우고 앉아서 장탄을 했지. 지뢰 앞으로 다가가는 기차, 간이 오그라들었네. 숨은 멎고. 그만 기관차 10여 미터 앞에서 지뢰가 터졌네. 기관사가 잽싸게 뛰어내렸어. 그 순간 두 번째 지뢰가 터졌네. 기관차가 증기 속에 붕 뜨다가 옆으로 쓰러지데. 괴물이 총에 맞고 넘어지는 듯 통쾌했지. 우리는 일제 사격을 들이대고 돌격을 했네. 철로 위쪽에 잠복하고 있던 동무들도 비호처럼 내려오더구만. 앞부분은 넘어지고 뒤쪽은 철로에 걸려 있는 기차를 보면서 달리는데 웬 사람이 임실 쪽으로 뛰는 거야. 그 뒤에 또 한 사람이 달아나고, 앞사람은 두루마기를 입었는데 아랫도리가 군복이데. 총을 쏘았지. 그래도 뛰더구만. 쪼그리고 앉아서 방아쇠를 당겼어.

"거기 서라! 서지 않으면 죽는다."

냅다 고함을 질렀지. 옆에 총알이 떨어졌던 가봐. 질렸겠지. 논바닥이라도 총알이 박히면 팍팍 쇳소리가 날카로울 뿐 아니라 먼지가 일거든. 논 가운데 서 버렸어. 나는 그자에게 오라고 손짓을 했네. 그 때 뒤에서 나를 부르는 거야. 돌아보니까 참모장 동지가 뛰어오면서 동무는 가지 말고 저쪽 산모퉁이에 가서 사람들을 정리하라고. 기차에 탔던 사람들이 몰려오더구만. 그 속에 10여 명의 여성들이, 더러는 위에 저고리를 걸치고 아래는 속곳 바람으로 또는 군복 위에 치마를 걸치기도 하고 그도 못한 여자들은 군복을 입은 채로 왔어.

"우리 좀 살려주세요."

어떤 여성은,

"우리 사촌 오빠도 빨치산인데 목숨만은 살려주세요." 하면서 달라붙더군.

"사람을 죽이지 않습니다. 걱정하지 말고 앉아요. 옷도 갈아입고."
바람에 속옷만 걸친 여성의 허벅지가 보여서 민망하기에 얼른 옷을 입으라고 했어. 여성 위생병 동무가 오기에 동무가 저 여성들을 인솔하고 가면서 군복을 해결하라고 일렀네. 목포가 고향인 박소대장이 동무 등에 업혀왔어. 복부관통상이었네. 피가 옷에 배어 있더구만. 나는 동무들에게 농가에 가서 들것을 만들어 오도록 하고 승객 사이사이에 동무들을 끼워서 지체없이 산으로 올려 보냈어. 부상자도 들것으로 운반하고. 들것을 따라가면서 옷을 제치고 부상처를 보았네. 이미 지혈이 된 상태인데 상처는 아주 작아 보였어. 권총 탄알 아니면 칼빈탄이 뚫고 나간 것 같았어. 박동무는 아프냐고 묻는 말에 괜찮다고 하면서도 못살 것 같다는 거야. 작은 총알 한 방 맞고 죽기는, 안 죽는다고 위로했지. 내말은 건성으로 듣는 것 같았어. 자기 말만 앞세우는 거야.

"지도원 동지! 꼭 살아서 조국통일을 보아야 합니다."
거듭 살아서 통일을 맞이하라고 하더구만. 복부 관통을 했기 때문에 위험하기는 해도 창자만 뚫지 않으면 괜찮을 것이니까 얼마간 마음이 놓이데. 기력도 떨어지지 않고 말하는 것으로 보아서는 무사할 것 같았어. 그런데 점점 숨소리가 거칠어지고 괴로운 듯 몸부림을 치는 거야. 상태가 갑자기 나빠지더구만. 눈도 못 뜨고 숨만 몰아쉬데. 총알이 창자를 관통했으면 얼마나 고통이 심했겠나. 아프다는 말 한 마디 않고 그만 숨을 거두었어. 그 때가 떠오르는구만. 박동무가 어려와. 열차에 특별 칸이 있었는데 저항을 했대. 박동지를 저 능선에 묻었어.

총을 쏘아서 도망을 못가게 했던 두 사람은 부자간이고 곡성경찰서에 있는 아들을 장가보내기 위해서 아버지가 경상도 고향으로 데려가다가 당한 거야. 급하니까 아버지 두루마기를 걸친 거지. 계급은 경사데. 내 뒤만 따라다니면서 목숨을 살려달라고 애원하더구만.

"걱정말아요. 포로를 처단한 적이 없습니다. 지난번 기차 습격을 했을 때도 200여 명의 포로를 전원 석방했어요."

라고 부드럽게 경어를 사용하며 안심을 시켰네. 경찰이라서 생명의 위협을 더 느낀 것이 아닌가. 앞으로 경찰을 그만 두는 게 좋을 것 같다고, 부득이 경찰에 있게 되면 어렵고 힘없는 분들께 잘하라고 일렀네. 만일에 살아서 통일을 맞이하게 되면 한 번 만나자고 약속을 했지. 승객과 동무들이 모두 한 곳에 모였어. 많은 인원이라 여러 묶음으로 둘러앉아서 정치사업을 했네. 현정세와 전망, 전쟁의 성격, 빨치산의 역할 등을 말하고 돌아가거든 인민들에게 도움이 되는 보람있는 일들을 해달라고 당부했지.

기차습격에서 소총7정, 대형라디오 1대를 노획했네. 군복을 입었던 여성들은 군 예술단원이었대. 기차에 악기가 있었다고 하더구만. 군대와 경찰은 별도로 모아서 정치사업을 했구만. 그리고 겨울이 다가오는데 산에서는 의복이 문제라고 여러분들은 집에 가면 옷이 있을테니 우리 옷하고 바꿔 입을 수 없겠는가 무겁게 입을 열자 모두 옷들을 벗더구만. 빨치산 옷으로 갈아입은 자신들이 우습게 보였든지 훑어보면서 웃는 사람도 있데. 밑에 개들이 와 있으니까 좀 있다가 가겠는가 아니면 지금 가겠는가 하고 물었더니 가겠대. 개개인의 목적지를 물어서 여비를 나누어줬어. 만일의 경우를 생각해서 군경을 먼저 내려 보냈네. 그들은 보내놓고 뒤에서 쏘지 않을까 의심했던 모양이야. 걸어가다가 산모퉁이 가까이에 가서는 죽어라 하고 뛰더구만. 일반승객들은 인사들을 하고 태연하게 가데. 우리는 급히 저녁을 먹었네. 그리고 라디오를 틀어놓았어. 평양방송에 주파수를 맞췄더니 우리 가수가 혁명가요를 부르지 않아. 전체 대원들이 일어서서 함께 힘차게 불렀네. 해는 지고 이미 어두운데 산상에서 빨치산들이 목이 터져라 혁명가요를 불렀지. 기차가 전복된 곳에 그들이 기중기를 가지고 와서 열차를 물고 떠나갔네. 불타는 열차, 바람을 받아 불꽃이 너울거리고, 통쾌한 밤이었어."

철길 가에서 설명을 마치고 가려는데 기차가 왔다. 달리는 기차를 비디오에 담으라고 했다. 시간이 넉넉지 않지만 노윤홍 집에 얼른 들렸다 가자고 했다. 지홍이는 마침 노인정에서 반갑게 인사를 하고 차나 한 잔 마시자고 집으로 끌고 갔다.

"형님을 만났습니다. 형님이 살아 있어요."

"어떻게 만났습니까?"

다급하게 물었다.

"이산가족 상봉시에 금강산에 가서 만났습니다."

아! 이렇게 기쁠 수가. 윤홍이는 전주공업학교 시절에 친했던 동무였다. 전쟁 시에 헤어졌던 한우종이도 살아있으면 얼마나 좋을까. 우리는 곧 차를 타고 떠났다. 뜻있고 흐뭇한 하루였다. 젊은 일꾼들은 퍽이나 좋아했다. 금세 녹아 떨어졌지만 나의 잠든 얼굴에 미소가 번져 있었을 것이다. 12시가 되어서야 서울에 도착했다. 옛 싸움터에 다녀오면 언제나처럼 먼지를 씻어 버린 듯 마음이 맑아졌다.

경남 동부지구에 다녀오다

양산터미널에서 부산, 전남 동지들을 만나다

2007년 10월 17일. 경남 동부유격지구 역사기행을 위해서 아침 5시 35분에 집을 나섰다. 인천 민주노총 사무실에서 각 지부 상근일꾼 19명과 김영승 선생, 나 합해서 21명이 7시 30분에 출발했다. 대형버스에 탄 인원이 적어서 조금은 아쉬웠다. 차 안에서 각자 소개를 하고 목적지 양산지구에 대해서 간략하게 설명을 했다. 모두 일찍 나온 탓일까, 고개를 박고 잠들어버렸다.

양산 시외버스 터미널에서 구연철, 안학섭, 조성봉, 박동기 선생을 반갑게 만났다. 조성봉 감독이 선생들을 모시고 왔다. 점심을 먹고 2시에 출발했다. 배내골까지 가장 가까운 길로 달렸는데 도중에서 골프장

건설로 차량통행이 안된다고 하여 멀리 돌아갔다. 1시간 30분을 길에서 허비했다. 시간이 좀 부족하기는 해도 구연철 선생이 영축산에 다녀오자고 했다. 소형차 한 대는 노인들을 태우고 비포장도로로 달리고 젊은 이들은 걸었다. 영마루 너머 전망이 좋은 곳에서 구연철 선생의 설명을 들었다.

영축산 영마루에서 구연철 선생의 설명을 듣다

"아까 우리가 넘은 리원동 고개하고 뒤쪽으로 고개가 하나 있는데 두 곳만 차단하면 적들이 이곳에 들어올 수 없습니다. 들어왔던 적도 두 곳만 막아버리면 빠져나갈 길이 없습니다. 참 지리적으로 유리한 곳이지요."

구연철 선생이 손으로 가리키는 여기저기를 살펴보았다. 배내골은 소쿠리 속처럼 산으로 에워싸였을 뿐 아니라 능선이 사방으로 뻗어나가서 산이 첩첩한 산중이었다. 천연의 요새라 1948년 이후 1953년까지 저들이 상주하지 못한 해방구였다고 한다. 1951년 12월 대공세를 모면한 유격지구이기도 했다. 지형이 워낙 광활하기 때문에 이 지역을 포위하기 위해서는 사단 이상의 병력이 필요했고 그 병력을 지리산과 노령산맥 쪽에 투입하면 보다 더 전과를 올릴 수 있다는 적 지휘관의 판단으로 이곳은 아예 무력배치를 하지 않았던 모양이었다. 그래서 부대가 건재했다.

"이 지역에 남도부 부대가 있었습니다. 부대장에 남도부 정치위원 안철, 참모장 김정수, 1대대장 김진구, 2대대장 남명근, 3대대장 홍죽송, 4대대장 윤종구, 19대대장 추일, 23대대장 홍길동, 5대대장 안철제, 직할대대장 김진기, 동부지역 당위원장 이영섭. 이영섭 동지는 1953년 말에 나와 기호과장 동지와 저 아래 내를 건너다가 놈들의 매복에 걸려서 희생되었습니다. 시신을 우리 두 사람이 산 밑에 묻었는데 도무지 찾을 수가 없어요. 그 날 이영섭 동지의 시신과 기호과장이 짊어지고 다니던 동부지역 중요 문건을 독에 담아서 함께 묻었는데 여러 번 왔으나 못 찾았어요."

옛날 유격활동을 하던 지역 영축산 고개 밑에서 당시를 회상하며 지팡이를 짚고 설명하는 노동지의 표정은 산 그늘이 사라지고 밀려오는 어두움 탓일까, 찌그러지고 어둡게 보였다. 설명을 하고 듣는데 푹 빠져버린 여러 사람에게 날이 어두워진다고 길을 재촉했다. 미형이가 졸다가 깨어난 사람처럼 화들짝 플래카드를 펼치며 기념사진을 찍잖다. 나는 노인들과 함께 차를 타고 내려갔다. 숲이 우거진 산길, 이미 해는 지고 어두웠다. 굽이굽이 돌아서 내려갔다. 얼마나 내려갔을까 위에 새로 발견한 트가 있다고 차를 세웠다. 안내하는 손재형 선생이 깜깜한 밤이라 길은 물론 방향도 제대로 찾지 못했다. 이십여 분 헤매다가 내려왔다. 재에서 떠난 지 아마 한 시간도 더 지난 것 같다. 몇 분이 불평을 늘어놓았다. 배도 고프고 먼 길을 걸어서 꽤나 지쳐 있었다.

빨치산이 걸었던 밤길

그런데 조성봉 감독은,
"얼마나 좋습니까. 밤에 빨치산이 걷던 길을 걸어보는 것이 이런 때가 아니면 언제 또 있겠어요. 캄캄한 산길을 말을 접고 터벅터벅 내려올 때 특별한 느낌이 없었습니까? 나는 차를 가져와서 걷지 못했는데 퍽이나 아쉽습니다."고 했다.

조성봉은 예술가다. 현상에서 핵을 끄집어내고 큰 의미를 부여하며 정서를 담아내는 것은 단순한 기술 문제가 아니다. 현상에 정과 상상력이 결합했을 때 빚어지는 예술작품은 기술적인 부분이 있지만 그 사람의 됨됨이가 기초로 되지 않을까. 조성봉은 분명히 이렇게 캄캄한 밤에 이 험한 산을 한 짐씩 짊어지고 비호처럼 오르내리던 빨치산을 상상했으리라. 지난날의 빨치산 곁에서 느꼈으리라. 우리는 손재형 선생 가족이 경영하는 식당에서 오리탕에다 산나물에 저녁을 맛있게 먹었다. 젊은이들은 술을 마시고 우리는 내일 산행을 위해서 일찍 잤다. 19일 아침 8시 30분에 우리는 차로 이동을 했다. 산 입구에서 걸었다. 단풍이 들어가는 산길이 아름다웠다. 구연철 선생이 입을 열었다.

김상순. 빨치산이 있던 어느 곳에서나 총 들고 싸운 10대의 소년소녀들

"김상순이라고 아버지는 우리 지원사업을 하시다가 놈들의 총탄에 맞아서 돌아가시고 16세 어린 소녀가 빨치산 대원으로 우리와 함께 싸웠어. 나를 많이 따랐지. 그 애가 열여덟살 때 총을 맞았어. 복부를 관통했네. 싸늘하게 식어가는 상순이 손을 꼭 쥐고 울었어. 그녀가 숨을 거두기 전에 들려준 말과 표정이 뇌리에 박혀 있지. '나 잘 싸웠다고 전해주세요.' 지금도 그때의 상순이를 생각하면 눈물이 나와."

구연철 동지의 눈가에 눈물이 고여 왔다.

"내가 있던 임실에도 애기동무라고 열한 살 어린 소녀가 있었어. 아버지는 1948년에 학살당하고 어머니는 임실군 여맹위원장으로 산에 계시다가 1951년 3월에 놈들에게 처참하게 살해당했어. 고아가 된 애기동무는 가막골에 있다가 임실에 가 있었고 빨치산과 함께 옮겨 다녔지. 우리 부대가 1951년 11월 초에 상운암을 해방시키기 위해서 나가다가 백련산 북쪽 능선에서 애기동무를 만났구만. 쉬면서 노래도 시키고. 그 박봉자 동무가 살아 있어. 집회장소나 기자회견장에서 만나면 지금도 애기동무라고 부르지."

어디 김상순이나 박봉자뿐인가. 빨치산이 있던 어느 지역 어느 곳에도 10대 소년소녀가 있었다. 무장한 쌍치소년단 단원들이 눈 앞에 어려 왔다. 어느덧 폭포가 나타났다. 물줄기가 제법 높고 폭 또한 넓은 폭포였다. 파래소 폭포라고 했다. 억만 년 동안 쏟아지는 물줄기의 힘에 패인 소는 얼마나 깊은 것인지 물결이 잔잔한 가장자리는 바닥에 자갈이 보이지만 물보라 일으키는 안은 잉크를 뿌린 듯한 색이었다. 주위에 숲이 무성하고 나뭇가지가 길게 소를 어루만지는 정경은 그림보다 아름다웠다. 우리는 물에 손도 담가 보고 바위 위에 앉아서 구연철 선생의 설명에 귀를 기울였다.

나무뿌리를 거머잡고 갈산에 오르다

"왼쪽 봉우리를 갈산 고지라고 합니다. 거기에 우리 부대가 주둔하고 있었어요. 그 너머에 사령부 트가 있었구요. 동무들은 여기에 와서 밥을 지었습니다. 고지까지 밥을 날랐답니다. 물도 떠가구요."

밥 지은 곳과 빨래한 여기저기를 둘러보고는 기념사진을 찍고 곧 산길에 들어섰다. 가파른 길이었다. 다리가 아프고 숨이 찼다. 얼마 못가서 쉬고 또 쉬고 여러 번 쉬고서야 정상에 이르렀다. 이삼년 전까지도 산 타는데 자신이 있었는데 나이는 어쩔 수 없나보다. 봉우리 위에 정자가 있고 정자 밑에 작은 비석이 있는데 '공비 신출귀몰하던 홍길동부대가 여기에 있었다'고 쓰여 있었다. 빙긋이 웃음이 나왔다. 우리는 정자 위에 올라가서 땀을 식혔다. 사방이 잘 보이는 곳에 정자를 지어놓았다. 구연철 선생이 가리키는 산들(신불산, 간월산, 영축산, 저 멀리에 가지산(경북도당위원장 박종근 동지가 전사하신 곳)이 있고, 가야산 이 모두는 태백산맥과 이어졌다고 설명하였다. 사방이 겹쌓인 산이었다. 군사전략가가 아니더라도 여기에 와보면 천연의 요새요, 이곳을 장악하면 수 십리 밖까지 영향권 내에 둘 수 있다는 판단을 할 것이다. 지형이 절묘하게 생겼다. 갈 길이 멀어서 재촉했다. 서북쪽으로 뻗어나간 능선을 타고 걸었다. 양옆으로 전호자국이 있었다. 트 자리도 보였다. 설명하면 누구도 수긍할 만큼 전장의 흔적이 뚜렷하게 남아 있었다. 1킬로쯤 내려가자 큰 소나무가 나타났다. 이백 년이 더 되어보이는 노송이었다.

자주의 소나무(주송) 통일의 소나무(일송)

여기가 사령부 트란다. 주변을 둘러보았다. 참나무가 많고 상수리가 낙엽 위에 깔려있었다. 서너 사람이 모자를 벗어들고 상수리를 주워 담았다. 미형이는 노송 앞에 제상을 차렸다. 모두 모여서 대표로 구연철 선생이 술을 따르고 그 옛날 이 지역에서 조국과 인민을 위하여 몸 바쳐 싸웠던 젊은 남녀 빨치산을 추모하며 묵념을 올렸다. 구연철 선생은 이 소나무와 저 아래 작전부가 있던 소나무에 이름을 붙여주는 명명문을 낭독했다. 여기에 전문을 소개한다.

'갈라진 나라를 통일하기 위한 성스러운 싸움에서 수많은 조국의 젊은이들이 이 강산 곳곳에 더운 피를 뿌렸다. 남녘 동부의 요새인 신불산 지역도 결코 예외일 수 없었다. 미제 침략군을 반대하고 그 앞잡이들을 타도하는 가열차고 처절한 투쟁에서 동부 빨치산은 오로지 애국과 통일의 일념으로 영웅적으로 싸웠으며 그 성전에 청춘도 생명도 다 바쳤다. 이 영예롭고 처절한 동부 빨치산의 투쟁을 여기 있는 백년 노송은 똑똑히 지켜보았으며 역사 앞에 증언하고 있다. 조국전쟁 전후시기 신불산을 중심으로 무장투쟁을 전개한 우리는 사령부 자리에 있는 이 소나무를 [자주의 소나무](약칭 주송)라 하고 당지부 자리에 있는 저 소나무를 [통일의 소나무](약칭 일송)라 명명하여 오늘 온 세상에 엄숙히 선포한다. 이 자주의 소나무와 통일의 소나무에는 침략자를 몰아내고 통일

된 조국에서 자주적으로 평화롭게 살려는 동부빨치산의 절절한 염원과 용감한 기상이 어려 있다. 아! 거룩한 주송이여! 일송이여! 역사의 증견자로 이 땅에 우뚝 서서 용감한 동부빨치산의 무장투쟁사를 자자손손 전하며 융성번영하는 조국의 청사와 더불어 영원토록 푸르청청하라'

영일비행장 습격, 형상강 철교 폭파. 미군 비행기가 미군을 폭격

비장하게 낭독을 마치고 동부빨치산의 무용담을 들려주었다.
"큰 투쟁으로 1950년 말 경 포항 영일비행장을 공격하여 미 주둔군을 섬멸하고 3일 동안 우리가 장악했답니다. 내 기억이 흐린데 1950년 말인가 1951년 초에 형상강 철교를 폭파했습니다. 남도부가 직접 지휘했어요. 다리 위에서 군인이 감시하는데 살얼음을 깨가며 다리 밑으로 우리 동무가 다이나마이트 한 아름을 가지고 가서 철다리 기둥에 비끄러매고 심지에 불을 붙였어요. 무서운 폭음과 함께 철다리 두 칸이 무너져 내렸습니다. 한동안 철도 수송이 두절되었습니다. 철도 터널도 폭파하고 특히 통쾌했던 것은 배내골 전투였습니다. 1950년 말에 미군 한 개 대대 병력이 저 배내골에 들어오더니 대형천막을 줄줄이 쳐놓고 천막 위에 붉은 기를 꽂았어요. 지금도 이해가 안가는 것은 왜 붉은 기를 꽂은 것인지. 다음날입니다. 미 군용기 세 대가 연속 폭격을 했습니다. 삽시간에 화염이 치솟고 아수라장이 되었습니다. 미군이 지리를 압니까? 이리 뛰고 저리 뛰다가 잡히고 총에 맞고 거의 전멸했습니다. 동무들은 쑥대밭이 된 곳에 가서 타지 않은 총탄과 깡통을 짊어지고 왔습니다. 적을 적으로 친다던가. 우리에게 희생이 없고 적에게는 막대한 손실이 있었습니다. 온종일 우리는 기쁨에 차 있었습니다. 밤에 오락회도 갔고요. 큰 전투 외에도 삼랑진 철교 일부 파괴, 원동역 기습, 55보급창 기습, 울산 병기창 기습 등 이 지역에서 헤아릴 수 없는 전투를 했습니다."

빨치산 트 자리가 아직 20여 곳에 남아 있다

일단의 설명을 마치고 가파른 내리막으로 나무를 붙들고 미끄러져 갔다. 이삼십 미터 내려가자 트 자리가 나타났다. 상당한 병력이 있었던 모양이다. 20여 곳에 트 자리가 있었다. 구연철 선생은 자기 기억에 28개의 트가 이곳에 있었다고 한다. 조성봉 감독에게 트 자리 여러 곳이 나오도록 사진을 찍으라고 했다.

"언제 영화 촬영을 하면 이곳에 와서 한 조는 칡넝쿨을 걷어오고 또 한 조는 나무를 베어오고 땅을 고르고 나무를 칡넝쿨로 묶어서 골격을 세우고 바닥에 골을 파고 납작납작한 돌을 주워다가 얹고 흙을 덮고 억새풀을 깔고 억새풀이나 산죽을 칡넝쿨로 이엉을 엮어서 두르고, 아니면 경사진 곳을 파서 나무를 지르고 굴뚝을 내고 트 안에 흙으로 뻬치카를 만들기도 하고 원시인의 움막처럼 나무를 베어다가 바닥은 넓게 위는 하나로 묶고 이엉을 두른 여러 모양의 트를 두 시간이 안 되는 사이에 반듯하게 만드는 모습을 비디오 카메라에 담으면 안 좋겠나?"

마치도 동무들이 이곳에서 트를 만들고 있는 듯이 단숨에 주워섬겼다. 말수가 적은 조성봉 감독은 연신 사진을 찍으면서 감이 잡히는 듯 빙긋이 웃으며 고개를 끄덕였다.

다시 내려오다가 노송을 찾았다. 통일소나무(약칭 일송)라 명명하고 제를 올렸다. 늦지 않게 집에 가도록 서둘렀다. 골짜기 조금 위로 길을 내면서 내려갔다. (일반적으로 골짜기는 습기가 많아서 잡목이 우거짐) 큼직한 바위 위에 수십 년 묵은 이끼가 모둑모둑 탐스러웠다. 좀 위태로웠지만 올라가서 두 무더기를 뜯었다. 돌바닥에 실뭉치 같은 뿌리로 스스로를 얽어매고 비가 오면 물을 뿌리에 간수했다가 가뭄도 돌 위에서 견디어내는 돌이끼, 물이 풍부할 때는 잎을 활짝 피지만 비가 안 오면 잎을 오그려서 수분증발을 줄여가며 고목처럼 긴긴 세월을 돌바위 위에서 살아간다. 돌이끼는 작은 돌이나 바위에는 없고 큰 바위 위 그것도 아슬아슬한 곳에만 사는 것인지 그 까닭을 모르겠다.

　　갈산에서 뜯어온 돌이끼는 내 방에 고가 낮은 화분에서 싱싱하다. 차는 운문사로 달렸다. 빨간 감이 흐드러지게 달린 감나무가 많이 보였다. 거의 집집마다 감나무가 있고 길가에 감 밭도 많은데 울타리도 없다. 감이 주렁주렁 달린 가지가 늘어져서 아이들도 딸 수 있는데 축난 데가 없어 보인다. 내가 어려서만 해도 집안에 감나무가 있으면 감나무집이라고 했고 감꽃도 주워 먹고, 홍시가 떨어지면 그것도 자기 것이었다. 그 집 할머니와 어머니는 가을에 감을 따서 울궜다가 아이 친구들이 오면 어쩌다가 하나씩 내주었는데 그 감 맛이라니. 빵이나 과자에 맛들여진 지금 아이들은 감 맛을 모르나보다. 운문사에 다 온 듯싶다. 노송이 길 양쪽으로 즐비했다. 소나무는 나이 들수록 각기 다른 모양새로 운치가 있다. 한겨울에도 청청한 소나무라 노송이 주는 정감은 각별했다. 운문사 주변이 노송으로 차 있는데 그것만으로도 좋았다. 전투가 치열했던 운문사 낮은 담장 안에 기와집 여러 채가 보였다. 불교대학이라는 간판이 걸려 있었다. 여승들만 사는 절이라는데 절 안이 퍽 깨끗했다. 가지가 길게 뻗어서 땅에 닿을락말락한 아름드리 소나무가 우리를 반겼다. 접근하지 못하게 쇠줄로 주위를 둘러쳤는데 푯말에 450년에서 500년 된 소나무라고 쓰여 있었다. 구연철 선생은 하루에 막걸리 한 말씩 먹었다는 전설적인 소나무라고 했다. 우리는 소나무 앞에 모여서 구연철 선생의 설명을 들었다.

　　"1951년 초에 국방군 한 개 대대가 이 절에 와서 주둔했는데 낮에는 그들이 공세를 취하고 밤이면 밤마다 우리가 이곳을 기습했어요. 견디다 못한 저들은 절에 불을 지르고 철수했어요. 매복하고 있던 우리 부대가 도망가던 군 트럭 후비를 쳐서 세 대를 결단냈습니다. 시간이 별로 없는데 이곳이 격전지라서 여러분을 모시고 왔습니다."

운문사를 끝으로 구연철, 안학섭, 조성봉, 박동기, 손재형 선생과 아쉬운 작별을 하고 우리는 관광차를 탔다. 나는 전에 한 번 양산에 온 적이 있지만 이번에 많은 것을 보고 느꼈다. 조국과 인민을 위해서 자신을 온전히 바친 붉은 전사들의 빛나는 투쟁은 영원히 민족사에 기록될 것이다. 또 하나 동부유격대 사령관 남도부는 생포되었다고 한다. 생전에 전공을 세우고 영웅적으로 싸웠을지라도 최후가 잘못되면 인생을 잘못 산 것으로 규정한다. 명심할 일이다. 이제는 내외 정세로 보아 전장에서 죽지는 않을 것 같고 병이 나거나 수를 다하고 죽을 텐데. 지금 같으면 죽음을 당당하게 맞을 수 있다. 그러나 만에 하나 치매나 반신불수가 되어 허튼 소리를 하면, 그게 좀 걱정이 된다. 혈압과 정신건강에 각별히 유의해야겠다. 수많은 동지들의 최후는 각자의 모습이 다른 것처럼 죽음 자체도 다 다르지 않은가. 죽음을 생각하다가 잠들었다. 11시가 넘어서 집에 왔다.

제주도 빨치산 전적지

– 통일 원로 선생님들과 함께 하는 4.3항쟁 역사기행 –

취지 : 제주 4.3항쟁 70주년을 맞아 항쟁의 역사현장과 4.3 유격대 전적지를 소개하고 제주 4.3정신인 통일조국 건설의 의지를 다짐

일시 : 2박 3일 2018년 10월 26일~28일

참가인원 : 15명 내외

주최 : 4.3 통일의 길 마중물

숙소 : 이을락(제주시 조천읍 북촌 4길 54~ 5)

실무일꾼으로부터 이상과 같은 연락을 받고 26일 오전 8시에 김포공항 대한항공 매표소 앞에 갔다. 통일광장 대표 권낙기 선생 외 선생님들

고성화 선생 묘소를 찾아서.

4명, 범민련 이규재 의장과 현직 간부 및 고문단, 그리고 양심수후원회 명예회장 권오헌 선생이 오셔서 모두 반갑게 인사를 나누었다.

    금요일이라 그런 것인지 김포공항 1,2층 대합실에 사람들이 꽉 차 있었다. 예약 시간이 10시인데 40분 지연된다는 안내방송이 있었다. 2층 창문에 빗방울이 떨어졌다. 불현듯 어머님의 모습이 어려왔다. 26년 전에 제주 항공표를 가지고 어머님과 김포공항에 왔는데 어머님이 갑자기 배가 아프고 가슴이 답답하다고 하시면서 "야, 야! 나는 비행기 탈 팔자가 안 되나 보다." 하시며 측은하게 아들을 바라보시던 어머님 모습이……. 나는 소화제를 드시게 하고 김포공항에서 병원에 가나, 제주에 가서 병원에 가나 별반 차이가 없기에 그냥 비행기를 타시자고 했다. 아들의 부축을 받으며 제주공항에 내리자 어머님은 통증이 가셨다고 좋아하셨다. 오르막길, 내리막길은 어머님을 업고 3박 4일 동안 제주도 구경을 잘하고 돌아왔다. 그 해에 어머님은 세상을 떠나셨다.

어머님 생각에 잠겨 있는데 개찰이 시작되었다. 한 시간 남짓해서 제주공항에 내렸다. 현지 일꾼들이 반갑게 맞아주었다. 우리는 봉고차 두 대에 나누어 타고 떠났다. 밭마다 돌로 담을 쌓아놓고 여기저기에 밀감밭과 방목하는 말도 보이고 빗속에 한라산이 희미했다. 여덟 번째 제주도에 왔는데 그때마다 느낌과 정서가 달랐다. 차는 골목길로 들어가다가 어느 해물탕집 앞에 멈췄다. 걸게 차린 점심을 먹고 곧 떠났다.

우도에 있는 고성화 선생 묘소에 가기 위해서 바닷가에 갔다. 바다와 하늘이 맞닿은 수평선을 바라보면 마음도 끝없이 넓어지는 것만 같다. 우도를 가고 오는 연락선이 꽤 큰 배였다. 차를 통째로 싣고 떠났다. 이십여 분 만에 우도에 도착한 우리는 차로 5분쯤 달렸을 것이다. 밭머리에 고성화 선생 묘가 나타났다. 제주일꾼들이 가져온 제물을 묘 앞에 차려놓고 술을 따랐다. 인원이 많지 않기 때문에, 매 개인이 고성화 선생이 그토록 염원했던 미국놈 몰아내고 조국의 자주통일을 기어이 실현하겠다고 다짐했다. 빗방울이 떨어졌다. 하늘에 시커먼 구름이 센바람에 몰려다니고 있었다. 우리는 서둘러서 떠났다.

수평선 너머로 지는 해가 장관을 이루고 있었다. 선상에서 보는 낙조가 일품이었다. 우리는 숙소인 이을락에 가서 제주 돼지고기에 저녁을 잘 먹고 마중물 회원들과 좌담회를 가졌다. 연세들이 많고 피로한 몸이라 각자 자기소개를 하고 오늘의 느낌을 요약해서 말하고는 곧 잠자리에 들어갔다.

다음날 (27일) 아침을 먹고 9시에 이덕구 사령관 가족묘로 출발했다. 묘 들머리에서 먼저 와있던 시인 김경훈 선생과 반갑게 인사를 나누었다. 감귤밭 사잇길로 걸어가는데 나무마다 감귤이 어찌나 많이 열렸던지 누렇게 익은 감귤이 그냥 쌓여있는 것 같았다. 언덕 밑에 이덕구 사령관 가족묘가 호젓했다. 이덕구 사령관비 양옆과 앞뒤에 오석으로 된

비석이 십여 군데에 세워있고 주위와 바닥을 새롭게 단장해 놓았다. 묘 앞에 제물을 차려놓고 묵념을 올렸다. 김경훈 선생이 설명을 했다.

"이덕구 사령관은 1948년 제주 4.3 인민봉기를 지도한 한 분으로 해방 전에 일본에서 대학을 다니셨고 고향에 돌아와서 1946년부터 초천중학원 역사선생으로 아이들을 가르치다가 그 후에 입산하셨습니다. 김달삼 유격대 사령관이 1948년 8월 중순 해주에서 있었던 '민주주의 제정당 사회단체 연석회의' 에 참석하자 이덕구 선생은 2대 사령관으로 유격대를 지휘하게 됩니다(당시 나이 28세). 1949년 6월 7일 변절자의 밀고로 거점이 노출되자 치열한 전투 끝에 이덕구 사령관은 자결하셨다고 알려지고 있습니다. 경찰은 이덕구 사령관의 시신을 장대에 묶어서 경찰서 정문 앞에 꽂아 놓았습니다. 그 뿐입니까? 집안에 어른아이 구분 없이 26명이나 학살했습니다. 그런데 다행스럽게도 아들 한 분이 일본으로 밀항해서 혈맥을 이어가고 있습니다."

모두가 분노와 아픔에 한동안 말이 없었다. 우리는 이덕구 사령관 가족묘를 배경으로 사진을 찍고 떠났다.

차는 한라산 방향으로 얼마동안 달리다가 좌로 굽어들어갔다. 차 한 대가 겨우 다닐 수 있는 비포장 험한 길로 굽이굽이 감돌아 오지로 들어갔다. 숲이 들어차서 하늘을 가리고 소나무와 삼나무가 듬성듬성 보였지만 거의가 다 잡목이었다. 갈수록 단풍이 들어서 고왔다. 토요일이라 그런지 많은 등산객들이 길을 메웠다. 한 분이 차를 막았다. '여기는 등산로인데 왜 차를 가지고 가느냐' 고 볼멘소리를 했다. 운전하는 일꾼이 '구십 넘은 할아버님이 계셔서 죄송하다' 고 하자 금세 웃음을 지으며 어서 가시라고 한다. 가다가 또 사십대 여성이 쏘아붙였다. 사정을 말하자 웃는 얼굴에 어서 가시란다. 그도 그럴 것이 '다른 사람은 다 걸어가는데 저이들이 무어라고 차를 타고 가? 맑은 공기를 매연으로 흐려놓으며…….' 라는 정당한 항변이었다. 그 점을 헤아린 선생들은 미소로 답하며 떠나갔다. 차가 더 이상 못가는 곳에서 멈췄다. 이제부터 등산을 한단다. 송기남(5.18 민족통일학교 4.3해설자)은 5,6미터 올라가서 굴을 가리키며,

"이 굴은 일제가 파놓은 것입니다. 일이야 조선 사람이 매를 맞아가며 했습니다만 2차대전 때 일제가 이런 굴을 제주도에 600개가 넘게 파놓았습니다. 군대도 75,000명을 주둔시키고요, 오키나와에는 군인 105,000명을 배치했습니다. 일본 본토와 오키나와가 미군에게 점령당하면 제주에서 싸우고 제주에서 밀리면 조선에서 결전을 수행한다는 전략 하에 일제는 치밀하게 준비했습니다. 공주에 신궁터를 닦고 재목을 날라왔습니다. 그러다가 일제는 연합군 앞에 항복했습니다."

간략하게 설명하고 떠났다. 내 나이 팔십 칠세라 산을 타는 것은 무리지만, 제주도 빨치산이 발이 닳도록 오르내린 이 길을 따라 정상에 오르기로 작심을 했다. 구십 일세인 김해섭 선생도 혼자라면 못 가는데 동무들과 함께라 가겠다고 따라나섰다. 대열에 끼여서 싸목싸목 걸었다. 첫 번째 고지에 올라서 제주 일꾼으로부터 설명을 들었다.

"저 아래 지금은 잡목이 우거져서 안보입니다만 넓직한 곳에 4.3항쟁 후에 인민들이 참 많이 살았답니다. 쌍치해방구 인민들이 떠올랐다. '바람막이 거적집에서 겨울에 얼마나 추웠을까? 식량은 있고?' 아픔이 파고들었다. 지팡이에 의지해서 능선을 타고 가다가 봉우리에 오르고 내려가고, 또 오르고 드디어 노로오름 정상에 올라섰다. 1,093미터라고 새긴 표지석이 박혀있었다. 서쪽에는 바다, 남쪽은 한라산, 그 앞에 붉은 봉우리가 한눈에 들어왔다.

"저 봉우리를 붉은오름이라고 하는데요, 삼별초가 몽고침략군과 결전을 한 곳입니다." 모두가 아는 바와 같이 고려군이 몽고침략군을 당해내지 못하자 고려정권은 강화도로 옮겨갔고 삼별초가 보위했다. 그러나 고려정권이 몽고에 굴복하자 굴복을 거부한 삼별초는 외래 침략군과 줄

노로오름에서 붉은오름을 내려다 보며 삼별초를 기억하다.

기차게 항전을 했다. 강화에서 진도에 갔다가 제주도로 이동한 삼별초는 도처에서 몽고침략군에게 기습과 매복전 등 유격전법으로 심대한 타격을 주었다.

"저 붉은오름에서 삼별초는 격전 끝에 70여명 전원이 전사했답니다."

'아! 삼별초! 목은 내놓을지라도 굴복은 없다.'

젊은 일꾼들이 바닷가 마을들을 가리키며 설명을 했다.

"1948년 10월 중순에 당시 9연대 연대장 송요찬이 해안선에서 5km 이내는 사람의 왕래를 허용하지만 그 위로는 통행증을 지녀야 하고 통행증 없이 다니다가 걸리면 이유여하를 막론하고 폭도로 간주하여 총살한다는 포고문을 발표했습니다. 중산간 마을들을 다 불지르고 제주도 내 사람 사는 마을마다 적게는 십여 명, 많게는 칠, 팔백 명을 잔인하게 학살했습니다. 산사람도 포악하게 고문하고 젊은 여성들을 밤마다 데려 나

제주도 빨치산이 한동안 기거했던 트 자리에서.

갔습니다. 차마 글로는 옮길 수 없는 놈들의 잔악행위를 수많은 사람들이 생생하게 증언하고 있습니다. 1948년 8월 15까지는 미제가 군정을 실시하였고 이승만 정권이 들어선 후에도 1948년 8월 24일 이승만과 하지 사이에 맺은 한미군사안전잠정협정에 따라 국방군 지휘권을 미군이 장악하였습니다. 따라서 제주도는 물론 3.8선 이남에서 자행한 학살과 만행은 미제의 요구와 지시를 주구들이 집행한 것입니다."

분노가 부글부글 끓었다. 잊을 수 없는, 잊어서는 안 되는 역사적인 사실이 아닌가? 미제는 지금도 우리민족의 자주와 통일을 방해하고 있다. 우리는 제주도 빨치산이 한 때 장악하고 있었던 노로오름 정상 여기저기를 둘러보고 내려왔다. 도중에 잡목으로 뒤덮인 분화구 안에 들어갔다. 기슭에 돌담이 몇 군데 아직도 남아 있다. 님들의 손길이 닿았을 이끼 낀 돌을 만져보았다.

우리는 제주도 빨치산을 떠올리며 제를 올리고 점심을 먹었다. 천천히 내려갔다. 김해섭 선생이 약간 처지기는 했지만 차 있는 곳까지 무사히 오셨다. 낮은 곳은 아직 단풍이 안들 었는데 고산지대라 낙엽이 지고 있었다. 추웠다.

강정마을에 가서 문정현 신부님과 점심을 같이하기로 약속했는데 급한 일이 생겨서 서울에 간다고 연락이 왔었다. 시간적인 여유가 있어 젊은 일꾼은 바닷가로 차를 몰았다. 강풍에 성난 파도가 제방에서 부서졌다. 서서히 검은 장막이 드리워졌다. 전등불이 켜지고, 산에서 내려온 탓인지 작은 포구는 별천지였다.

젊은 남녀관광객들이 다방 안에 들어왔다. 4.3 인민항쟁을 아는가? 하고 묻고 싶었지만 분위기가 아니었다. 지금 젊은이들은 4.19가 무엇인지, 5.18이 무엇인지 잘 모른다고 들었다. 그도 그럴 것이 일제가 패한 후 미제의 지배하에서 권력을 쥔 우익들이 거의 다 친일파가 아닌가? 해방 후에도 동포를 수백만이나 학살한 자들이 역사를 사실대로 기록할 리가 없으며 우리 후대들에게 역사를 제대로 가르칠 리가 없다. '퀴퀴한 역사가 밥을 주냐, 생활을 윤택하게 해주냐, 역사는 배워서 무얼 해?' 역사에 접근하지 않도록 분위기를 띄우며 역사적인 사실을 묻어두려고 애썼다. 요즘 젊은이들은 안 배워서 모르고 있는 것이다. 역사를 모르면 현재를 바르게 파악할 수 없고 미래를 제대로 전망할 수가 없다. 따라서 민족이나 개인이나 역사를 잊거나 소홀히 하면 미래가 없다. 우리는 자리를 떴다.

이을락 숙소에 제주도 통일 일꾼 몇 명이 와 있었다. 방어회와 토종닭 백숙에 저녁을 잘 먹고 정담을 나누었다. 주어진 시간이 극히 제한되어 있어서, '목표와 전략이 같지 않은가? 작은 차이가 있을지라도 힘을 하나로 모아내야 미제를 몰아내고 자주통일을 실현할 수 있다. 정세가 급변하고 있다. 정세를 전망하며 준비해야 한다.' 고 강조하고 마이크를 넘겼다. 늦지 않게 자리를 정리하고 잠자리에 들어갔다.

다음날 28일, 아침을 먹고 이을락 숙소를 떠났다. 서귀포시 남원읍 의귀리에 있는 '송령이골'에 갔다. 제주4.3항쟁 당시 의귀국민학교에 갇혀있던 주민들을 구출하기 위해서 빨치산 80여명이 기습했는데 기밀이 사전에 새어나가서 빨치산의 희생이 컸다고 한다. 10여 명인지 50여 명인지 여러 가지 설이 있지만 당시 전사한 빨치산들의 시신은 방치되었다가 이곳 세 개의 구덩이에 아무렇게나 매장을 했다고 한다, 그후 돌보는 이 없이 잡목과 덩굴로 뒤덮였다가 2004년에야 비로소 제주의 몇몇 뜻 있는 후배들이 벌초도 하고 제도 지낸다고 한다. 고마운 일이다. 우리는 절을 하고 떠났다.

평화공원으로 갔다. 전에 와본 곳이지만 학살당한 분들의 성함을 돌에 새겨놓은 곳이라 엄숙했다. 방문객들이 실감할 수 있도록 조형물들을 만들어놓고 굴 안에 흩어져있는 유골이 보였다. 아픔이 더해갔다. 해설자는 동영상도 보여주고, 이 방 저 방으로 다니면서 예술작품이나 사진을 가리키며 해설에 열심이었다. 비교적 역사적인 사실에 충실했다. 매대에 4.3항쟁을 내용으로 한 시집들과 소설, 역사책, 증인록, 노래집이 수두룩했다. 아직도 진행중이긴 하지만 4.3항쟁은 역사적으로 문학적으로도 어느 정도 정리되었다고 본다. 이는 유가족과 양심적인 활동가 예술인들이, '4.3항쟁의 진실을 밝혀라. 4.3특별법을 제정하라'고 끈질기게 싸워서 쟁취한 성과물이다. 여러분께 고마움과 경의를 표한다.

아직 큰일이 남아 있다. 국가기관의 발표에도 4.3항쟁 이후 군경에 의해 학살당한 제주도민이 25,000명에서 30,000명으로 나와 있다. 멸족을 당한 집안이 많고 지도상에서 없어져버린 마을이 100여 곳에 이른다고 한다. 학살자들을 샅샅이 찾아내어 돌에 새겨야 한다.

우리는 점심을 먹고 제주공항에 갔다. 제주도 일꾼들과 아쉬운 작별을 하고 제주를 떠났다.

참혹하게 학살당한 분들, 모진 고문에 평생을 고통스럽게 살다가 가신 분들, 아이 때 부모를 잃고 오늘까지 괴롭게 살아가고 있는 분들이 떠올랐다. 다시는 우리 민족의 운명을 외세가 좌지우지 못하게 민족자주를 실현해야 한다. 놈들에게 얼마나 많은 동포들이 죽임을 당했는가? 최고의 민족적 과제인 민족자주를 실현하는데 조건은 없다. 무조건 힘을 하나로 모아 민족자주를 완수하자!

임방규의
빨치산 전적지 답사기

제1쇄 찍은날 / 2019년 10월 20일

지은이 / 임 방 규
펴낸이 / 김 철 미
펴낸곳 / 백산서당
주소 / 서울 은평구 통일로 885 준빌딩 3층
전화 / (02)2268-0012
팩스 / (02)2268-0048
등록 / 제10-49(1979.12.29)

값 / 20,000원

ISBN 978-89-7327-550-2 03300